건축, 그 바깥에서

잠재 공간과 현실 공간에 대한 에세이

ARCHITECTURE FROM THE OUTSIDE : Essays on Virtual and Real Space (Writing Architecture)
by Elizabeth Grosz

Copyright © 2001 Massachusetts Institute of Technology
All rights reserved.
This Korean edition was published by Greenbee Publishing Co. in 2012 by arrangement
with The MIT Press through KCC(Korea Copyright Center Inc.), Seoul.

건축, 그 바깥에서 : 잠재 공간과 현실 공간에 대한 에세이

초판 1쇄 인쇄 _ 2012년 9월 15일
초판 1쇄 발행 _ 2012년 9월 25일

지은이 · 엘리자베스 그로스 | 옮긴이 · 탈경계인문학연구단 공간팀

펴낸이 · 유재건
편집 · 김현정 | 마케팅 · 정승연, 한진용 | 영업관리 · 노수준, 이상원
펴낸곳 · (주)그린비출판사 | 등록번호 · 제313-1990-32호
주소 · 서울시 마포구 동교동 201-18 달리빌딩 2층 | 전화 · 702-2717 | 팩스 · 703-0272

ISBN 978-89-7682-386-1 93100
이 도서의 국립중앙도서관 출판시도서목록(CIP)은 e-CIP홈페이지(http://www.nl.go.kr/ecip)와
국가자료공동목록시스템(http://www.nl.go.kr/kolisnet)에서 이용하실 수 있습니다.
(CIP제어번호 : CIP2012004151)

그린비출판사 **나를 바꾸는 책, 세상을 바꾸는 책**
홈페이지 · www.greenbee.co.kr | 전자우편 · editor@greenbee.co.kr

클리나멘총서
clinamen
008

건축, 그 바깥에서

잠재 공간과 현실 공간에 대한 에세이

엘리자베스 그로스 지음
탈경계인문학연구단 공간팀 옮김

감사의 글

나는 건축 분야에는 문외한이다. 건축에 대한 내 연구는 지극히 간접적
이면서도 예상치 못한 방식으로 이루어져 왔다. 그 이유는 이 분야에 대
한 내 연구와 글들이 나 자신의 어떤 확신이나 자의식에 따라 정확하게
방향을 정할 수 있는 것이 아니었기 때문이다. 8~9년이 지나서야 나는
건축 및 그와 관련된 공간, 공간성, 주거 등의 문제가 좀더 심도 있게 언
급되어야 하는 매력적인 부분들임을 깨닫게 되었다. 여기 실린 글들은
대부분 신시아 데이비드슨(Cynthia Davidson)의 지지와 격려 덕분에
쓰여졌다. 그녀는 10년 넘게 창의적으로 구상하고 조직했던 한 연례 컨
퍼런스에 나를 초청해 주었고, 또 내 작업들을 모아 MIT 출판사의 '건축
쓰기 시리즈'(Writing Architecture Series) 중 한 권으로 낼 수 있도록 용
기를 주었다. 나는 그녀를 통해 과거에는 명확하게 다른 분야였던 철학
과 건축 간의 생산적인 상호교환이 두 영역을 더욱 풍요롭게 하고 확장
시켜 줄 수 있다는 것을 알게 되었다. 철학이 건축에 대해 좀더 주의 깊
게 사고할 필요가 있다는 것, 그만큼 건축이 철학에 의해 보강될 수 있
다는 것도 알게 되었다. 나는 또한 최근 포스트모던 이론과 건축에 대해
긴 안목을 가지고 성찰해 온 존 라이크만(John Rajchman)에 특히 감사

하고 싶다. 그의 이론들은 이 책 및 이 책을 구성하는 다양한 글들을 구상할 수 있도록 내게 영감과 힘을 주었다. 우리의 끊임없는 대화는 늘 생각을 밝혀 주고, 깨닫게 해주었으며, 도전적이고 보람 있는 것이었다. 또 빅터 버긴(Victor Burgin)과 베아트리즈 콜로미나(Beatriz Colomina)에게도 감사드린다. 그들은 10여 년 전 건축에 있어서는 완전 초보였던 내가 공간 문제에 관심을 갖도록 격려해 주었고, 그 결과 나는 이 책을 구성하는 단편적인 생산물들이 나올 수 있는 일련의 과정을 시작할 수 있었다. 또한 아웃사이더인 철학자가 건축적 실행과 이론에 관해 쓰면서 범할 수 있는 실수에 대해 관용과 너그러운 인내를 보여 준 피터 아이젠만(Peter Eisenman), 베르나르 추미(Bernard Tschumi), 앤서니 비들러(Anthony Vidler)에게도 감사드린다.

논문과 책을 쓰는 동안에 받았던 여러 기관들의 도움에도 꼭 감사를 드리고 싶다. 나는 1992년부터 1998년까지 오스트레일리아 멜버른에 있는 모나시 대학교의 '비판이론과 문화연구 프로그램'(Critical Theory and Cultural Studies Program)에서 일하는 동안 여기에 모아 놓은 논문 대다수를 쓸 수 있는 영감을 얻었다. 모나시 대학교를 떠나 일하게 된 두 곳에서의 학제 연구, 즉 캘리포니아대학교 어바인캠퍼스의 '비판이론 프로그램'(Critical Theory Program)과 뉴욕주립대학교 버펄로캠퍼스의 비교문학과를 통해 나는 이 혼성적이고 학제적인 프로젝트를 위한 영감과 지지를 얻을 수 있었기에 정말 고맙게 생각한다. 특히 출간 전에 미리 이 원고들을 읽어 준 건축 및 시각예술 분야의 학생들에게 감사를 전한다. 누군가의 글이 좋아질 수 있는 것은 오로지 좋은 청중을 가질 수 있을 때이다. 그러고 보면 수많은 열정적이고 도전적인 청중 및 대화 상대가 있었던 것이 내게 주어진 특권이었다. 그들은 내가 책으로 묶어 내기 위해 이 논문들을 다시 쓰는 과정에서 명확한 관점을 가지고 수정하도록 큰 도움을 주었기 때문이다. 이 책의 논문들은 처음에 쓰여진 순서대로 실렸으나, 사실은 모든 논문들이 후에 수정되고 변화되었으며 어떤 경우에는 업데이트되었다. 그리고 논문들 간에 있을 수 있는 불일치 혹은 불편한 지점들을 군이 없애거나 감추려 하지 않았으며, 몇 년이 지나면서 발전한 내 주장 내부의 변화조차도 있는 그대로 보여 주고자 했다.

친구들 ──동료들과 비판자들──의 광범위한 네트워크가 없다면 글을 쓰는 과정에서 느끼는 막막함, 무능력함, 부족한 자신감 때문에 누구든 저자가 되려는 데 있어서 좌절과 한계에 부딪치고 말 것이다. 개이 스턴(Gai Stern), 필리퍼 로스필드(Philipa Rothfield), 재클린 라이드(Jacqueline Reid), 주디스 앨런(Judith Allen) 등은 유머와 우정과 의리로 내게 지속적인 도움을 주었다. 늘 그랬듯이, 펭 치아(Pheng Cheah)는 내 책에 지성과 통찰력을 제공해 주었다. 니콜 퍼몬(Nicole Fermon)은 지속적인 통찰력과 영감의 원천이 되어 주었을 뿐 아니라, 자신과의 투쟁이든 타인과의 투쟁이든 혹은 정치적이고 개념적인 투쟁이든 그러한 투쟁들은 가치 있는 모든 것들의 조건이라는 사실, 그리고 문외한 ──아마도 특히 비평으로 인해 더 쉽게 상처받을 수 있지만 내적으로는 신선하고 새로울 수 있는 입장── 으로서 생각하고 글을 쓰는 데는 용기가 필요하다는 사실을 내게 이해시켜 줌으로써 힘이 되어 주곤 했다.

마지막으로, 이 책을 내 부모님인 임리 그로스(Imre Gross)와 에바 그로스(Eva Gross)에게 바친다.

서문

피터 아이젠만

건축사학자 만프레도 타푸리(Manfredo Tafuri)는 1979년에 발표한 중요한 글에서 역사를 두 가지 유형으로 구별한 바 있다. 첫번째 유형의 역사는 산업혁명에 내재된 인식론적 단절을 인정하는 것이었던 반면에, 두번째는 지크프리트 기디온(Sigfried Giedion)의 형식주의와 브루노 제비(Bruno Zevi)의 반(反)계층주의 이론에 감추어져 있는 유토피아 이론과 관계된 것이었다. 타푸리가 가동적(可動的) 혹은 규범적 비평이라고 명명한 후자의 역사는 모더니즘 운동의 유토피아적 시각을 계속해서 옹호하는 역할을 했다. 거대한 고층 건물들로부터 도시 풍경에 이르기까지 그 도시적 시각의 형식적인 특징이 무엇이든지 간에, 유토피아는 종합을 위한 기초가 되는 이론이었다. 타푸리는 "현대 건축 속에서 디자인과 유토피아를 묶고 있는 고르디우스의 매듭을 푼다는 것은, 안으로부터의 위기를 극복할 디자인 기술의 회복을 의미함에 틀림없다"라고 썼다. 타푸리에게 이것은 늘 변증법적인 종합에 갇혀 있던 건축의 언어를 용해시키는 것을 의미한다. 이러한 용해는 인간이 없는 땅, 장소가 없는 곳, 아토피아(atopia), 그리고 경계들이 계속해서 변경되는 곳에 존재한다.

그로부터 20여 년 후, 즉 타푸리와 콜린 로(Colin Rowe)와 같은 이질적인 비평가들에 의해 시작된 이론에서 유토피아적 장소의 종말이 예측된 이후, 건축가도 아니고 역사가도 아닌 한 사람의 저자가 유토피아라는 주제를 다시 한번 들고 나왔다. 이 저자의 목적은 유토피아라는 용어의 유용성을 비판하는 것이 아니라, 오히려 그것을 되살리기 위해 '다른 장소'를 제공하는 것이었다. 그녀의 주장은 역사와 역사화된 유토피아 개념에 근거하기보다는 대안적 개념인 공간의 시간성, 그리고 궁극적으로 사물의 시간인 지속의 개념에 근거하고 있다.

엘리자베스 그로스는 단순히 지속이라는 주제에 대한 질 들뢰즈(Gilles Deleuze), 자크 데리다(Jacques Derrida), 혹은 앙리 베르그송(Henri Bergson)의 낡아 빠진 페이지들을 인용하지는 않는다. 오히려 그녀는 모더니스트 건축의 주요 테마인 유토피아에 대한 새로운 성찰을 이끌어 내려 시도한다. 타푸리처럼 그로스도 유토피아란 아무 곳에도 없는 좋은 장소라고 주장한다. 그러나 그녀는 유토피아가 건축을 위한 길이 될 수 있다고 말한다. 유토피아가 지속이라는 시간의 움직임, 즉 끝없는 되기(becoming)의 개념으로 그 자신을 재개념화함으로써 정치적인 것 안에 자기 자리를 발견할 수 있다는 것이다. 그녀에게 이러한 '되기'는 체현된 '되기'의 개념이다. 현재의 이상(理想)으로서 공간 배열 속으로 시간을 고정시켜 버리는 대신, 그로스는 시간이 지속의 분할이며 바로 동시성의 조건임을 제시한다.

이 책에 실린 그녀의 아홉 편의 글 중 「체현된 유토피아: 건축의 시간」은 건축에 대한 그녀의 접근 방식의 중심을 이룬다. 그녀는 건축이 중심 무대로 등장하는 이유들에 관해 글을 쓰는 철학자다. 그러한 이슈들은 데리다, 들뢰즈, 뤼스 이리가레(Luce Irigaray)와 같은 후기구조주의 저자들에 의해 개요가 알려져 있기는 하나 완전히 해결되지는 않았다. 그로스가 건축에 가장 가까이 거닐면서 철학의 안전한 영역으로부터 멀리 나와 있는 때가 바로 그녀의 글이 가장 흥미로우면서도 동시에 가장 문제적인 때이다. 「체현된 유토피아」는 특히 글쓰기의 정확성과 명확함을 지니고 있다는 점에서 매우 교육적이지만, 그것은 건축의 관점에서가 아니라 철학의 관점에서 나온 명증성이다. 왜냐하면 독자들은 그 주제에 대해 현재 통용되는 건축 철학을 알기 위해 스스로 특별한 참고서적들을 채워 넣어야 하기 때문이다.

유토피아 논의에 대한 그녀의 두 가지 공헌은 시간의 체현, 그리고 특히 젠더의 체현에 집중된다. 그녀가 가장 최근에 논의하고 있는 것도 이 부분이다. 그로스에게 있어서 유토피아는 그 자체의 체계성을 실현할 능력이 없는 이성의 체계다. 그러므로 **체현된 유토피아**라는 용어는 역설적인 것이 되어 버린다. 그것은 공간적 의미에서는 비논증적이고, 시간적 의미에서는 비선형적이다. 유토피아는 시간과 미래성의 문제를 생략한다. 그로스는 시간 혹은 지속의 차원이 건축이 이론화되고 실천되는 방식에 영향을 줄 때까지, 불가능성과 불가피성이라는 이중성을 지닌 유토피아는 건축의 영역 밖에 존재하게 될 것이라고 말한다.

지속을 과거와 현재로 나눌 때, 과거는 현재의 잠재성(virtuality)으로 보여진다. 반면, 미래는 과거인 잠재적인 것(the virtual)을 재구성하고 거기에 덧입히는 것이다. 지속은 미래를 과거에 연결시키는 흐름이다. 이러한 의미에서, 그로스는 유토피아적인 것을 미래에 대한 기획이 아니라, 그것이 잠재적 미래인 것처럼 과거나 현재에 대한 투사라고 말하고 있다. 그로스가 생각하기에, 유토피아적인 생각과 상상이 지닌 잘못은 잠재성을 가능성으로 오인하여 시간성으로서의 유토피아를 고안하는 데 실패한다는 점이다. 이러한 실패는 기능적이긴 하나 도저히 거주할 수는 없는 캔버라와 브라질리아 같은 도시들에서 볼 수 있다고 그녀는 쓰고 있다.

그로스의 중대한 돌파구는 체현(embodiment) 개념과 더불어 나타난다. 여기에서 그녀는 유토피아에 대한 타푸리와 콜린 로의 비판들과 거리를 둔다. 그로스에게 체현은 대부분의 유토피아적인 이상(理想)들의 위계적인 목적론과는 반대로, 신체들의 복수성을 의미한다. 그녀에게 이상은 하나의 과정이며, 과거와 현재에 대한 불만족의 척도이다. 체현은 젠더화된 개념이 된다. 그러나 그것은 단지 끝없이 질문하는 태도로써만 그러하다. 그녀는 건축이 그 자체의 남근중심주의와 합의를 볼 수 있는 부분이 바로 이러한 질문 안에 있다고 믿고 있다. 그로스에게 잠재적인 것의 체현, 즉 가능한 유토피아의 조건은 타자를 포함함을 의미한다. 이러한 맥락에서 타자는 단지 여성적인 것뿐 아니라, 어떤 현재 혹은 현존에서 실현되지 않은 잠재적인 모든 것들을 말한다. 현존과 현재의 형이상학으로서 건축은 항상 이미 하나의 체현이다. 동시에 그 자신의 남근중심주의를 비판하기 위해서 이러한 체현에 대한 공식적인 부정(否定)이어야만 한다. 그것은 기능을 지닌 총체로 건축의 존재를 즉각 수용하는 것이며 또한 그로스를 평행하는 두 개념, 즉 유토피아 개념과 '사이'(the in-between) 개념으로 이끌고 간, 도구주의에 대한 불가피한 비판이기도 하다. 이것은 곧 간격(interval)의 개념이기도 한데, 공간적이지도 시간적이지도 않다는 점에서 잠재적이면서도 동시에 특이한 개념이며, 그래서 건축에 대해 자율적인 개념이다.

그로스가 궁극적으로 건축을 철학으로부터 구별할 수 있는 것은 바로 자율성의 개념 덕분이다. '사이'는 문자 그대로의 공간적 사실이 아니라 인지적이고 비판적인 모델로서의 수단이다. 예를 들어 건축에서의 '사이'는 회화나 음악에서의 '사이'와는 다르다. 회화에서는 두 개의 색면이 인접하는 경우 헐레이션(halation)[1], 즉 서로 맞닿은 색면의 가장자리에서 망막적 자극에 의해 만들어지는 잔상이 생길 수 있다. 음악에서도 마찬가지로 소리의 반향은 다른 형태의 여파, 즉 메아리를 발생시킨다. 건축 공간에 있어서의 '사이'는 문자 그대로의 지각적 혹은 청각적 감각이 아니라, 공간 안에 있는 신체에 의해 느껴진 일종의 감성적인 신체 반응이다. 이러한 느낌은 사실로부터 발생하는 것이 아니라, 건축 공간의 잠재적 가능성으로부터 발생한다. 그것은 어떤 객체의 경계에서 있을 법한 윤곽의 흐트러짐을 말한다. 그것은 현존성의 결합 조건이 실패하는 원인이기도 하다. 그러한 가능성은 철학적 혹은 언어적 공간에 존재하는 것이 아니라, 오직 건축 안에서만 존재한다. 유토피아에 대한 철학적 개념을 건축적 개념과 구별시키는 것은 바로 그러한 특이성이다. 오직 건축 안에서만 체현된 시간적 잠재성의 개념이 사고될 수 있고 경험될 수 있다. 그로스가 우리에게 보여 주려는 것은 바로 이러한 개념이다. 그녀는 언어학적이고 철학적인 오류와 한계에 과거의 유토피아들을 노출시키면서, 그것들이 어떤 고정된 상태가 아니라 미래를 향한 희미한 윤곽을 추구하는 과정임을 강조하고 있다.

---

1 강한 광선으로 흐릿해지는 것. ── 옮긴이

차례

3부 미래 공간들

| 일러두기 |

1 이 책은 Elizabeth Grosz의 *Architecture from the Outside: Essays on Virtual and Real Space* (Cambridge: The MIT Press, 2001)를 번역한 것이다.

2 본문의 각주 중 옮긴이 주는 각주 끝에 "——옮긴이"라고 명기하여 지은이 주와 구분했다. 원주의 내용 중 보충설명이 필요한 경우나 참고할 만한 국역본이 있는 경우 대괄호([ ])를 사용하여 추가했다. 이 외에 사용된 대괄호는 모두 원저자의 것이다.

3 단행본 · 정기간행물 등에는 겹낫표(『』)를, 논문 · 논설 · 단편 · 영화 · 텔레비전 프로그램 등에는 낫표(「」)를 사용했다.

4 외국 인명이나 지명, 작품명은 2002년 국립국어원에서 펴낸 외래어 표기법을 따르는 것을 원칙으로 했다.

머리말

바깥은 역설적이기도 하고 심술궂기도 한 특이한 장소이다. 이는 그것
이 결코 안쪽(the inside)·안(a within)·내부(the interior)가 아니고, 또
그것이 될 수 없다는 사실과 관련해서만 의미와 장소를 가질 수 있는 역
설적인 것이라 할 수 있다. 또 그것은 항상 안쪽과 관련해 장소를 지니면
서도, 이러한 안쪽의 일관성에 대해 아무런 신의도 지키지 못한다는 점
에서 정도를 벗어나기도 한다. 그것은 안쪽의 자기 일관성에 속박되거
나 구속되는 것을 거부한다는 점에서, 그리고 그 폭넓음에 있어서도 심
술궂다. 바깥은 우리가 완전히 혹은 완벽하게 차지할 수 없는 장소이다.
왜냐하면 바깥은 항상 우리가 있는 곳으로부터 거리를 두고 있어서 반
대편에 있거나 다르기 때문이다. 우리는 모든 것의 외부에 있다거나 항
상 바깥쪽에만 있을 수는 없다. 즉 무엇인가의 바깥쪽에 있다는 것은 항
상 다른 무엇인가의 안쪽에 있다는 것이다. (무엇인가의) 외부에 있다는
것은 안쪽을 들여다볼 수 있는 어떤 관점의 가능성을 제공하는 것이다.
불가능하지는 않다고 해도 사실상 안쪽으로부터 내부를 보는 관점을 갖
기는 어렵다. 안쪽에서는 볼 수 없는 것을 본다는 것, 또는 거리감 없이
그 공간 속에 있어야만 하는 직접성에서 벗어날 수 있다는 것 등은 외부

가 지니는 드물고도 예상치 못한 즐거움이다. 그러나 이것은 항상 일종의 대가를 치르고 발생한다. 즉 보이지 않는 것을 본다는 것은 그 자체의 방식으로는 내부를 경험할 수 없음을 의미한다. 내부에 위치하고 있음으로 얻게 되는 직접적인 친밀성과 같은 무엇인가를 상실하는 반면, 그 위치를 비판적으로 평가할 수 있으며 다른 것과 비교할 수 있는 능력과 같은 다른 무엇인가를 얻게 되는 것이다.

이 책은 근본적으로 서로의 바깥에 존재하는 두 개의 학문 분야——건축과 철학——가 그 안에서 서로 위계감 없이 상호작용하는 제3의 공간, 즉 서로를 바깥에 두는 공간, 그러나 아직 존재하지 않는 공간을 요구하는 방식들을 설명하고 있다. 건축을 철학적으로 설명한다는 것은 건축 디자인과 구성 및 이론들을 철학적 담론의 요구와 급박성, 철학적 논쟁의 엄격성, 그리고 철학적 성찰의 추상성에 맞출 것을 요구하는 것일지 모른다. 또한 철학을 건축학적으로 고찰한다는 것은 건축적 목적을 위해 그 자체의 이론적 문맥으로부터 벗어나거나 변형되거나 혹은 훼손된 철학적 개념들이나 명제들을 사용할 것을 요구할 수도 있다. 어떤 경우든, 한쪽의 원리가 나머지 한쪽의 원리를 그 내적인 필요와 구속에 굴복시켜 결국은 그것의 종속된 타자로 만들지도 모른다. 그것들이 서로서로 나란히 동등하고도 상호연관된 담론과 실행으로 탐구될 수 있는 것은 바로 두 원리 모두를 제3의 원리, 즉 두 원리의 바깥에 존재하는 입장 혹은 위치에 종속시킴으로써 가능해진다. 내가 바깥이라고 부르는 제3의 공간은 거의 이론화된 적이 없으나, 지난 몇십 년 동안 포스트모던 철학과 전후(戰後) 건축 담론 및 실행 사이에서 급증해 온 생산적인 상호교류 속에서 조금씩 활용되어 왔다.

건축을 '외부로부터' 탐구한다는 것은 문자 그대로 건물 정면

(façade)의 모습을 분석한다거나 건축물의 외부 모습을 설명하는 것이 아니다! 그 대신에 여기에서 외부라고 하는 것은 나의 입장, 즉 건축에 관한 훈련을 받지는 않았으나 외부의 관점에서 내부를 보는 일에 관심을 가지며, 어떤 규준 속에서 보는 것이 아니라 그 밖에서 보고자 하는, 흥미를 지닌 한 사람의 입장을 반영할 뿐 아니라, 어떤 의미에서는 건축과 철학 양쪽 모두의 주류에서 벗어나 현재 그것들이 다루고 있는 극단적인 지점에까지 도달하게 되는, 이 책에 적용된 다양한 담론과 틀이 지닌 입장을 반영한다. 건축과 철학이 이미 보장된 학문으로서의 특권을 벗어나 실험과 혁신을 받아들일 수 있는 곳에서, 즉 그것들의 가장 특권화되고 용인된 형식들과 어떤 판단력 및 수용된 관념들의 밖에서, 우리는 가장 위험천만하고 실험적이며 흥미진진한 텍스트와 실행을 발견하게 될 것이다.

여기에 바깥이 언급되어야만 하는 세번째 의미가 있다. 외부인 혹은 동화가 가능하지 않은 존재, 이방인이라고 할 수 있는 아웃사이더의 위치 또한 여기서의 내 관심에 직접적으로 연관된다. 사회적인 것, 문화적인 것, 집단적인 것, 공동의 것이라는 개념이 항상 건축적인 관심을 이끌어 왔던 반면, 내부로서의 공동체를 응집시키고 공고하게 만드는 데 공헌하는 것은 바로 이방인 혹은 외부인이라고 할 수 있는 공동체의 외부조건이다. 궁핍한 자, 노숙인, 병자와 죽어가는 사람, 사회적이고 문화적인 아웃사이더들 ──여성들과 모든 종류의 소수자들을 포함해서── 의 장소도 건축적이고 도시적인 관심의 대상이 되어야 한다. 그것이 이제까지 철학과 정치학의 관심 대상이었던 것처럼 말이다.

나는 아웃사이더의 입장이 내부적 입장에 대한 동경으로 인해 항상 혹은 오로지 부정적이라거나, 필연적으로 비판적이라거나, 시샘에 사로잡혀 있다고 말하고 싶지는 않다. 바깥은 상당한 명료함과 혁신의 가능성을 지닌다. 한 분야의 외부는 다른 한 분야의 내부다. 건축의 외부는 아마도 기술·신체·판타지·정치학·경제학이며, 그것이 계속 이용되기는 하지만 건축을 총괄하거나 통제하지는 않는 다른 요인들이다. 건축의 외부는 항상 신체·성·역사·문화·자연의 내부다. 이는 모두 건축이 배제하려고 하지만 구조상의 가장자리나 경계, 그리고 그 작용들을 이루게 되는 타자들이다. 내가 건축이 한계를 넘어 기능할 수 없을뿐더러 결코 직접적으로 통제할 수도 없다는 사실을 언급한다고 해서, 건축이 그 자체로 정치학·성·욕망·경제학의 바깥에 있다는 것은 아니다. 오히려 그것들이 계속 반복되는 협상의 장소를 구성한다고 말하고 싶다. 건축 종사자들이 이러한 폭넓은 사회적·정치적 문제들을 배제하려고 아무리 노력한다 해도, 그들은 그것들에 깊이 연루되어 있으며 좀더 미묘하고도 복잡한 방식으로 그 문제들을 다루어야만 할 것이다.

이 책은 1994년부터 2000년까지 7년이 넘는 시간 동안 써 온 열 편의 논문을 모은 것이다. 그래서 이 책은 희망적으로 말하자면 한 시대에서 또 다른 시대로 넘어가는 전환기인 새천년의 맨 앞에 자리하고 있을 뿐 아니라, 20세기 사상의 지배적인 규범을 흡수하면서 그 충격이 막 나타나기 시작한 21세기의 활력을 개방적으로 환영하는 새로운 이론·개념·재현 방식들 가운데 자리하고 있다. 또 이 책은 지난 10여 년 동안 건축과 관련된 글에 적절하게 적용되어 온 수많은 철학적이고 이론적인 담론들을 섭렵하고 있다. 즉 주체 혹은 행위자의 의도와 목적 사이에서 갈라진 틈을 드러내는 분열된 주체에 대한 정신분석 이론들, 특히 형식과 내용, 기원과 목적, 재현과 실재 사이의 이분법적 구조에 대한 데리다의 해체, 운동·실천·행동을 강조하는 들뢰즈의 노마디즘, 건축적 자기 이해의 과거와 미래에 있어서 성차(性差)의 장소를 성찰한 이리가레의 이론이 그것이다.

주제의 측면에서 본다면 이 책은 공간·거주·제작·건축 등과 관련된 추상적이지만 너무 형식에만 얽매이지는 않은 질문들을 제기하기 위해 다양한 철학적 틀을 사용하고 있는데, 우선 베르그송, 들뢰즈, 이리가레의 이론을 적극적으로 끌어들이면서 데리다, 질베르 시몽동(Gilbert Simondon), 브라이언 마수미(Brian Massumi), 존 라이크만의 도움을 조금씩 받고 있다. 각 장은 아주 상이한 방식으로 문제들을 제기한다. 공간은 전통적이고 건축적으로 어떻게 이해되는가? 그러한 개념들의 기저에 깔린 무언의 조건들은 무엇인가? 그 무언의 조건들을 더 명확하게 할 수 있는, 다른 용어로 공간을 보는 것이 가능한가? 그래서 그 공간이 다른 방식으로 재현되거나 거주될 수 있을까? 다시 말하면 여기에 모은 글들은 실험들, 즉 (건축가들이 일반적으로 동의하는 좀더 구체적인 실험이 아닌) 개념적이거나 철학적인 실험들을 제시한다. 이는 공간과 건물이 이전에 이해되어 왔던 것보다 더 유동적이고 역동적이며 활동적인 힘을 갖게 하기 위함이다.

이 책은 우리의 생활방식을 다르게 조직하고 구성하기 위해서, '어떻게 우리는 공간을 다르게 이해할 수 있을 것인가?'라는 질문을 던진다. 하나의 해답을 얻기 위해 두 개의 방향이 제기된다. 첫째는 대개 타자, 외부, 공간의 반대편으로 개념화되는 시간, 지속, 혹은 시간적 흐름의 방향이다. 이 책을 일관하는 나의 중심 논쟁은 건축·지리학·도시계획 등이 그동안 시간성을 소홀히 하거나 무시해 왔으며, 더 나아가 그것을 측량 가능하고 셀 수 있는 것, 즉 공간으로 환원시키고 있다는 것이다. 시간·변화·발생의 문제가 디자인과 건설의 과정에 좀더 필수적이라는 사실이 미래의 건축에서는 중요해질 것이다. 둘째, 이 책은 섹슈얼리티와 성적 특수성에 대해서도 문제를 제기한다. 공간과 건축은 항상 성적으로 중립적인 것으로 구상되어, 성적 특수성을 무시하고 단지 인간(the human), 즉 집단적이고 개인적인 인간 주체에 초점을 맞추어 왔다. 그것은 아마도 성적 특수성에 의해서가 아니라 지리학적, 인종적 혹은 역사적 특수성에 의해서 개념화되어 왔을 것이다. 항상, 그리고 더 이상 환원될 수 없이 최소한 두 개의 성이 존재한다는 사실이 우리가 공간을 이해하고 살아가는 방식에 어떻게 관계되는가? 공간과 건축에 대한 이전의 개념들이 지닌 명백한 중립성 혹은 인간다움(humanness)은 어떻게 이러한 환원 불가능한 특수성의 인식을 받아들일 것인가? 이것은 이리가레의 용어를 빌리면, 건축의 남근중심주의에 대한 문제제기이자 성적 차이에 대한 개방성을 의미한다. 시간성과 성적 특수성이라는 이 두 개의 당면한 문제는 이 책에 실린 모든 글을 통해 서로서로 흐르고 교차한다.

　　이 책은 집필된 순서에 따라 대략 세 부분으로 나뉜다. 1부인 '체현된 공간들'은 세 개의 장으로 구성된다. 첫 장은 내 모든 글에 들어 있는 '바깥'(the outside)의 장소를 조명하는 최근의 인터뷰이다. 두번째 장인 「체험된 공간성: 신체적 욕망의 공간」은 가장 처음 쓴 글로, 자크 라캉(Jacques Lacan)과 로제 카유아(Roger Caillois)의 글에서 언급되었던 체험된 신체(lived body)와 그것의 공간 경험, 상상의 해부학과 공간 재현의 획득 사이의 연관성 등에 대해 광범위하게 성찰한 논문이다. 세번째 장인 「미래, 도시, 건축」은 신체와 도시 사이의 관계, 그리고 다른 존재를 위한 그것의 잠재성을 다룬 짧은 논의 혹은 스케치이다. 1부에 들어 있는 이 세 편의 글은 근본 문제들과 보편적인 체제를 제공하고 있다.

다른 모든 글은 이러한 문제들과 체제를 바탕으로 정교해지거나 변형된 것이다.

2부인 '전환적 공간들' 또한 세 개의 장으로 구성된다. 4장 「건축, 그 바깥에서」는 들뢰즈 이론의 타당성에 대해, 특히 그가 공간과 건축을 사유하기 위해 '바깥'의 개념을 구상한 것에 대해 다룬 입문적 분석이다. 바깥이라는 개념은 이 책의 전체를 아우르는 핵심 주제이다. 5장 「사이버공간, 잠재성, 그리고 실재에 대한 건축적 성찰」은 잠재적인 것(the virtual)에 대한 두 개의 개념을 탐구한다. 하나는 현대 인공지능학 이론에서 발전된 것이고 다른 하나는 들뢰즈의 이론에서 나온 것으로, 어떻게 하나가 다른 하나로 환원될 수 없는가를 고찰한다. 컴퓨터 프로그래밍의 가상공간들은 들뢰즈에 의하면 가상의 공간들이 아니라, 실재 세계에 대한 환영적인 투사이다. 6장 「사이: 건축과 문화에서의 자연」은 건축 담론과 실행에서 단순히 자원으로만 고려되거나 생략되어 왔던 자연 개념을 재형식화하고 활성화하려는 시도이다.

3부인 '미래 공간들'은 좀더 모험적이고 탐구적이다. 현존하는 모델들과 담론들을 요약하고 설명하는 대신, 공간과 시간 사이의 관계에 대한 들뢰즈와 베르그송의 심오하고 복잡한 글들에 전적으로 몰입하려 한다. 7장인 「공간의 미래: 발명의 건축을 위하여」에서는, 잠재적인 것을 현재와는 다른 미래를 산출할 가능성을 내포하는 과거의 요소로 보는 베르그송의 이해에 초점을 맞추고, 공간과 공간적 대상들에 대한 베르그송적인 지속의 모델을 사용함으로써 어떻게 공간에 대한 건축적 관념들이 더욱 복잡해지고 시간의 공간화를 공간의 시간화로 역전시킬 수 있는지 살펴본다. 8장인 「체현된 유토피아: 건축의 시간」은 유토피아적인 건축적 이상향의 불가능성과 그것이 어떻게 지속의 개념을 생략하는

가를 설명한다. 반면 9장인 「과잉 건축」에서는 건축적 과잉의 역할을 이해하기 위해 조르주 바타유(Georges Bataille)와 이리가레의 이론을 고찰한다. 마지막 장인 「사물」은 다시 베르그송과 들뢰즈, 그리고 그들이 건축에 제기한 도전들로 되돌아간다. 즉 건축이 사물들 및 기본적으로 단단한 것에 여전히 관계하고 있다는 생각에 대한 도전이다.

전체적으로 볼 때, 이 책은 신체와 시간성이 공간과 건물에 생산적으로 개입하고 몰입하는 것에 대해 탐구한다. 이는 시간을 통해 탐구될 수 있는 가능성이며, 그로써 신체는 건축된 세계와 자연적인 세계에서 서로 상이한 방식으로 살아가게 된다. 이 책의 목적은 논의를 촉발시킴과 동시에, 독자들로 하여금 공간과 거주에 대해 이제까지와는 다른 방식으로 생각하도록 함으로써 디자인과 철학에 있어서 또 다른 실험이 가능하도록 만드는 것이다.

2000년 5월 24일, 뉴욕시에서

엘리자베스 그로스

■ 전혜숙 옮김

1부

체현된 공간들

1장 | 체현하는 공간: 인터뷰

질문자 무엇이 당신을 공간에 대한 비판적 관심으로부터 건축 분과에 대한 관심으로 이끌었습니까?

그로스 건축에 대한 나의 관심은 오래전에 시작되었습니다. 학부생 시절 혹은 그보다 더 이전이지요. 철학에 대해 글을 쓰기 시작하기 전에, 나는 이미 건축 이론에 대한 작업과 공간에 대한 생각으로 몇 년을 보냈습니다. 상당히 놀랍고 운이 좋게 나는 여러 건축 학교로부터 초청을 받았습니다. 그것이 나로 하여금 공간과 만들어진 환경에 대해 좀더 구체적으로, 그리고 전문적으로 사유하도록 만들어 주었습니다. 후에 나는 두어 개의 건축 학회에 초청되었고, 건축 담론 안에서의 변변치 않은 나의 '경력'은 거기서부터 출발했습니다. 나의 관심은 내내 존재하던 것입니다. 단지 내가 그 이전에는 건축에 대해 생각할 적절한 지적인 장소나 토론의 장을 갖지 못했을 뿐입니다.

---

* 이 인터뷰는 1996년 9월 18일 수요일 킴 아미티지(Kim Armitage)와 폴 대시(Paul Dash)에 의해 행해졌고, 『아에돈』 4권 1호에 처음 발표되었다(*Aedon*, vol.4, no.1, 1996, pp.14~64).

질문자 건축은 공간에 관해 말할 때 주인이 되는 담론들 중 하나인데, 이 특정한 한 분과로서의 건축에서 당신은 어떤 문제들을 발견하십니까? 당신이 글을 써 온 그 모든 위계적인 구성들과 어떤 방식으로든 연루되어 있다고 생각하시는지요?

그로스 불가피하게 그렇습니다. 모든 분과가 그러니까요. 그것은 꼭 건축만의 문제는 아닙니다. 만일 내가 건축 분과의 내부자여서 거기서 훈련받고 다른 건축가들과 함께 일해 왔다면, 이 중요한 문제들에 대해 당신에게 보다 더 분명하게 말할 수 있었을 것입니다. 그러나 나는 아웃사이더라는 멋지고도 색다른 위치에 있습니다. 이 분과에 대해 내가 다루는 방식은 비교적 주변적인 것이었습니다. 그리고 아웃사이더로서 건축을 이런 방식으로 다루는 일의 아름다움은 내가 나의 용어로 그것을 할 수 있었다는 데 있습니다. 그 분과의 문제들은 나보다는, 그 안에 있고 또 그 환경에 가까이 있는 이들에 의해 가늠될 필요가 있습니다. 그렇지만 만일 내가 건축가로 훈련받았다면, 나는 아마도 지금 내가 말하고 있는 것을 말할 수 없었을 것입니다. 그리고 내가 그것을 명료히 했던 그런 방식으로 말할 수 없었을 것이 확실합니다. 내부적 작동에 관심을 갖고 있음에도 불구하고, 분과의 아웃사이더로 있다는 사실이 상대적인 독립성과 자율성의 위치를 마련해 줍니다. 따라서 내가 건축 분과와 갖는 관계는 내가 훈련받은 철학 분과와의 관계보다 훨씬 덜 걱정스럽고 덜 복잡합니다.

질문자 그럼 당신은 바깥에서 말씀하고 계신 거네요.

그로스 확실히 나는 바깥에서 말하고 있습니다. 하지만 건축 분과에 대해 올바르게 말하자면, 건축은 철학과 인문학 너머에 있으면서 인문학이 말해야 하는 것에 실제 관심을 가지고 있고 또 어떤 면에서는 헌신하는 그런 분과입니다. 건축은 외부의 '침입'을 초대하는 몇 안 되는 장소들 중 하나입니다.

질문자 그러면 당신은 건축을 인문학의 외부로 보시나요?

그로스 학문 분과로서 건축은 인문학 외부에 있습니다. 그런 의미에서 건축이 인문학 중 하나가 아니라는 것은 의문의 여지가 없습니다. 건축과 인문학 사이에 어떤 가족 유사성이 있다 할지라도, 최소한 제도적으로는 아니지요. 건축학과 학생들은 인문학 내부의 학생들이 하는 것과 꼭 같은 방식의 사유, 읽기, 글쓰기에 중점을 두지 않습니다. 건축에 대해 흥미로운 것은 자신을 어디에 위치시킬지에 대해서, 그리고 분과로서의 자신의 정체성에 대해서 늘 확신하지 못한다는 점입니다. 그것이 과학인지, 기술 분과인지, 예술이나 미적 생산의 한 방식인지에 대해 내부적으로 나뉘어 있습니다. 자신의 정체성에 따른 이 불확실성이 공학이나 의학과 같은 다른 분과에서는 상상할 수 없는 방식으로, 철학 이론이나 비판 이론에 상당히 개방적이 되도록 이끌어 왔습니다. 내가 아웃사이더로서 긍정적으로 말할 수 있는 것은 (분명 다른 것들도 있겠지만) 건축은 자기를 정의할 말을 찾는 분과라는 점, 그리고 이 자기를 정의할 말을 찾기 위해서 자신의 외부를 살펴본다는 점, 그리고 그것에 대해서 다른 이들이 어떤 말을 하는지 살펴본다는 점입니다. 이것은 아주 훌륭하고 건강한 거라고, 나는 주장하고자 합니다.

질문자 건축에 대한 글에서, 당신은 건축이 철학으로부터 배울 것이 많다고 넌지시 내비치고 있습니다. 철학은 건축으로부터 무엇을 배울 수 있을까요?

그로스 놀랍게도 많은 것을 배울 수 있습니다. 역사적으로 철학의 오만함은 철학이 자신을 중심이 되는 지배적 분과('지식의 여왕')로 생각하면서 모든 다른 분과들의 방법론을 훑어보고, 반추하고, 비판할 권한을 가지고 있는 것처럼 생각해 왔다는 데 있습니다. 건축이 주는 것은, 완전히 다른 어떤 것입니다. 그것은 (물론 그럴 수도 있지만) 반추하고 판단하는 체계가 아닙니다. 오히려 그것은 일련의 실천, 기술 그리고 솜씨로 존재합니다. 그것은 철학적 사유의 추상성보다는 꽤 분명한 방식으로, 훨씬 더 실천적으로 얽혀 있습니다. 만일 철학이 (건축이 자신을 생각하는 바처럼) 자신을 무언가를 만들어 내는 과정으로 볼 수 있다면 형편이 더 나을 것입니다. 철학은 자신을 사유의 순수한 성찰 같은 것으로 받아들입니다. 그러나 사실 그것은 왕성한 말의 노동 ──글쓰기, 논쟁하기, 비판하기입니다. 이는 단순히 정신적이거나 개념적인 기량이 아니라 생산의 기술입니다. 여기서 생산되는 것은 건물이나 주택은 아니지만 다른 형태의 거주지, 즉 하나의 텍스트·입장·논의·주장이라는 거주지입니다. 건축가들이 빌딩·벽돌·회반죽·돌·유리 등을 사용하는 곳에서, 철학자들은 논증·전제·담론을 사용합니다. 더 겸손하고 덜 제국주의적인 관점은 사실 건축 안에서 개발된 부류의 실용주의입니다. 우리가 철학자이든 건축가이든 상관없이 우리는 무언가를 만들고 있습니다. 그것은 물질적이고 역사적인 한계를 가지고 있는 어떤 것, 선천적으로 공동작업과 합의의 산물이며, 삶의 실천적 실험인 어떤 것입니다. 만일 철학이 개념—바로 그 순간에 적절하게 할 수 없는—을 아는 것 또는 지적으로 파악하거나 제어하는 양식이 아니라 생산하는 양식이라고 자신에 대해 겸손하게 생각할 수 있다면, 철학을 위해서도 좋은 것이 될 일상 그리고 일상적 관심에 더 가까워지면서 건축적 실행의 실천적 본성에 더 가까이 가게 될 것입니다.

그러나 이것은 하기 어려운 일입니다. 나는 이 일이 어떻게 일어날 수 있을지, 그리고 (그런 것은 아직까지 존재하지 않았기에) 이러한 철학이 어떻게 보일지 정확히 확신하지 못합니다. 건축 모델은 언제나 철학을 도발해 왔습니다. 건축에는 어떤 흥미로운, 그리고 때론 심오하기까지 한 은유들이 있습니다. 그것(예를 들어 하이데거의 마음을 사로잡은 '주거'나 '거주' 같은 개념들, 데카르트와 칸트를 매혹시킨 '토대'의 관념, 혹은 들뢰즈가 이끌린 '되기'와 '떠돌이/순회'itinerancy와 같은 은유들)에 철학은 매혹됐는지도 모릅니다. 그러나 철학은 그것을 실제로 파악하는 데까지 도달할 수 없었습니다. 만들기, 세우기, 생산, 혹은 구성, 실천적 구성으로서의 철학이라는 개념은 정말 흥미로운 이념이자 미래에 개발될 가치가 있는 개념입니다.

질문자 에세이 「건축, 그 바깥에서」에서 당신은 '건축을 흔들기' 위해 건축 분야에 들뢰즈의 개념들을 가져오는 것처럼 보입니다. 당신은 또한 그의 작업이—사고하도록 하는 일종의 자극으로—건축이 외부를 향해 열리도록 강요할 것이라고 쓰고 있습니다. 그러나 당신이 이 분야 안에 있지 않기 때문에, 그것이 정확히 어떻게 이루어질지는 당신에게 여전히 불명확한 채로 남아 있습니다. 당신은 이 문제에 대해, 그리고 그것이 어떻게 이루어질지에 대해 돌이켜 생각해 본 적이 있으십니까?

그로스 내가 생각하기에 들뢰즈의 작업이 건축 안에서 시도해 볼 수 있을 만한 다양한 방법들이 있습니다. 그러나 그런 일이 일어날지 아닐지, 나는 예측할 수 없습니다. 건물을 고정된 단위나 주어진 안정적 대상으로 보는 생각을 예로 들어 봅시다(이것은 오늘날 건물에 대한 표준적인 관념입니다). 들뢰즈의 틀은, 우리가 구성이라는 것을 이해하는 이 고정된 방식을 변형하도록 도와줄 수 있을 것입니다. 건물은 그 벽들이 고정된 채로 있다 할지라도 움직이고 변화하는 내부의 다른 공간들로 만들어져 있습니다. 건물과 건물 내부의 유동성이라는 아이디어는 건축에서 엄청난 가치를 지니게 될, 들뢰즈의 사유 중 활용 가능한 하나의 아이디어입니다. 건물은 축적(sedimentation)과 안정화(stabilization)의 운동일 뿐 아니라 공간을 여는 방식, 살아가는 방식이기도 합니다. 만일 당신이 이보다 더 구체적인 어떤 것을 원한다면, 그것은 건축가들에게 숙고하도록 요청해야 할 어떤 것입니다.

질문자 운동이라는 쟁점이 계획 단계에서 다루어지지만, 운동도 계획에 포함됩니다. 즉 개방되어 있다기보다는 계획되어 있다는 것입니다.

그로스 예. 들뢰즈의 생각이 단순히 딱딱하거나 고정된 계획을 재고하기 위해서만 유용한 것은 아닐 것입니다. 오히려 그것은 이미 존재하는 구조에 무슨 일이 벌어지는가라는 물음을 던지기 위한 것입니다. 세워지고 난 후에도, 구조는 여전히 고정된 독립체가 아닙니다. 어떻게 사용되는가, 그것과 더불어 그리고 그것에서 무슨 일이 행해지는가, 또한 어떻게 더 깊은 변화를 향해 열리는가에 따라 구조는 움직이고 변화합니다. 그것이 이미 거기 있을 때, 구조는 어떤 종류의 탈바꿈을 겪을까요? 어떤 종류의 '되기'들이 그 탈바꿈을 불러일으킬까요? 이런 쟁점들은 단순히 계획이나 청사진에 의해 수용되거나 다루어질 수 없습니다.

질문자 이런 정의(定義)는, 구조가 건물에서 어떻게 구체화되는지를 생각하기 어렵게 만듭니다.

그로스 나는 이와 같은 정의가 건물의 디자인이나 양식의 현재 상태뿐 아니라, 잠재적이고 미래적인 사용에 더 많이 연관되는 건축을 제안할 것이라 생각합니다. 그것이 어떻게 이루어질지 나도 그다지 확실치는 않습니다. 그러나 예를 들어 퀴어 공간에 대한 물음이 하나의 삽화 같은 것을 제공해 줄 것입니다. 퀴어 공간들에 대해 생각하고, 계획하고, 개발하고, 가끔은 심지어 건설하는 데 투여된 많은 작업이 있었습니다. 그 작업들은 보통 공동체나 사회종합시설, 안전 공간, 그리고 여흥·상업·놀이의 공간에 대한 것입니다. 이 구역들에 대해 현재 통용되는 생각은 상당히 다른 방식으로 건물이나 건물 사용을 살펴볼 기회를 제공할 듯합니다. 당신이 차이와 개혁을 향해 열린 공동체를 가지고 있을 때, 거기에는 개혁적 사유를 위한 더 넓은 여지가 포함되어 있을 것입니다. 예외들이 있을 것이 확실하지만 일반적으로 이와 같은 기획과 더불어 계획은 기존의 공간들, 아주 흔하게는 창고 공간들을 새로운 기능을 위한 새로운 형태로 개조시킵니다. 그러면 이 디자인 안에는 이미 어떤 혼종성이 있습니다. 기존의 공간은 쇄신되면서 상당히 다르게 기능하게 됩니다. 잔여 공간의 전환이라는 아이디어는 중재라는 아이디어, 그리고 더 이상 유용하지 않게 된 것을 변화시키면서 받아들여야만 하는 것에 만족한다는 아이디어를 포함합니다. 현재 이러한 아이디어로 작업하고 있는 수많은 게이 건축가와 건축 이론가들이 있습니다. 따라서 내가 이 이슈에 대해 말한 첫번째 사람은 아닙니다. 그러나 공간 혹은 공간들이 디자이너의 산물인 만큼 공동체의 산물이라는 아이디어는 신나는 아이디어이고, 건물 그 자체를 미래의 사용(과 변형)을 향해 더 많이 열려 있도록 하는 그런 아이디어입니다.

질문자 공간이나 주거지 안에 퀴어 주체성을 가둔 이들의 몸에는 무슨 일이 일어날까요? 남근중심적 공간 점령이 자기 몸에 대한 남자들의 부정과 연루된 것이고, 편집증적인 방식으로 공간 안에 기획된 것이라면, 공간의 이성애중심적 점령과 그것의 체현 사이의 관계는 무엇입니까?

그로스 이미 게이 존재에 대한 이성애중심적인 견제의 은유, 즉 벽장이라는 은유가 있습니다(의미심장하게도, 이것 또한 건축적 은유입니다). 내가 당신의 질문 중에서 '**가둔다**'는 단어를 묻게끔 만드는 이 벽장 은유에서 흥미로운 것은, 벽장은 감옥**이자** 안전한 공간이라는 점입니다. 이것은 게이 공동체와 이성애중심적 사회구조 둘 다를 위한 호소입니다. 벽장은 사람들에게 게이로 보이지 않을 것을, 그러나 게이로서 안전을 느낄 것을 허락합니다. 나는 여성들 혹은 게이들 혹은 다른 소수자들이 공간 안에 혹은 공간에 의해 '갇혀 있지' 않다고 생각합니다. 왜냐하면 (우리가 문자 그대로의 감옥에 대해서 이야기하는 것이 아닌 한) 공간은 결코 고정된 것도, 담아 두는 것도 아니기 때문입니다. 그리고 바로 그렇기 때문에 공간은 언제나 미래의 다양한 사용들에 열려 있습니다. 남성들이 여성들을 문자 그대로 가둘 수 없으며, 양성애자가 동성애자를 억제할 수 없습니다(아마도 그들은 그렇게 생각하고 싶겠지만 말이죠). 왜냐하면 공간은 사람들이 그 공간을 어떻게 살아가는가에 열려 있기 때문입니다. 공간은 다른 거주의 지속적인 가능성입니다. 그 공간으로부터 자신의 몸을 더 많이 회수하면 할수록, 점점 더 우리는 그 공간 안에서 자기 자신으로 거주할 수 없게 됩니다. 게이 공동체가 해온 것은 밤의 생활 현장, 술집 현장, 아마도 모든 자본주의자들의 공간과 소비 현장을 비롯하여, 이성애중심적 봉쇄와 게이의 자유 양쪽 모두의 공간을 에워싸면서 아주 큰 벽장을 지은 것입니다. 시드니의 옥스퍼드 거리나 샌프란시스코의 카스트로 같은 게이 구역은 게토(ghetto)입니다. 그러나 게토에서 흥미로운 일은 그것이 지배적인 집단이 봉쇄해 온 공간이자, 하위문화가 발생하기 위한 공간이라는 점입니다. 이것이 이성애중심적 공동체의 몸에 대한 당신의 질문에 도달하려는 나의 길게 구부러진 우회로입니다. 이 공간들은 바로 성적 쾌락이 살고 있고, 성적 쾌락에 의해 정의되는 공간입니다. 게이 공동체, 나이트클럽, 게이를 겨냥한 상점과 카페들은 다른 것, 더 정확히 말하자면 성애화되고 에로틱해진 공간 사용을 제공합니다. 이 공간은 그 공동체에 의해, 그리고 그 공동체를 위해 만들어진 이미지와 재현들에 의해 포장됩니다. 이것이 이성애중심적 공동체 안에서는 특정한 성적 쾌락이 부정되었다는 것을 확실하고 분명하게 만들어 줍니다. 이러한 공간의 에로틱한 잠재력은 게이 공동체 안에 어느 정도 잘 알려진 것입니다.

질문자 이 일은 기획적인 방식으로 벌어지나요?

그로스 나는 이성애 공동체가 기획한 것은 게이 술집이나 그와 유사한 다른 공간들이 드러내는 쾌락을 부정하는 것이라 생각합니다. 이와 같은 쾌락은 단지 대리적으로 활용될 수 있습니다. 게이들의 마르디 그라 (Mardi Gras)[1] 이벤트에 대한 접근성을 둘러싼 싸움 같은 것이 벌어지는 이유가 그것이 될 수도 있습니다. 이성애자가 갈 수 있는지 아닌지, 그리고 누가 이성애자로, 누가 게이로 인정되는지에 대한 논쟁은 게이 공동체 자체를 찢어 놓는 위협이었습니다. 그럼에도 불구하고 의미 있는 일은, 많은 이성애자들이 이 공간에 마음이 끌리고, 그 분위기에 들어가거나 접근하기를 원한다는 점입니다. 그들은 게이들을 비난하기 위해서가 아니라 이 장소로부터 어떤 성적 떨림을 얻고자, 게이 술집에 가고 싶어합니다. 이것은 '수컷인(male) 몸'의 부인(否認)이 아닙니다. 오히려 모든 몸의 에로틱한 잠재력에 대한 부인입니다. 그것을 분명하게 하나의 공동체로 만들어 주는 것은, 공동의 혹은 자기가 동일시하는 집단으로서의 순응을 넘어 성적 쾌락을 선택한다는 사실입니다.

질문자 당신은 데리다의 관심이 그렇게 철학적이고 그렇게 텍스트에 기반을 두고 있으며 비밀스럽게 자족적으로 보이기 때문에 데리다가 건축 담론에 쉽게 개입하는 것이 놀라워 보인다고 말씀하셨습니다. 그것이 사실 훨씬 더 명백하게 강력하고 행동주의적인 들뢰즈적인 사유 개념과 대립되는 데리다 철학의 지위에서 기인할지도 모른다고 생각하시나요?

그로스 나는 데리다는 이론가고 들뢰즈는 활동가라고 말하고 싶지 않습니다. 그것은 철학과 비판의 관계에 대한 잘못된 이해입니다. 그들은 모

---

1 마르디 그라는 원래 사순절이 시작되기 전날인 '참회의 수요일'(Ash Wednesday)을 말한다. 시드니에서는 매해 3월 1일 마르디 그라라는 동성애자 페스티벌이 열린다. ——옮긴이

두 철학자이며, 그들의 접근 방식은 똑같이 '철학적'이며 그러면서도 또한 강력하게 정치적입니다. 이것이 아마도 그들의 작업이 여러 경우에 건축 이론가들의 관심을 끄는 이유일 것입니다. 건축가들과 건축 이론가들은 (영어권 세계에서 문학이론가, 문화이론가, 그리고 철학자들이 그랬던 것처럼) 들뢰즈에게 가기 전에 쉽게 데리다에게로 갑니다. 나는 건축에서 데리다의 지위가 들뢰즈의 그것과 그렇게 다르다고 믿지 않습니다. 중요한 차이는 데리다의 작업은 들뢰즈의 작업보다 건축가들에게 조금 더 오래 관심을 끌어왔다는 것인 듯합니다. 그러나 좋은 일일 수도 좋은 일이 아닐 수도 있지만, 이 호소력은 현재 옮겨 가고 있는 중입니다. 이미 들뢰즈에게 흥미를 갖기 시작한 건축계 사람들의 수가 늘어나고 있습니다. 우리는 건축학 분야뿐 아니라 철학 그리고 보다 일반적으로는 인문학 안에서, 데리다의 경우에 보아 왔던 것처럼, 들뢰즈의 작업이 똑같이 대중화되는 것을 보게 될 거라고 나는 느끼고 있습니다. 단지 시간문제일 뿐이지요.

질문자 그렇지만, 만일 들뢰즈주의의 흡수가 곧 일어난다면, 무엇이 그것을 반동적 되기로부터 막아 줄까요?

그로스 애석하게도 아무것도 없습니다. 생각 없이 사용될 때, 자동적이고 독단적인 방식으로 사용될 때, 어떤 입장을 반동적 되기로부터 막아줄 것은 아무것도 없습니다. 하나의 이론적 입장이 대중화되고 설명되고 분석되고 집중적인 엄밀한 검토로 평가되는 순간, 그 이론의 실행자들이 자동적이고 틀에 박힌 방식으로 그것에 반응하기 시작한다는 것을 확실히 알 수 있을 것입니다. 작업은 정형화되고 예측 가능해집니다.

철학사에서 어떤 인물이든 택해서 건축 이론과 어떤 식으로든 연결 지을 수 있을 겁니다. 어느 누구도 습관적 연결을 재고하기에 유용할 수 있습니다. 그러나 사람들이 그들의 해설, 논문, 그리고 끝없는 분석으로 이 입장이 바로 그(the) 진리 혹은 바로 그(the) 대답을 제공한다고 믿는 순간, 처음의 생각은 다시 습관적이고 제도적으로 동화될 수 있는 상태가 되면서 틀에 박힌 것이 됩니다. 나는 건축학뿐 아니라 다른 분야(특히 철학)에서, 들뢰즈가 이런 방식으로 관례화될 가능성을, 즉 그의 철학이 '바로 다음에 오는 것'(next thing), 가장 새로운 대유행, 흠모하는 제자들로 가득 찬 성서적 숭배로 받아들여지는 가능성을 예측해 볼 수 있습니다. 다른 누군가와 마찬가지로 들뢰즈도 이런 종류의 회유에서 면제되지 않습니다.

질문자 당신이 이제 막 윤곽을 그려 낸 그 궤도 같은 것을 고려해 볼 때, 당신은 철학이 인문학을 가로질러 건축학 안으로 확장될 방법을, 혹은 이제 어쩌면 이 분야에서 더 이상 전복적이지 않은 방식으로 들뢰즈가 쓰이는 것을 저지할 방법을 생각할 수 있습니까?

그로스 들뢰즈는 테크놀로지에 관해 정말 흥미로운 질문들을 제기합니다. 예를 들어 잠재성(virtuality)에 대한 그의 글쓰기는 건축 분야와 어떤 울림을 가지고 있습니다. 그것은 단지 기술적 개입뿐 아니라, 미래성(futurity) 혹은 잠재성을 향한 건물의 개방성에 흥미를 가지고 있습니다. 단지 잠재적인 테크놀로지들만이 아니라, 잠재적인 건물들에 대한 흥미 말입니다.

질문자 그 개방성에 대해 짧게 설명해 주실 수 있을까요?

그로스 아주 넓은 용어로만 설명할 수 있습니다. 이 작업은 들뢰즈가 행한 베르그송의 잠재성 개념 읽기에 초점을 맞추는 것을 포함해야 합니다. 베르그송은 잠재적인 것(the virtual)과 가능한 것(the possible)을 구분합니다. 가능한 것은 현실적인 것(the real)이 이미 형성된 판본입니다. 가능한 것으로부터 현실적인 것으로의 이행은 예측할 수 있는 것입니다. 거기에 새롭거나 기대되지 않았던 어떤 것은 포함되지 않습니다. 잠재적인 것과 현행적인 것(the actual) 사이의 관계는 놀라운 것입니다. 잠재적인 것은 그것이 생산하는 현행적인 것과는 다른 어떤 것을 약속합니다. 그리고 언제나 현행적인 것과는 다른 어떤 것을 위한 잠재력(the potential)이 그 안에 들어 있습니다. 베르그송은 사실상 잠재성의 이론가, 닥쳐올 미래의 개방성의 이론가입니다. 이 아이디어는, 주로 공간과 연관된 분과인 건축을 위해 아주 생산적인 것이 될 수 있습니다. 건축은 시간을 역사적 시간 또는 지나간 시간으로 다루면서, 미래성이라는 개념에 대한 사유를 전혀 가지고 있지 않습니다.

질문자 순전히 기술적 용어로 말하면, 건축에서 잠재적인 것이라는 아이디어는 일반적으로 건축의 잠재적 가능성(potentiality)에서 제거됩니다. 이 분과는 (주로 경제적 근거에서) 현행적인 것으로 돌아가야 한다고 강요하며 탄원하고 있습니다.

그로스 잠재적인 것은 기술적인 것보다 훨씬 더 많은 것을 망라합니다. 사실, 그것이 기술적 가능성의 조건입니다. 그것은 삶과 역사 발전의 바로 그 조건이며, 기술 발전의 바로 그 환경입니다. 이것은 건축 담론의 영역 내부에 있는 폴 비릴리오(Paul Virilio)와 존 라이크만의 최근 글에서 발전되어 온 어떤 것입니다.

질문자 당신이 건축적 사유하기는 들뢰즈적인 의미에서 외부로부터의 사유에 직면할 필요가 있다고 말할 때, 본질적으로 건축의 외부를 살아 있는, 그리고 젠더화된 몸이라고도 이야기할 수 있을까요?

그로스 재미있는 질문이네요…….

질문자 아마도 건축은 그런 의미에서 사유에 대해서는 고려하겠지만, 체현에 대해서는 고려하지 않는다는 것입니다.

그로스 건축이 체현을 배제하는 것은 아닙니다. 모든 예술 중에서 건축은 체현에 수용의 가장 위대한 의미를 부여합니다. 그러나 체현되지 않는 것은 성적 차이라는 아이디어입니다. 예를 들어 르 코르뷔지에(Le Corbusier)는 젠더화된 구성물인 모뒬로르 맨(Modulor Man)[2]에 관해

---

2 르 코르뷔지에는 건축적 비례의 척도로 황금비를 사용한다. 그것을 모뒬로르 체계라고 한다. 그는 레오나르도 다빈치의 「비트루비안 맨」(Vitruvian Man)에 적용된 인체 비례의 황금비에 대한 제안을 받아들여, 모뒬로르 맨의 비율을 구성한다. 르 코르뷔지에는 인체 모형을 배꼽을 기준으로 둘로 나누고, 나눈 구간들을 각각 황금비에 따라 무릎과 목에서 다시 나눈다. 그는 이러한 비율을 모뒬로르 체계에 활용한다(오른쪽 그림 참조). ── 옮긴이

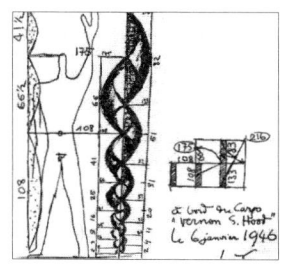

이야기했습니다. 그러나 어떤 면에서 그것은 지금까지도 인정되지 않고 있습니다. 건축은 의학과는 다르지 않게, 몸을 그 자체로 되돌려 보낼 필요가 없는 분과입니다. 비록 숨어 있거나 잠재성에 싸여 있다 해도, 그것은 이미 거기에 있기 때문입니다. 몸들은 건축 안에 없습니다. 그러나 몸은 건축의 이야기되지 않은 조건으로 남아 있습니다. 물론 이것은 건축에만 해당되는 문제가 아니라, 모든 분과에 해당되는 것이지요.

　그렇지만 체현의 성애화된, 그리고 인종화된 본성은 여전히 건축학의 용어로 사유될 필요가 있는 어떤 것입니다. 오늘날 대부분의 건축 이론가들은 학문 분야가 남성 지배적이라는 사실을 받아들일 준비가 되어 있습니다. 그러나 단지 더 많은 여성 건축가가 참여하는 것이 (이 문제 해결의 출발이 될 수는 있다 해도) 이 문제의 해결은 아닙니다. 오히려 성적 차이 문제를 배제하고 있다는 사실에 비추어 이 분과의 조건들 자체를 다시 생각해 보아야 합니다. 그것이, 바로 이 분과가 구조의 측면에서 남근중심적이라는 것을 인식하는 것입니다. 아무래도 건축은 다른 많은 분과들보다 체현 개념에 더 많이 열려 있습니다. 그리고 이것이 아마도 건축이 데리다, 푸코 그리고 다른 철학자들에 의해 고무된 해체적, 노마드적 개입에 적극적으로 스스로를 개방하고자 추구해 온 이유일 것입니다. 몸의 흔적들은 언제나 건축에 남아 있습니다.

질문자 그렇다면 어떤 의미로는 건축이 이미 몸을 다루어 왔다고 주장할 수 있기 때문에, 이것이 또한 어떤 의미에서는 책임감을 면하게 해줄 것입니다.

그로스 단순히 몸이 거기 있다고 말하는 것이, 이미 그것을 다루었다는 말은 아닙니다. 몸은 건축이 인정하기를 원하지 않는 방식, 혹은 인정할 수 없는 방식으로 거기에 있습니다. 그리고 몸은 이론의 여지가 없는 방식으로 거기에 있습니다. 중요한 것은 그것이 거기에 있음을 단언하는 것, 그리고 적합한 용어를 찾아내고 육체성(corporeality)에 대한 자기의 투자를 생각하는 건축이 수익성을 만들어 낼 수 있을 가치를 발견하는 것입니다.

질문자 그것이 무엇이 될 수 있을지, 당신은 제안하실 수 있습니까?

그로스 그것은 다시 한번 건축 분과에 관한 질문이며, 이 분과 안에서 일하고 있는 여성 건축가들이 훨씬 더 잘 대답할 위치에 있을 그런 질문입니다. 나는 성적 체현 문제와 건축을 둘러싸고 진행되는 많은 작업이 있음을 압니다. 그 작업들은 MIT 출판사에 의해 1996년 출간된 『건축가: 그녀의 실천을 재건하기』(*The Architect: Reconstructing Her Practice*)라는 편저에 포함되어 있습니다. 이것은 성적 체현의 건축학적 탐사를 위한 시작이며, 너무 손쉽게 선취되어서는 안 됩니다.

질문자 다음 질문은 실은 과거에 당신 자신이 제기했던 질문입니다. 다윈의 진화론이 죽은 대상들, 즉 특정 테크놀로지나 정보 테크놀로지의 진화에도 적용될 수 있습니까?

그로스 이 쟁점은 들뢰즈와 베르그송의 작업과 무관하지 않습니다. 베르그송은 삶의, 그리고 활기(animation)의 현상인 지속에 대해 말합니다. 되기와 미래를 향한 개방성, 그리고 진화는 살아 있는 것의 특유한 속성입니다. 그러나 만일 진화론을 일관되게 유지한다면, 중심 전제들 중 하나는 비생명으로부터의 생명의 출현입니다. 만일 베르그송이 되기를 사유하는 진화론을 이용하여 생명으로 되기를 허용할 준비가 되어 있다면, 어떻게 그가 되기의 진입로인 무기물 혹은 화학적인 것을 향한 자주적인 발전을 허용하기를 거부하는지 알기 어렵습니다. 이러한 단계는 되기라는 용어로 모든 종류의 무기물적 힘들과 과정들을 사고할 가능성이 있다고 상정하게 합니다. 사람이 만드는 것, 즉 테크놀로지와 문화뿐 아니라 사람을 만드는 것, 즉 자연에 대한 사유 가능성도 되기라는 용어 안에 있습니다. 테크놀로지의 영역만큼이나 자연의 영역에서도 되기를 사유하는 것이, 내게는 미래를 위한 결정적인 기획으로 보입니다.

질문자 비릴리오는 다음과 같이 말한 적이 있습니다. "마치 몸 주변에 도시가 있는 게 아니라 몸 안에 도시가 있는 것처럼, 테크놀로지에 의해 몸이 식민화될 가능성이 있다." 우리 몸 안에 있는 테크놀로지적인 도시라는 아이디어에 대해 어떤 생각을 가지고 계십니까?

그로스 며칠 전 신문에서 한 무리의 과학자와 기술자 집단에 대한 아주 특별한 짧은 이야기를 읽었습니다. 그들은 어떤 유형의 맹인들이 볼 수 있도록 컴퓨터 시스템을 고안했습니다. 아주 작은 카메라를 연결한 컴퓨터 칩을 뇌 안에 심는 방식으로요. 그들은 아직 실용 모형을 만들지는 못했습니다만, 이제 기술이 이를 가능하게 만들어 줄 수 있다고 믿고 있습니다. 여기서 생산된 것은 도시 안의 몸이 아니라 정말 몸 안에 있는 축소 모형 도시라는 것이 흥미롭습니다. 컴퓨터 칩 안에 축소화된 것은 이미 전체적인 한 벌의 문화적 규범, 가치, 그리고 공간들입니다.

질문자 보는 것이 이런 방식으로 연구된 감각들 중 가장 첫번째 감각이라는 것도 흥미롭네요.

그로스 보는 것은 여러모로 가장 쉬운 것이라고 생각합니다. 이러한 생각은 어느 정도는 여전히 사진의 역사에, 그 후로는 동영상 카메라에 빚지고 있지요. 일반적으로 문화의 관찰적(scopic) 본성 때문에, 시각적인 것이 컴퓨터의 특권적 영역이라는 사실이 놀랍지는 않습니다. 귀 안에 삽입되어 내부화된 트랜지스터의 형태로, 생체공학적 귀는 상대적으로 더 오랫동안 우리 주위에 있어 왔습니다. 카메라들은 생체공학적 귀의 시각적 등가물입니다. 따라서 이것은 어느 면에서 도시 그 자체가 아니라, 뇌 속에 있는 칩 안으로 압축된 문화입니다. 그리고 이런 의미에서 도시는 주체의 주위에 있는 만큼 주체 안에 있습니다.

우리가 컴퓨터 터미널에 연결되어 서로 다른 장소에서 서로서로 가상적으로(virtually) 말한다면, 도시는 우리 사이에서보다는 우리를 관통하여 작업하겠지요. 내가 비릴리오에 동의하지 않는 부분은, 도시가 우리 주변에서 작업하는 만큼 우리를 관통하여 작업한다는 것입니다. 물리적 편지와 전자적 매체의 메일은 가상적으로 기능합니다. 전자적으로 만들어진 매체의 발명은 우리를 가상성(virtuality)[3]에 처음으로 초대한 것이라기보다는, 가상성에 더 생생한 그림을 제공해 주었습니다. 우리가 편지를 쓰거나 그림을 그리거나 글을 읽을 때, 우리는 이미 어떤 양식

---

3 잠재성(virtuality) 개념을 사이버공간의 맥락에서 사용할 때는, 보다 익숙한 용어인 '가상성'으로 번역한다. 그러나 이 개념은 언제나 '잠재성'의 의미를 함축하며, 결코 '현실이 아니면서 현실처럼 보이는 형상'을 의미하지 않는다. 가상도 현실이며 실재한다. ─옮긴이

의 가상성 안에 있어 왔습니다. 도시는 결코 단지 어떤 것이었던 적이 없습니다. 오히려 그것은 지속적인 가상성의 터였습니다.

몸은 기술적 투입의 모든 기술적 하중을 이용할 수 있습니다. 그러나 기술적 변형 가능성에는 한계가 있습니다. 이 한계가 무엇인지 나는 모릅니다. 그러나 몸이 몸이기를 그만두는 것 너머에 경계가 있습니다. 이 지점이 기술적 잠재성의 한계입니다.

질문자 정확히 언제 몸은 몸이기를 그만둘까요?

그로스 그것은 임의적입니다. 그러나 보철에 의한 모든 장기의 교체가, 유형에 있어 근본적으로 다른 어떤 것을 생산하는 특정 지점이 있습니다. 우리가 발톱이나 비장이나 혹은 그 어떤 것을 교체할 수 있는, 그러면서도 몸은 여전히 동일한 것으로 여겨질 수 있는 지점이 있습니다. 부분적으로는 이와 같은 테크놀로지가 여전히 대체로 사변적이거나 허구적인 것으로 남아 있기 때문에, 그 지점이 무엇인지 나는 모릅니다. 그러나 사물들이 다르게 ──꼭 나쁘다는 것이 아니라, 그저 다르게── 기능하기 시작하는 너머의 지점이 있습니다. 그렇게 되면 우리는 다른 종류의 몸, 다른 종류의 몸 기능, 그리고 아마도 심지어는 다른 되기의 가능성을 갖게 될 것입니다.

질문자 그러면 우리는 다른 종류의 인격이 되나요?

그로스 아마도 근본적으로 다른 종류의 인격이 되어야만 할 것입니다. 그것이 어떤 종류의 인격일지, 나는 모릅니다. 이와 같은 상상의 산물은 주로 공상과학소설 작가들이 심취해 있는 것이죠.

질문자 몸과 만들어진 공간에 대한 당신 글이, 현실 공간(real space)에서 벗어남으로써 도달하게 되는 해방을 전제하는 듯한 최근의 사이버 유토피아적 글쓰기에 준 영향이 무엇인지, 알고 계신가요?

그로스 나는 이러한 테크놀로지와 그것의 잠재력에서 그 누구보다도 큰 기쁨을 얻고 있습니다. 그러나 나는 테크놀로지가 제공하는 것이 몸의 대체가 아닌 바로 몸의 증대라고 봅니다. 당신이 걸치고 있는 것이 옷이든 장치이든 상관없이, 당신이 가지고 있는 몸은 기계에 연결되어 여전히 거기에 앉아 있는 바로 그것(the one)입니다. 사이버 장갑(information glove)은 여전히 인간의 손을 위해 디자인됩니다. 물론 나는 테크놀로지의 매력이 육체 너머의 사이버공간을 지배하고 있다고 이해하고 있습니다. 그러나 이것이 나에게는 단지 충분히 생각하지 않은 결과이거나, 또는 단지 공상적인 것이라고만 여겨집니다. 몸으로부터, 공간으로부터, 또는 현실적인 것으로부터의 해방은 있을 수 없습니다. 우리가 그것들의 소멸을 아무리 많이 공상해 왔다 해도, 그것들은 모두 아주 집요하게 되풀이되는 끔찍한 타성을 가지고 있습니다. 몸에 대한 인공지능학적(cybernetic) 집중은 정확히 말하면 몸의 특정 부위를 선정하여 강화하는 양식이자 그것을 최대한으로 자극하는 것입니다.

질문자 당신은, 몸을 두고 떠난다는 생각은 자기 번식(autogenesis)에 대한 남성 판타지라고 쓴 적이 있습니다. 이것 또한 완전한 통제에 대한 남성 판타지일까요?

그로스 단지 남성만의 판타지는 아닙니다. 나는 여성도 이러한 생각을 가지고 있다고 생각합니다.

질문자 그렇다면 자기 번식이나 전적인 통제라는 범주 밖에서, 어떤 근거로 당신은 여성이 사이버공간을 여성의 공간으로 주장할 수 있다고 생각하시나요?

그로스 이것은 흥미로운 질문입니다. 어떤 사람들은 자기 번식 판타지, 또는 몸이나 전체 세계 만들기라는 일종의 프랑켄슈타인 판타지로 사이버공간을 그들 자신의 세계라고 생각하는 반면, 사이버공간에서 일하는, 즉 예술 제작을 하고 글을 쓰는 많은 여성들은 이와 같은 판타지를 결코 가진 적이 없다는 것입니다. 대신에 그들이 보는 것은 컴퓨터 테크놀로지가 다르게 일하고 제작할 가능성에 하나의 공간, 하나의 기회, 하나의 약속을 제공한다는 사실입니다. 그것은 믿을 수 없을 만큼 엄청나게 효과적인 도구입니다. 즉 그것은 모든 것의 속도를 높이고, 빛나 보이게 하고, 세련된 외양을 주며, 작업 가능성의 방식도 변형시키는 어떤 것입니다. 이것은 다른 세계를 생산한다는 생각이나 이 세계를 시뮬레이션한다는 생각과는 상당히 다릅니다(그리고 이 생각들보다 훨씬 더 겸손합니다). 이것은 아무것도 아닙니다. 그러나 이것은 다른 곳에서는 도달 불가능한 자기 지배와 자기 억제의 판타지입니다. 많은 여성들은 주로 이 테크놀로지와 실용적인 관계를 맺습니다. 그리고 환영과도 같은 약속에 넋을 빼앗기거나 유혹당하기를 거부합니다. 이것은 엄청나게 유혹적인 기술입니다. 그러나 이 유혹이라는 부분은 이 세계는 물론이고, 이 테크놀로지의 사용이 주는 매력이나 즐거움조차도 초월하지 못합니다. 예를 들어, 다른 많은 사람들처럼 나도 내 매킨토시 컴퓨터에 엄청난 애착을 가지고 있습니다. 이 애착은 디자인의 아름다움, 어떤 일을 할 수 있게 해주는 용이함, 그리고 우리가 무엇을 하는지에 대해 우리가 생각하는 방식을 변형시키는 능력에 대한 것입니다. 사이버공간이 허구의 장 외부에서 우리의 애착을 위해 유지하고 있는 매력은 그저 실용적인 것입니다. 테크놀로지는 우리에게 흥미로운 일들을 빠르고 간편하게 할 수 있게 합니다. 이러한 효율성에는 즐거움이 있습니다. 테크놀로지에 대한 우리의 관계가 더욱더 실용적이 되면 될수록, 우리는 그것을 더 많이 즐기게 될 것입니다.

물론 기계나 컴퓨터에 대한 이러한 애착은 마약에 대한 마약 사용자의 관계와 다르지 않습니다. 누군가는 세계의 나머지 사람들로부터 안전한, 완전한 실존이라는 판타지를 만들어 내기 위해 마약을 사용할 수 있습니다. 그러나 마약이 그 길을 보여 줄 필요는 없습니다. 마약은 오히려 테크놀로지의 다른 형태로, 하나의 세계를 건설하는 것을 목적으로 하거나 희망하지 않는 육체적이거나 개념적인 증대 또는 강화의 양식으로, 현실적인 것(the real)의 대안으로 해석될 수 있습니다. 테크놀로지는 생득적으로 남성적이거나 남근중심적이거나 자민족중심적이지 않습니다. 비록 테크놀로지의 생산과 유통의 양태들이 확실히 권력관계에 밀접하게 의존하고 있다고 하더라도 말입니다. 그러나 그럼에도 불구하고 그것은 어떤 약속을 유지합니다. 그것은 마음속에서 온갖 종류의 목표나 목적, 온갖 종류의 방법으로 사용될 수 있습니다. 그것이 어떻게, 누구에 의해, 어떤 결과를 가져오도록 사용되는지에 따라 테크놀로지는 권력의 조건이자 권력의 전복 가능성입니다.

질문자 마약과 같다면, 테크놀로지에도 중독될 수 있을까요?

그로스 그에 대해서는 의문의 여지가 없습니다. 테크놀로지에는 중독성이 있습니다. 중앙처리장치가 망가지면 언제나 일상적인 전자 메일을 사용하지 못하게 된 사람들이 난폭해지곤 합니다. 아마도 마약만큼 나쁘지 않을 수도 있지만, 아주 폭넓은 유사성도 있습니다. 어느 쪽이든 그들은 중독이라는 은유와 밀접합니다.

질문자 비릴리오는 방사능이 대기를 오염시키는 것처럼, 상호작용이 현실 공간을 오염시킨다고 쓴 적이 있습니다. 이 언급은 다시 사이버공간을, 남근중심적 사고가 전복될 수 있는 유토피아적 공간으로 사용하기 원하는 사람들의 요구를 복잡하게 만들고 약화시키는 것처럼 보입니다.

그로스 상상을 제외하고는 그 어느 곳에도 유토피아적 공간은 없습니다. 그러나 이 부재가 반드시 제한적이기만 한 것은 아닙니다. 만일 우리가 유토피아적 공간을 가지고 있다면, 우리는 이미 거기에 있을 것입니다. 그리고 여전히 남근중심적 세계가 그 안에서 지속적으로 개입할 것입니다. 거기에서 이 유토피아적 공간은 현실적인 것(the real)의 공간과 경쟁하기보다는, 나란히 있을 것입니다. 우리가 이 공간에 접근할 수 없다는 사실이 우리에게는 이익입니다. 왜냐하면 그것이 바로 우리가 현실에서, 우리가 지금 차지하고 있는 공간에서 계속 싸워야만 한다는 것을 의미하기 때문입니다. 우리는 우리가 예견할 수 없고, 확실히 보장할 수 없는 결과를 위해 싸워야만 합니다.

질문자 당신은 과거에 공간으로의 동화에 의한 이인증(離人症, deperson-alization)이라는 로제 카유아의 정신쇠약(psychasthenia) 이론 구성을 사용한 적이 있습니다.[4] 당신은 포스트모던 도시에서——특히 쇼핑센터와 같은 상업 공간이나 우리를 어떤 방식으로든 정체성 망각으로 구슬려 이끄는 인위적 공간에서의 매체들의 폭격(media bombardment)이라는 측면에서, 혹은 일종의 몸 밖의 경험이라는 측면에서——이인증이 우리의 일반적인 공간 경험이라고 생각하시는지요?

그로스 공간에의 몰입에는 어떤 환희가 있습니다. 우리가 특정한 (일시적인) 이인증에 도달하고 여전히 그것을 즐길 수 있다는 것, 육체적 경계의 확장과 투과성을 즐길 수 있다는 것을 인식하는 것은 중요합니다. 모던 도시, 포스트모던 도시가 소외감을 느끼게 하는지를 물으셨나요? 만일 질문이 그것이라면, 내 대답은 '아니다'가 될 것입니다. 쇼핑몰은 역설적이게도 많은 사람에게 바로 가장 강렬한 즐거움의 공간입니다. 그것은 단순히 소비와 구입의 즐거움(쇼핑의 즐거움)만이 아닙니다. 그것은 또한 구경거리와 공동체 상호작용 안에서의 특정한 즐거움이기도 합니다. 비록 그것이 가장 상업적인 종류의 것이라 해도 말입니다. 물론 거기에는 또한 한가한 산책자(flâneur)의 배회하고 관찰하는, 보고 보여지는, 사물들과 사람들 사이에서 동시에 둘러보는 즐거움이 있습니다. 어떤 사람은 쇼핑몰을 싫어합니다. 그러나 싫어하는 사람들 중에도 많은 이들, 특히 젊은이들이 이 공간에서 많은 영향을 받습니다. 쇼핑몰은 우리가 고도로 즐길 수 있는 어떤 쇼핑의 조건이나 방식이 되어 왔습니다.

---

4 이 책의 2장 「체험된 공간성: 신체적 욕망의 공간」을 보라.

질문자 가상(virtual)공간과 신경쇠약이 관계가 있다고 보시나요?

그로스 관계가 있을 수는 있지만, 그 관계가 필연적인 것은 아닙니다. 우리는 각각의 것을 다른 것 없이 가질 수 있습니다. 신경쇠약은 인격적 정체성의 경계가 붕괴되고 주체가 더 이상 내부를 외부와, 자아를 타자와 구분할 수 없을 때 발생합니다. 이것은 분명히 매우 충격적이고 심신을 약화시키는 정신적 질병입니다. 사이버공간은 그 자체로 정신병이나 신경쇠약을 유발하지 않습니다. 우리가 모든 장비와 장치를 달고 사이버공간에 들어갈 때도 특정한 육체적이고 개념적인 응집력이 요구됩니다. 사실 사이버공간에서 판타지와 희망을 즐길 때에 확실한 안전이 있습니다. 그것은 바로 이 공간이 잠재적(virtual)이며, 현행적(actual)이지 않기 때문입니다. 이것이 사이버공간의 즐거움 중 하나지요. 당신은 최소한 일시적으로 정체성에 충격을 줄 가능성을 가질 수 있습니다. 이 충격이 신경쇠약이 되는지 여부는, 아마도 다른 물음일 것입니다. 나는 판타지란 바로 당신이 당신 자신과는 다른, 또 다른 정체성을 얻는 것이라고 생각합니다. 그것을 사용하기 위해 잠시 기다리는 것은, 새 옷을 입는 것처럼 사이버공간의 매력 중 한 부분입니다.

질문자 이것은 다른 정체성을 갖기 위해 들를 수 있는 쇼핑몰이라는 아이디어와 유사한 판타지이군요.

그로스 그러나 우리는 그렇게 다른 정체성을 갖기 위해 잠시 들르거나 할 수는 없습니다. 쇼핑몰에서 당신이 할 수 있는 것은 당신의 정체성 양상들을 증가시키는 것으로써, 사이버공간을 포함한 사회적 공간을 사용하는 것입니다. 이것은 아마도 사소한 증가일 것입니다. 그것은 가상적(virtual) 정체성의 옹호자 몇몇이 주장하는 것만큼 실제로 급진적이지는 않습니다. 당신이 현실 공간에서 남자라면, 사이버공간에서 여성 정체성을 채택한다고 해서 여자가 되지는 않습니다. 사이버공간은 한때 오로지 환영적이고 보충적일 수만 있는, 특정한 크로스 드레싱(cross-dressing)이나 정체성 바꾸기(swapping)의 장소처럼 보이기도 했습니다. 사이버공간에 들어가는 것이 남자를 여자로 만들어 주지는 않겠지만, 그가 남성 존재(being a man)의 다른 가능성들을 알아 가도록 만들어 주기는 할 것입니다.

질문자 마음대로 정체성을 바꾸지 못하는 이 무능력이 어떻게 전적으로 기술화된 몸이라는 아이디어와 다시 관계를 맺게 될까요? 이것은 오래된 시계의 비유와 같은 상황입니다. 만일 시계의 문자판을 바꾸고 그 후에 시계줄도 바꾼다면, 당신은 동일한 시계를 가지고 있는 것입니까? 마찬가지로 만일 당신이 당신의 발톱을 바꾸고, 또 그러고 나서 하나부터 열까지 모두 바꾼다면, 당신은 여전히 같은 사람일까요? 만일 당신이 마음대로 이 모든 것들을 바꿀 수 있다면, 당신은 또한 당신의 정체성을 바꾸고 있는 것이 아닙니까?

그로스 아닙니다. 그 변화를 만든 것은 바로 당신입니다. 그리고 당신의 정체성이 곧 당신입니다. 만일 당신이 변화하고 있다고 당신이 생각한다면, 변화하고 있는 당신은 사실 전혀 변하지 않은 것입니다. 그것은 주권을 가진 행위자, 군림하는 의식으로 남습니다. 당신의 정체성은 항상 변화하고 있습니다. 그러나 정체성은 변화의 행위자인 당신이라기보다는 변화하고 있는 당신입니다. 우리는 원인이기보다는 결과입니다. 당신은 어떤 옷을 입을지 선택할 수 있습니다. 그러나 그것을 입고 있는 당신을 바꿀 수는 없습니다. 선택이라는 바로 그 관념이 당신의 정체성과 묶여 있습니다.

성 정체성을 선택할 수 있다는 생각이 특정한 퀴어 정치학 배후에 있는 판타지라고 나는 생각합니다. 나는 이 생각이 수행성에 대한 주디스 버틀러(Judith Butler)의 작업을 잘못 읽은 데서 기인한 것이 아닐까 하는 혐의를 두고 있습니다. 당신이 되고자 원하는 것을 바로 수행할 수 있다는 것으로 말이지요. 문제는 만일 당신이 특정한 성 정체성을 수행하기를 선택했다면, 그 정체성을 받아들이는 것에 의해 아무것도 변화하지 않을 것이라는 점입니다. 당신은 단지 그 정체성을 연기하고 있을 뿐입니다. 정체성을 선택할 수 있다는 건 멋진 일일 것입니다. 그러나 사실 그것은 우리를 위해 선택되었습니다. 우리의 행위성은 우리가 이 지정된 위치를 받아들이는 방식, 그리고 우리가 그것을 거부하는 정도, 우리가 그것을 실행하는 방식에서 옵니다.

질문자 당신은 몸과 도시 사이의 관계에 대해서, 하나가 다른 하나를 비늘처럼 겹치는 상호적인 것이라고 쓰셨습니다. 우리는 어떻게 가상공간을 체현하며, 그 공간은 우리를 어떻게 체현합니까? 가상공간이 다른 육체적 경험 위에 있는 조망하는 시각으로 특권화되는 것처럼 보이는 것을 고려할 때, 이 상호적인 겹쳐짐의 관계는 어떻게 작동할까요?

그로스 사이버공간이 주로 시각적이라는 사실은, 그 자체로는 특별한 문제가 아닙니다. 우리는 모두 사이버공간의 도래 이전에 이미 완전히 시각적인 것에 빠져 있었습니다. 사이버공간은 스크린에서 체현되기 시작했습니다. 뜻하지 않게 우연히 그렇게 된 것이 아니라, 우리 문화와 이 문화에서의 지배적인 즐거움이 지닌 시각화된 본성 때문에 그렇게 된 것입니다. 관찰하기(watching)의 경제에 입각한 테크놀로지는, 최소한 한 세기 동안 만연해 있었습니다. 우리 문화에서 텔레비전은 눈을 통해 우리의 상상력을 포획해 왔습니다. 컴퓨터 테크놀로지가 다른 형식이 아닌 스크린 유형의 테크놀로지에서 체현되어 왔다는 사실은, 흥미로운 역사적 물음입니다. 그러나 그것은 정말로 단순히 시각적인 것의 일시적인 기술적 특권화에 관한 것은 아닙니다.

만일 사이버 테크놀로지가 몸과 육체적 욕망을 지배할 수 있다면, 그것은 또한 가상적인 것(the virtual) 혹은 사이버가 이 특정한 종류의 테크놀로지가 도입되기 이전에도 언제나 이미 주체 안에서 필수적인 요소였기 때문입니다. 묶여 있고 통일되고 결합하는 주체, 라캉의 거울단계를 통해 들어가고 통과하는 주체인 우리는, 우리에게 우리가 누구인지 알려 주는 거울을 통해 가상적인 것의 세계로 들어갑니다. 외면적인 이미지가 우리에게 우리 자신의 이미지로 나타납니다. 이것이 정체화의 구조입니다. 나는 나 자신을 나 자신의 이미지와 같이 만듭니다. 이것이 이미지의 매력인데, 아이가 실제의 새보다 새의 이미지를 보는 걸 더 좋아하는 것처럼, 유아 발달단계에서 원초적인 것입니다. 이러한 사실이 부분적으로 텔레비전이 우리에 대해 가지고 있는 저항할 수 없는 영향력을 설명해 줍니다. 사이버공간의 자기 재현들(self-representations)이 텔레비전 스크린보다 더 자아도취적인 만족을 재생산하고 약속하는 한, 그것은 매력적입니다. 또한 기술적 진보에서 텔레비전이 컴퓨터 스크린으로 통합되는 것이 우리 앞에 있는 가장 쉽고도 가장 직접적인 발전이라는 사실 역시, 우연히 발생하는 것은 아닙니다.

질문자 당신의 작업과 뤼스 이리가레의 작업 양쪽에서 발견되는 코라(chora)라는 아이디어는 여성주의자들이 장소, 공간, 그리고 거주에 대해 생각하는 방식의 중심에 놓여 있는 것 같습니다. 이 개념이 그 자체로 단말기에서의 거주에도 적용될 수 있을까요? 내가 '단말기'라는 말로 의미하는 바는 컴퓨터 스크린, 스크린 공간입니다만.

그로스 그것은 당신만의 공간일 수 없습니다. 이 컴퓨터화된 공간 또는 가상공간은 언제나 다른 공간, 즉 육체적 거주의 공간 안에 거처하고 있습니다. 당신이 다른 공간에 있지 않으면서, 컴퓨터 공간에 있을 수는 없습니다. 이것이 왜 사이버공간이 단지 확장적일 뿐인가 하는 이유입니다. 당신은 현실 공간 밖에서 당신의 단말기를 설치할 수 없습니다. 심지어 야외에서조차, 그것은 언제나 현실 공간 안에 거처하기 때문입니다. 당신은 언제나 당신의 집, 혹은 당신의 사무실에서 그것을 하고 있습니다. 그것은 사이버공간이 어느 정도 현실 공간의 피안 또는 초월이라고 보는 판타지에서조차 코라의 전체 구조가 여전히 적용된다는 것을 의미합니다. 당신은 사이버공간 안으로 들어가게 해주는 그 물리적 건물에서 탈출할 수 없습니다. 당신이 사이버공간에 들어가기 위해서는 그 건물을 통과해야만 합니다.

질문자 「여성, 코라, 거주」("Women, Chora, Dwelling")라는 에세이에서 당신은 여성을 위한 미래 프로젝트는 공간을 다시 생각하고, 공간을 그들 자신의 것으로 재점유하는 것에서 시작해야 한다고 썼습니다.[5] 이 에세이를 쓴 이래로, 당신은 이러한 새로운 거주 양식이 구체화되는 방식의 증거를 발견하신 적이 있습니까? 또는 그것이 어떻게 작동하고 있는지 보신 적이 있습니까?

그로스 이 질문에 어떻게 답해야 할지 정말 모르겠습니다. 짧은 대답은 '아니오'가 될 것입니다. 나는 그것에 대해서 생각해 보지 않았습니다. 그리고 나는 여성 건축에 포함된 경험적 프로젝트들을 살펴보는 것이, 여성과 공간 사이의 관계를 어떻게 다시 생각해야 하는가라는 물음에 실제로 답을 줄 수 있는 방법인지 잘 모르겠습니다.

질문자 그렇지만 우리가 앞서 나눈 이야기 ── 사이버 여성주의의 공간 사용에 대해 ── 의 측면에서 보자면, 여성주의 집단이 코라에 대한 당신의 아이디어나, 문자 그대로 여성이 점유하는 공간이라는 아이디어 같은 것을 가지고 갈 수 있어야 하는 것이 아닙니까? 비록 당신이 이미 언급한 것처럼, 이 공간들이 단지 존재하고 있는 공간 안에서 출발하는 기획이라 할지라도 말이지요.

그로스 사이버 여성주의자들은 공간, 가상공간을 지금 별도로 점유하고자 시도하고 있습니다. 나는 이것이 좋다고 생각합니다. 그러나 만일 우리가 실제 건물들에 대해서 이야기한다면, 거기에선 정말로 복잡한 문제가 발생합니다. 여성에 의한 그리고 여성을 위한 공간은 결코 있어 본

---

5 Elizabeth Grosz, "Women, Chora, Dwelling", *ANY*, no.4, January-February 1994, pp.22~27 참조.

적이 없습니다. 여성들만의 공간(여성주의자나 레즈비언의 공간)조차 가부장적 문화 공간에 대한 반작용이거나, 거기에 반대하여 수립한 것입니다. 오늘날에도 그리고 가까운 과거에도 여성만의 공간을 생산하는 것은 모두 분리주의적인 공간, 그리고 지배적인 남성 문화에 대한 반작용으로서의 공간을 생산하는 것이었습니다. 나는 이제 더 이상 이것이 성공할 수 있는 전략이라고 생각하지 않습니다. 여성들의 공간을 분리주의적으로 되찾는 것 외에 여성들이 공간을 어떻게 점유할 수 있는지, 혹은 어떻게 점유하는지는 나에게 분명하지 않습니다. 우리는 여성과 공간 사이의 관계를 더 성공적으로 다시 생각할 수 있기 위해, 공간과 공간성을 이해하려고 할 때 사용할 아주 다른 용어들이 필요합니다. 우리는 또한 '여성으로서의' 공간 사용과 공간 점유를 구성할 그 경계를 아주 조심스럽게 숙고해야만 합니다. 결국 이것이 모든 종류의 정치적 문제들을 야기합니다. 만일 당신이 여성 건축가라면, 분리주의적 거부라는 용어의 바깥에서 그것과는 아주 다르게 공간 점유에 관해 생각해야만 하는 나보다 더 많은 자원들을 가지고 있을 것입니다.

질문자 어떤 방식으로 당신은 여성주의들에 대한 작업과 몸에 대한 작업을 지속하실 건가요?

그로스 이 질문에 대답하는 가장 좋은 방법은 간접적으로 답하는 것이겠네요. 개인적으로 나는 그것에 다른 방식으로 도달하기 위해, 여성주의와 몸에서 떠나야만 했습니다. 지금은 단지 그것이 매력적이지가 않습니다. 부분적으로는 내 자신이 이 영역에서 죽어라 일해 왔고, 이제 그것에 접근할 다른 모습을 보여 줄 필요가 있기 때문입니다. 나는 여성주의나 몸과는 아무 상관이 없지만, 나의 이전 작업에서 다소 간접적인 방식으로 제기된 어떤 문제들을 다루는 다른 큰 프로젝트를 생각하고 있습니다. 예를 들어 나는 물질성에 관한 물음들에 관심을 가지고 있습니다. 원자들의 본성이라든가, 역사적이고 진화론적인 되기의 보다 일반적인 이슈들이 그것입니다. 내가 이 아이디어들을 여성주의의 용어로 어떻게 발전시킬 수 있을지 지금은 모릅니다. 그러나 나의 여성주의적 작업들이 생생하게 살아 있도록 지키기 위해서, 내가 그것을 가까이 오지 못하게 하고 약간 거리를 유지해야만 한다고 확실히 느끼고 있습니다. 짧게 말해서 나의 새로운 작업이 어디로 가고 있는지 나도 불확실합니다. 아마도 1년이나 2년 후에 다시 물어봐야 할 겁니다.

질문자 당신은 마치 여성주의들과 몸, 체현된 주체성이라는 관념이 완수된 것처럼, 그리고 우리가 이야기된 바대로 그것을 받아들여야 한다고 느끼시나요?

그로스 아닙니다. 그러나 들뢰즈에 대한 나의 언급이 여기에도 적용될 수 있습니다. 몸, 그리고 지식에 미치는 몸의 영향에서 완수되어야 할 많은 작업들이 여전히 있습니다. 다른 한편, 그것은 지금 아주 인기 있는 주제입니다. 모든 사람들이 그것에 대해서 이야기하고 있습니다. 그것은 대부분 판에 박힌 유행에서 이루어지고 있습니다. 그렇다면 문제는 그것을 어떻게 다시금 신선하게 만드는가, 어떻게 그것을 날카롭게 만드는가입니다. 1981년에 나는 처음으로 몸에 대해 다루기 시작했습니다. 그때는 몸에 관해 생각하는 것이 여전히 충격이었을 때입니다. 왜냐하면 모든 사람들이 (의식, 무의식이라든가 이데올로기라는 측면에서) 정신에 대해 관심을 가지고 있었기 때문입니다. 그러나 이제 몸에 대해 생각하는 것은 더 이상 충격이 아닙니다. 그것은 존중됩니다. 그리고 실제로 행해지리라 기대되는 일입니다. 나에게 흥미로운 일은 기대되지 않는 어떤 것, 또는 여전히 신선하고 날카로운 어떤 것을 하고자 시도하는 일입니다.

물론 몸은 가치를 동반하지 않는 주제가 아닙니다. 그것은 여전히 엄청나게 중요합니다. 그러나 그것은 틀에 박히지 않은 방식으로 조심스럽게 다루어져야만 하는 것입니다. 그것이 틀에 박힌 것이 되고 승인된 것으로 받아들여지는 — 지금 여성주의 이론 안에서 그것의 지위가 그러한 것처럼 — 순간, 우리는 그것에 대해서 다시 생각할 필요가 있습니다. 그리고 아마도 우리는 거기에, 혹은 다른 어떤 것에 다르게 도달할 것입니다.

질문자 당신은 이 다른 접근을 어떻게 특징지을 수 있습니까? 들뢰즈와 같은 방식으로요? 아니면 거기서 완전히 떠나고 있나요?

그로스 이것은 떠남의 문제가 아닙니다. 우리는 자신이 해왔던 일에서 결코 떨어질 수 없다고 생각합니다. 우리는 그것을 언제나 함께 지니고 다닐 것입니다. 나는 이제 거대한 들뢰즈적인 프로젝트에 승선하고 싶지 않습니다. 나는 들뢰즈로부터 필요한 것들을 이미 내 작업에 추가했고, 이제 다른 것을 하고 싶습니다. 앞으로 나아갈 길이 거기에 있는지 나는 모릅니다. 그것은 찾고 있는 프로젝트가 무엇인지, 가지고 있는 관심이 무엇인지에 달려 있습니다. 얼마 동안 여성주의 이론 안에서 모든 사람들은 대략 같은 종류의 일을 원했었습니다. 그것이 전체적으로 여성주의를 위해 좋은 일인지, 나에게는 이제 더 이상 분명치가 않습니다. 프로젝트의 다양한 여러 가지 방식의 확산이 훨씬 더 흥미로울 것이며, 그 확산이 여성주의라는 범위 안에 수용되어야 할 것입니다.

질문자 가야트리 스피박(Gayatri Chakravorty Spivak)은 몸에 대해 생각할 수 없다고, 몸이 생각될 수 없다고, 그것에 접근할 수 없다고 쓴 적이 있습니다. 이 글에서 그녀가 말하고자 한 바에 대해 당신은 어떻게 생각하나요?

그로스 우리가 몸을 생각할 수 없는 것이 사실입니다. 우리는 여전히 몸이 무엇인지, 혹은 그것이 할 수 있는 것이 무엇인지, 그것의 한계 혹은 능력이 무엇인지 모르기 때문입니다. 나아가 몸은 언제나 그것에 대한 우리 앎을 넘어서는 과잉에 있기 때문에, 그리고 몸은 그것을 생각하거나 알고 있는 것에 계속 진행 중인 가능성을 제공하기 때문에 몸이 무엇인지 우리는 알지 못합니다. 그것은 언제나 어떤 재현을 넘어서는, 그리고 사실은 모든 재현을 넘어서는 과잉입니다. 이것이 바로 우리는 몸이 할 수 있는 것을 알지 못한다는, 몸은 사유의 바깥이라는 들뢰즈 주장의 요점 부분입니다. 그것이 몸을 사유할 수 없다는 것을 의미하지는 않습니다. 오히려 사유 안에서 완전히 파악하지 못하면서 몸에 접근한다는 것을 의미합니다. 그러나 나는 스피박이 의미하는 것이 이것인지는 모르겠습니다.

우리가 생명과학이나 이 과학이 특별히 헌신하고 있는 몸의 분석에서 볼 수 있는 것처럼, 이러한 무지는 또한 만연해 있습니다. 의학은 정말로 몸을 이해하지 못합니다. 그것에 특별히 덜 집중하는 다른 분과들은 차치하고서라도, 몸에 헌신하고 있는 바로 이 분과조차 몸을 이해하지 못합니다.

질문자 의학이 여전히 몸을 데카르트적인 방식으로, 기계적으로 다루고 있다고 말하는 건가요?

그로스 그건 조금 지나친 단순화가 될 것입니다. 의학적 전문성은 단지 철학자의 배후에서 만들어지는 건 아닙니다. 일반적으로 몸은 기계적으로 다루어지고 있습니다만, 그것이 문제가 될 필요는 없습니다. 하지만 데카르트주의의 어떤 흔적을 문제시하는 방향으로 긴 길을 걸어온 현대 의학 안에서 발전한, 다른 훨씬 복잡한 접근법들이 많이 있습니다(데카르트주의적 사유에 대한 가장 설득력 있는 논박들 중 많은 것들은 신경과학에서 나왔습니다). 오늘날 의학 분야에서 진행 중인 아주 재미있는 프로젝트들이 많이 있습니다. 그 프로젝트들이 정신과 육체를 다른 용어들로 생각하는 데 폭넓은 영향을 미치게 될 것입니다. 어떤 데카르트적 틀보다도 훨씬 더 정교한 많은 다른 것들 사이에서 신경학, 내분비학, 유전학 그리고 면역학에서의 프로젝트들이 그런 영향력을 갖게 될 것입니다. 인문학 분야에 있는 우리들은 이런 작업들을 적대감을 가지고 단순히 묵살하는 대신, 읽어 내기 위해 더 많이 열려 있어야만 합니다. 우리는 의학 텍스트들을 읽어야 합니다. 단순히 그것들이 자기에게 도움이 될 정보가 될 수도 있고 아닐 수도 있기 때문이 아니라, 이 담론들이 우리가 (나이를 먹고, 병들고, 죽음을 향해 움직이는 등) 살아 내도록 운명 지어진, 그런 종류의 몸과 주체성을 생산하는 것을 도와주기 때문이기도 합니다. 우리는 이런 아이디어들을 묵살하기 위해 즉각적으로 논박하기보다는 더 많이 ──최근의 연구는 무엇인가? 그것으로 우리는 무엇을 할까? ──생각해야 합니다.

사례 연구 이상으로 의학 문헌들에 풍부하게 담겨 있는 질병, 침입, 오염에 대한 비유와 은유들 중에는 재미있는 것이 많이 있습니다. 이 은유들이 의미심장한 이유는 단지 의학적 개입의 수사학을 제공하기 때문만이 아닙니다. 의학 담론과 실천이 몸과 주체의 형성과 생산을 돕는 데서 역사적으로 특권화되어 왔기 때문에, 이 은유들은 의미심장합니다. 질병이 개념화되는 방식은 문화적이고 사회적인 삶으로부터 차용되고, 동시에 이 문화적이고 사회적인 삶에 반영됩니다. 물론 의학이 이러한 사회적 기획들과 동화들(introjections)을 명백하게 만드는 담론의 유일한 몸체(body)는 아닙니다. 이것이 제도적으로 승인된 분과의 작용력과 담론들이라는 것은 모두 사실입니다. 거의 법과 같다고, 혹은 건축과 같다고 이야기될 수도 있습니다.

■ 김애령 옮김

2장 | 체험된 공간성: 신체적 욕망의 공간

이 글은 '외부 공간'(outer space)에 대한 것이다. 내가 여기에서 말하려고 하는 '외부 공간'들은 우주 비행사들이 탐험하는 그런 공간(지구 공간을 벗어나 확장될 수도 있는 그런 물리적 공간)이 아니라, 이성의 경계 끝에 있는 공간, 즉 유아들과 정신병자·컴퓨터 해커·몽상가·예지력을 지닌 사람들이 갖고 있는 공간, 다시 말해 문화적 바깥 공간이다.

나는 여러 해 동안 신체를 다시 생각하는 프로젝트에 몰두해 왔는데, 이제 그것은 신체를 보는 방식, 즉 신체를 하나의 기본적인 사회·문화적 산물로 보는 방식도 포함하고 있다. 그것은 그동안 신체를 사고하는 데 사용되어 온 수많은 개념적 도식들의 개조 혹은 재편성이라 할 수 있는 이중의 전치(轉置)를 포함한다. 한편으로 그것은 신체를 이해하는 방식들과 신체와 다른 대상(사물)들, 혹은 신체와 세계와의 관계를 지배하는 모든 종류의 이분법적 대립과 범주들에 의문을 제기하는 것이다 (여기에서 용어를 재개념화함으로써 가장 도전을 받는 예는 정신/신체, 주

---

* 이 글은 Brian Boigon ed., *Culture Lab*, New York: Princeton Architectural Press, 1993 에 처음으로 발표되었던 글이다.

60   1부 | 체현된 공간들

체/객체, 심리학적/생물학적, 젠더/섹스, 문화/자연 등으로 구분되는 이분법에 속하는 것들이다). 물론 이는 쉬운 일은 아니다. 왜냐하면 우리의 언어, 우리가 사용하는 모든 개념들, 우리가 사고하는 데 사용하는 지적 체계들이 우리가 물려받아 온 방대한 이분법적 사고의 역사로부터 나온 것임을 감안하면, 우리 자신을 이분법적 범주로부터 완전히 분리시키는 것은 사실상 불가능해 보이기 때문이다. 다른 한편으로 나의 프로젝트에는 마음, 의식, 그리고 신체나 물질성보다 더 나은 것으로 여겨지는 정신 등에 부여된 특권을 없애는 것도 들어 있다. 즉 그것에는 사회적인 것과 개인적인 것의 상호작용을 신체 표면의 산물 및 거기에 새겨진 것을 통해 이해한다는 것이 포함되는데, 이는 구체적이면서 특별하고 사회적으로도 확실한 물질적 신체성의 방식들로 구성되는 것을 말한다. 나는 그동안 신체를 깊이와 내면성을 내부에 지니고 있는 표면이나 껍데기로 보는 대신, 주체성과 이에 필연적으로 연관된 성차의 문제를 탐구하는 데 관심을 갖게 되었으며, 그것들을 **신체만이** 가질 수 있는 복잡성·특수성·물질성을 통해 생각하게 되었다. 이 프로젝트는 위험한 도박이기도 하다. 왜냐하면 깊이·내면성·내부의 모든 결과와 의식(무의식)의 모든 효과들이 물질적 신체의 표면, 즉 신체 자체의 순환·난해함·굴절·뒤틀림을 통해 생각될 수 있기 때문이다. 내가 도박이라고 하는 이유는, 이해할 수 없는 공간들 속에 존재하는 불가능한 형태들의 순환을 통해 주체를 생각한다는 점 때문이다(좋은 예가 뫼비우스의 띠다).

공간과 시간의 개념은 물질적 신체성의 한계를 재고하기 위해 필수 불가결하게 편성되는 요소들이다. 여기에는 항상 두 개의 상호연관되는 용어들의 짝이 있게 마련인데, 왜냐하면 신체에 대한 어떤 이해든지 시간적이고 공간적인 틀 혹은 체계를 필요로 하기 때문이다. 역으로 공간과 시간은 그것들이 우리에게 신체적으로 접근 가능하게 되는 한은 지각 가능한 것으로 존재한다. 나는 시간과 공간이란, 칸트가 제시했듯이, 우리의 개념을 가능하게 만드는 전제 조건인 선험적인 정신적 혹은 개념적 범주들이 아니라, 오히려 그것의 명확한 특징과 특질적 성격이 신체의 문화·역사적 특수성과 평행해 있는 선험적인 **신체적** 범주들이라고 주장하고자 한다. 사실 주체성·공간성·시간성에 대한 역사적으로 특수한 관념들이 서로 상관관계가 있다는 사실은 확실하게 논증되어 왔다. 프톨레마이오스의 시공간적 체계는 주인과 노예의 권력 구조와 같이 위계적으로 자리 잡은 주체의 개념과 동일 구조를 이룬다. 갈릴레오의 우주는 자력으로 얻는 자율적 주체라는 데카르트적인 개념과 동일한 것으로 이해되어 왔다. 아인슈타인 식의 우주는 주체의 정신분석적 균열에 상관관계를 지닐 수 있으며, 가상공간은 포스트모던 주체와 연관성을 지닌다. 있을 수 있는 공간들의 한계는 있을 수 있는 신체성의 한계이기도 하다. 즉 신체의 무한한 유연성은 시공간적 우주의 무한한 가소성(plasticity)에 대한 척도이다. 그 안에 신체가 담기고, 그를 통해 신체들이 실재하게 되며, 살아갈 뿐 아니라 효과를 갖게 되기 때문이다.

체험된 신체의 시공간

나는 여기서 (자아의 발생을 통해 제공되는) 정신적 통합성의 의미, 신체적 통합과 응집의 의미 발전, 그리고 안정된 시공간적 틀의 획득 등을 성차의 발전과 연관된 주체성과 공간성이라는 세부적이고 설득력 있는 정신분석적 개념들의 윤곽으로 주려는 것이 아니다. 오히려 그러한 설명을 위해 필요한 몇몇 구성요소들의 범위와 일반적인 윤곽선을 제공하려고 한다. 나는 단지 '신체 이미지' 혹은 '신체 환영'(body phantom)의 형성이라고 불리는, 신체에 대한 신경정신과적 지도 그리기에 집중하고자 한다. 이는 생물학에 의해 제공되는 용어들로서가 아니라, 신체의 정신적인 의미를 통해 논의될 것이다.

프로이트는 자아의 형태가 신체의 성적 민감성에 대한 정신적인 지도 그리기 혹은 리비도적인 흔적 남기기를 통해 규정된다고 했다. 자아는 자립적인 독립체 혹은 사물이라기보다는, 감각과 기관들의 성적 민감도를 드러내고 신체적으로 그 흔적을 남기는 것으로서, 그것은 유년기 신체에서의 감각의 강도에 대한 일종의 내면화된 이미지라고 할 수 있다. 프로이트는 여기에서 19세기 신경학자들이 좋아했던 '대뇌피질 모형'(cortical homunculus) 개념에 대해 수수께끼 같은 언급을 하고 있다(라캉도 관심을 가졌던 언급이기도 하다).

최초의 가장 중요한 자아는 신체적인 자아이다. 그것은 단순히 하나의 표면적 독립체가 아니라, 그 자체로 표면에 대한 투사이다. 우리가 원한다면 우리는 그것을 해부학자의 '대뇌피질 모형론'과 동일시할 수 있는데, 즉 대뇌피질 속에서는 모든 것이 뒤집혀 발뒤꿈치가 위로 올라오고 얼굴이 뒤를 향하며 언어 영역은 왼쪽에 자리 잡을 수도 있게 된다.[1]

프로이트는 정신적 통합의 과정을 생리학적 발달과 밀접하게 평행

---

1 Sigmund Freud, *The Ego and the Id*, ed. James Strachey, *The Standard Edition of the Complete Psychological Works of Sigmund Freud*, vol.19, Oxford: Hogarth Press, 1953, p.26.

하는 것으로 보았다. 자아는 사회적인 것과 신체적인 것 사이에서 만나는 지점이고, 그것을 통해 신체가 문화의 요구에 따라 식별된 유형으로 산출되는 장소이기도 하다. 또한 반대로 그것은 신체적인 것에 의해 사회적인 것의 표기와 사회적 저항이 이루어지는 장소가 되기도 한다. 프로이트에 의존했던 라캉 역시 자아를 주체에 대한 신체 의미의 투사, 즉 타자의 이미지를 통한 재현으로 간주하였는데, 이는 거울을 통한 자기 자신의 반영을 포함하는 것이었다. 라캉은 일차적으로 '상상적 신체'(imaginary body), 즉 신체가 주체를 위해, 타자를 위해, 사회 상징적 질서를 위해 소유하는, 의미의 내면화된 이미지에 대해 언급한다. 그것은 신체 형태의 개인적이고 집단적인 판타지이자 행동과 의미 작용의 가능성이다. 오직 그러한 가상의 해부학적 가정만이 히스테리에서 형성된 특수한 비유기체적 연결, 환각지(幻覺肢, phantom limb), 다양한 정신병적 공간 장애 등을 설명할 수 있다고 라캉은 주장한다. 가상의 해부학(imaginary anatomy)은 신체에 관한 생물학적 '자연'에 대한 깨달음보다는, 신체에 대한 개인적이고 친밀하며 사회적인 믿음을 반영한다.

> 가상의 해부학은 …… (명확하든 혼동된 것이든) 주어진 문화 속에 내재해 있는 신체적 기능들에 대한 개념들에 의해 달라진다. 이 모든 것은 마치 신체 이미지가 그 자체의 자율적인 실존을 갖는 것처럼 발생하는데, 여기에서 내가 자율적이라는 말을 쓰는 것은 그것이 객관적인 구조와 별개의 것임을 의미하는 것이다.[2]

---

2 Jacques Lacan, "Some Reflections on the Ego", *International Journal of Psychoanalysis*, no.34, 1953, p.13.

히스테리(예를 들어 거식증), 환각지, 심기증(心氣症, hypochondria), 성 정체성의 문제 등은 대개 무기력하고, 활동력이 떨어지며, 수동적인, 생물학적 신체라고 여겨지는 것들의 유연성과 유동성의 증거가 된다. 만약 그것이 진짜로 존재한다면(더 이상 그렇지 않다는 것이 나로서는 명백하지만), 생물학적 신체는 오직 신체에 대한 일련의 재현 혹은 이미지들의 매개와 움직이고 행동할 수 있는 신체의 능력을 통해서만 주체를 위해 존재할 것이다. 그렇게 본다면 신체 환영 혹은 도플갱어(Doppelgänger, 호러 장르에서 가장 무시무시한 주제로 영화에서는 「데드 링거」Dead Ringers, 「크레이스 형제」The Krays 등을 통해, TV에서는 「환상특급」Twilight Zone 등에서 공포를 주기 위한 단골 모티프로 등장한다) 또한 자발적 행동을 수행하기 위한 능력의 조건이 된다. 이것이 자신의 정체성을 훔치는 그 자신의 자아 이미지에 대한 본능적인 공포를 설명해 줄 수 있을 것이다.

신체 환영은 다양한 사물·악기·도구·기계에 적응할 뿐 아니라 그것들에 통합될 수 있는 주체 능력의 조건이 된다. 그것은 그것의 사회적 문맥 안에서 그리고 그 문맥에 대해 갖게 되는, 신체의 내적 개방성과 유연성의 조건이기도 하다. 신체 이미지의 개척자 중 한 사람인 폴 실더(Paul Schilder)가 명확하게 밝혔듯이, 이것은 명백하게 외적인 대상을 그 자신의 물리적 신체 행동으로 통합 혹은 내면화할 수 있는 능력이다. 그것은 맹인이 지팡이를 통해 느끼거나 운전자(혹은 비행기 조종사)가 다른 차(혹은 비행기)와의 상대적인 거리를 정확하게 판단할 수 있는 것과 같은 것이다. 그것은 우리가 우리의 감각기관들 대신에 보철 장치들, 안경, 콘택트렌즈, 인공 팔다리, 외과적 임플란트 등을 사용할 수 있도록 하는 조건이다. 일관된 친숙한 접촉을 통해 우리의 욕망의 대상을 신체적으로 통합시키는 것 또한 감각 경험 속에 들어 있는 우리의 수용 능력의 조건이다. 신체 환영은 우리의 생물학적인 경험과 문화적 경험 사이를 연결하고, 우리의 '내적인' 정신과 '외적인' 신체 사이를 연결해 줌으로써 하나에서 다른 하나로의 이행 혹은 변형을 가능하게 해준다. 나아가 인간 신체로 하여금 그것의 다양한 의미들을 변경할 수 있게 해주는 것도 바로 신체 이미지이다. 그것은 신체의 한 부분에 또 다른 가치와 의미를 부여하는 것을 말한다. 예를 들어 섹슈얼리티를 생식기로부터 다른 영역으로 옮기는 것, 또는 그 반대로 신체 전체가 남근적 의미 작용을 하게 만들어 무한히 펼칠 수 있고 교환 가능하며 유동적이게 만드는 것 등등이다.

신체 이미지의 유연성, 즉 신체가 다른 의미들을 가질 수 있는 가능성은 스테로이드 복용자, 보디빌더(멋지지만 모순적인 용어), 약물에 의해 페니스를 수축시켜야 하는 정력 과다 남성들의 남성성이 여성성으로 역전되는 경우를 통해 충분히 입증되었다. 아널드 슈워제네거(Arnold Schwarzenegger)의 경우, 그를 포함한 많은 남자들이 얻으려 분투했던 단단한 신체는 일종의 성적 절정의 신체, 즉 모든 분비기관과 혈관, 근육들에서 리비도적인 의미를 상기시키는 완벽하게 성적 매력을 지닌 신체이자, 남근의 기능을 상징하는 신체였음을 잘 말해 준다. 남성적 의미 작용을 위한 투자에 상응하는 의미를 여성의 신체 전체에서 찾는다면, 프로이트적인 용어로 나르시시즘이라고 부를 수 있을 것이다(여성의 신체 전체라기보다는 부분에 대한 이러한 투자가 바로 히스테리적인 전환을 구성한다. 이것이 보디빌딩을 자아도취적이면서도 히스테리컬하게 만든다). BBC의 5부작 「벌거벗은 할리우드」(Naked Hollywood)에 소개된 인터뷰에서 슈워제네거는 "근육 단련 운동을 하는 것은 섹스를 하는 것과 같다. 내가 얼마나 기분이 좋은지 모를 것이다. 나는 밤낮으로 절정을 맛본다"라고 고백했다. 그것은 신체 전체의 경험이다. 이는 오직 신체 이미지의 가소성이 신체의 일부 혹은 전부로 하여금 처음에 신체를 구성했던 의미를 획득하거나 변형시킬 수 있게 만들기 때문에 가능하다. 스테로이드 신체는 문자 그대로 무한정 유연한 것으로서의 신체를 입증한 것이며, 신체의 어쩔 수 없는 유동적인 재현 혹은 의미론적 상태를 입증한 것이다.

정신병적 공간 혹은 곤충 공간

나는 이미 신체의 개념들이 항상 공간성의 개념들을 암시하고 또 생산함을 주장해 왔다. 이제 나는 곤충의 공간 세계로 약간 우회하려 하는데, 아마도 이는 많은 종류의 정신병과 정신적 기능 중에서 가장 바깥 공간을 특징짓는 특정 정신병적 이탈을 이해하는 데 지표가 될 것이다. 여기에서 나는 로제 카유아의 선구적인 작업을 간단하게나마 언급해야겠다. 그는 「흉내 내기 및 전설적인 정신쇠약」("Mimicry and Legendary Psychasthenia", 1935)이란 글에서 자연 세계에서의 흉내 내기 현상과 관련된 공간성을 탐구했다. 모방은 특히, 유기체와 그것의 환경 사이의 관계들이 흐려지고 혼합되는 방식을 서술하고, 곤충의 경우 환경이 곤충 생활의 외적인 요인들이 아닌 곤충의 '정체성'을 구성하는 방식이라는 것을 서술하는 데 있어서 중요하다. 주류를 이루는 적응주의자들의 견해와는 반대로, 카유아는 곤충 세계에서의 흉내 내기는 명백한 생존 가치를 갖지 못한다고 주장한다. 즉 흉내 내기의 목적은 포식자에 대항해 위장함으로써 종족의 생존을 보장하는 것이 아니라는 것이다. 그의 주장에 의하면, 흉내 내기가 생존 가치를 거의 갖지 않는 이유는, 포획자들은 곤충들이 유사 형태적 위장을 통해 방어하려는 시각적 요소들보다 냄새와 같은 감각에 더 의존하기 때문이라는 것이다.

카유아는 흉내 내기를 '위험한 사치', 즉 종족의 생존으로 설명되지 않는 초잉여 혹은 자연에 대한 과잉으로 보았다.

> 우리는 그러므로 일종의 **사치**, 심지어는 위험한 사치를 다루게 된다. 왜냐하면 여기에는 흉내 내기가 피조물로 하여금 나쁜 상태에서 더 나쁜 상태로 가게 만드는 사례들이 존재하기 때문이다. 예를 들어 자벌레나 방의 애벌레들은 관목숲의 가지로 위장을 하는 바람에, 정원사들이 그것들이 가지인 줄 알고 전지가위로 잘라 버리곤 한다. 역시 나방의 일종인 필리아의 경우는 훨씬 더 슬프다. 그것들은 서로가 서로를 진짜 잎인 줄 알고 뜯어먹는다. 이는 마치 상호분식증(homophagy)으로 이끄는 일종의 집단 마조히즘의 개념을 수용하는 방식으로, 잎에 대한 완전 모방이 이러한 종류의 토템 축제에서의 카니발리즘으로 **도발된** 것이다.[3]

특정 종들이 보이는 흉내 내기의 특징은 그 자체를 환경 및 다른 종들과 구별하는 것과 관계가 있다. 흉내 내기는 공간에 의해 발생한 결과가 아니라 공간을 **재현한** 결과이며, 공간이 곤충과 그 포획자에 의해 지각되는 방식인 것이다. 카유아는 변성적으로 모방할 줄 아는 곤충의 능

---

3 Roger Caillois, "Mimicry and Legendary Psychasthenia", *October: The First Decade 1976-1986*, trans. John Shepley, no.31, 1984, p.25.

력을, 피에르 자네(Pierre Janet)가 '전설적인 정신쇠약'이라고 묘사한 정신병과 유사한 것으로 보았다. 이것은 주체가 자기 자신을 공간의 한 위치에 놓을 수 없는 정신병을 말한다.

> 살아 있는 생명체인 유기체가 더 이상 좌표의 근원이 되지 못하고 다른 것들 사이에서 하나의 지점이 되는 것은 바로 재현된 공간 때문이기도 하다. 그것은 그 특권을 몰수당하고 문자 그대로 **더 이상 그 자신을 어디에 위치시켜야 할지 알지 못한다.** 우리는 특유의 과학적 태도를 인식할 필요가 있는데, 실제로 재현된 공간이 현대과학에 의해 다양해진 공간들과도 관련된다는 것은 중요한 사실이기 때문이다. 그 예로 핀슬러의 공간, 페르마의 공간, 리만-크리스토펠의 초공간(hyper-space, 여기에 가상공간도 포함될 수 있다), 추상적이고 일반화되어 있으며 열려 있거나 닫힌 공간, 밀도가 높거나 낮은 공간 등을 들 수 있겠다. 환경으로부터 구별되는 유기체의 감각이라고 여겨지는 개인의 감각, 혹은 공간 속 한 지점과 의식 사이의 연관성에 대한 감각은 심각하게 기반이 약해진 이러한 조건 아래서는 실패하지 않을 수 없다. 즉 정신쇠약의 상태로 들어가게 되는 것이다.[4]

정신쇠약이란 주체성을 위한 공간이 제기한 유혹에 대한 반응이다. 주체는 자신의 신체를 공간 속의 한 지점에 위치시킬 수 있을 때 제자리를 가질 수 있게 된다. 그것은 그를 통해 신체가 다른 대상과 관계를 갖게 되는 지점이기도 하다. 이렇게 신체 속에 주체성을 정착시키는 것은

---

4 *Ibid.*, p.28.

일관된 정체성의 조건이자, 주체가 그것을 통해 세상에 대한 관점을 갖게 되는 조건이 되며, 지각의 근원이자 그로부터 시각이 발생하는 지점이기도 하다. 정신쇠약에서는 정신과 신체의 이러한 맞물림이 나타나지 못한다. 정신쇠약은 자기 자신이 있어야 할 곳에 자신을 위치시키지 못한다. 그러한 주체들은 자기 자신을 외부로부터 보며, 타인의 목소리를 자기 자신의 머릿속에서 듣는다. 그들은 다른 주체에 의해서가 아니라, 공간 자체에 의해 사로잡히거나 대체되는 것이다(이것이 내가 위에서 말한 더블double의 공포다).

나는 내가 어디에 있는지 알지만, 내가 나 자신을 발견하는 지점에 내가 있다고 느끼지를 못한다. 이렇게 영혼을 빼앗긴 느낌이 들 정도로 공간은 탐욕스런 힘을 가진 것 같다. 공간은 내 영혼들을 쫓아다니고 둘러싸며 먹어 치운다. …… 그것은 영혼들을 대체함으로써 끝난다. 그러면 신체는 그 자체로 생각과 분리되고 개인은 자신의 피부의 경계를 깨뜨리며 자신의 감각의 다른 쪽을 차지하게 된다. 그는 공간 속의 어디든 어떤 지점에서든 자기 자신을 보려고 애쓴다. 그는 자신이 공간, 즉 **사물들이 놓여질 수 없는 어두운 공간**이 되고 있다고 느끼게 된다. 그는 유사해진다. 어떤 것과 유사한 것이 아니라 그냥 유사해진다. 그 자신이 곧 '발작적인 소유'가 되는 공간들을 만들어 낸다.[5]

정신병은 곤충의 세계에서 볼 수 있는 흉내 내기에 대한 인간적 유비이다(그래서 일종의 자연적 정신병이라고 간주해도 되는 것일까?). 곤충

---

5 Caillois, "Mimicry and Legendary Psychasthenia", p.30.

의 경우나 인간의 경우나, 모두 카유아가 '공간으로의 동화에 의한 인격 상실'이라고 묘사한 것을 보여 주기 때문이다. 정신병자와 곤충은 관점을 가질 권리를 포기하며, 타자의 관점으로부터 혹은 타자로서, 스스로의 힘으로 자기 자신을 위치 짓는 것도 포기한다. 주체 자신의 관점이 지니는 우월성은, 주체가 공간을 조직할 수 있는 **특정** 지점이 아닌 단순히 공간 속의 **어느 한** 점이 되어 버리는 또 다른 시선으로 대체된다. 그러므로 공간의 재현은 한 사람을 기원점 혹은 공간을 설명할 수 있는 참조로서 위치시킬 수 있는 능력과 관련된다. 재현되는 것으로서의 공간은 그것을 차지한 주체를 설명해 주는 보충물이다. 인간 주체에서든 곤충에서든 내적인 것과 외적인 것 사이의 경계는 항상 서로 스며들 수 있으며, 대상물이나 (감각)기관에 의해서뿐 아니라 공간성 그 자체에 의해 가득 채워진다.

카유아의 공헌 덕분에 정신분석 이론은, 의미와 재현의 다양한 힘들을 통한 주체의 성별화된 신체의 구성이라는 각도에서 읽힐 수 있게 되었다. 이는 신체가 다른 사람들에 대해 혹은 스스로에 대해 갖는 의미를 말하며, 한 주체로서의 사회경제적 구조, 또 무엇보다도 성적으로 구별된 신체의 물리적·경제적·리비도적인 의미를 말한다. 이 모든 것이 주체가 공간에 대해 신체적으로 관계를 맺음으로써 이해하게 되는 주요 구성요소들이다. 그런데 항상 신체에 최소한 두 개의 서로 다른 유형이 있고, 그래서 두 가지 유형의 주체성이 존재하게 되며, 아마도 공간성에 대한 두 가지 서로 다른 질서 안에 작용한다는 사실을 정신분석 이론도, 카유아의 정신분석에 대한 재고찰도 충분히 인식하지 못했다는 사실은 의미심장하다. 신체 이론의 전체 역사를 보더라도 스피노자에서 니체, 프로이트, 메를로퐁티, 푸코, 데리다, 들뢰즈, 보드리야르에 이르기까지 그 이론들은 신체의 성적 특수성 혹은 지식에 대한 성적 특수성을 인식하지 못해 왔으며, 가부장제의 통합성 속에 들어 있는 그들 자체의 공모관계를 인식하지 못해 왔다. 그것은 동시에 항상 여성의 성을 중성으로 만들고 중립화하고 있음을 의미한다. 정신분석이 구제할 길 없는 남근중심적 입장으로 악명이 높다는 것은 잘 알려져 있다. 정신분석은 '여성'을 남성의 애처로운 상대로 보든, 거세되고 결핍되어 있으며 수동성과 무능력함을 지닌 존재로 보든, 불가피하게 여성을 남성에 대한 대립적 존재로 봄으로써 남근중심의 기능에 합의하고 있다. 우리는 신체가지닌 성적 특수성에 대한 인식이 이론과 지식, 문화적 산물과 사회관계들의 구성 속에서 무엇을 필요로 하는지 미리 알 수는 없다. 그러나 그러한 인식이 단 한 가지 신체 유형의 관점, 즉 하나의 주체 타입(백인, 남성, 유럽인, 중산층)의 관점으로부터 나온 산물과는 아주 거리가 먼, 모든 문화적 산물에 대한 시각을 수반하고 있음은 명백하다. 다시 말하자면, 이러한 인식은 다른 종류의 신체성 ——여성을 비롯한 타자들—— 이 그들자신의 위치와 관점과 관심과 산물들을 발전시킬 수 있는 다른 종류의생산적 공간들을 창출할 방법을 명확히 하게 됨을 의미한다.

가상공간과 인간 신체

나는 새로운 컴퓨터 기술과 가상현실(virtual reality)이 표현되는 방식에매력을 느낀다. 그들이 새롭고 다른 무엇임에도 불구하고 여전히 성적중립성에 대한 오래된 가정들을 반복하고, 그럼으로써 서구 사회의 과학·기술·매스컴을 특징지었던 성적 차이의 소멸을 반복하기 때문이다.나는 과학과 기술이 남성 지배적이고 본래적으로 가부장적이어서 나쁜

다고 주장하는 것은 아니다. 나의 태도는 훨씬 더 실용주의적이다. 모든 문화적 산물은 그 안에서 여성의 특수성을 완전히 가린다는 의미에서 남근중심적이다. 그렇다고 그것을 사용하지 말아야 한다는 것은 아니다. 우리는 그것을 **매우 주의해서** 사용해야 하며 그것이 수반하는 위험을 깨닫고 있어야 한다. 나는 가상현실이 약속하는 컴퓨터 관련 기술들에 대해서도 똑같이 느끼고 있다(신체와 거리감이 필요 없고, 신체를 벗어난 쾌락의 유토피아적 이상을 확실하게 느끼게 해주는 성관계, 남근과 남성 신체 영역을 초월한──그럴 수도 있지만, 아닐 수도 있는?──쾌락을 가능하게 해준다는 가상 섹스 개념에서 절정을 이루는 그 약속 같은 것 말이다).

'가상현실'을 나는 3차원 공간의 컴퓨터 시뮬레이션 시스템으로 이해한다. 그것은 좀더 일반 공간에 배치되어 요즘은 사이버공간으로 알려지고 있다. 가상현실들은 '현실 공간'의 주요 요소 혹은 최소한 그것의 지배적인 표현들을 시뮬레이션하는 컴퓨터가 발생시키고 만들어 낸 세계다. 예를 들어 크기와 유사성, 근접성 관계 등 그것이 놓여 있는 '현실' 공간을 위한 부분적인 일치로 작용하는 것을 말한다. 사물보다는 정보가 이러한 가상현실을 채우고 있다. 두 공간을 확실하게 분리하기가 점점 더 어려워짐에도 불구하고 사이버공간(소프트웨어의 공간)은 '현실 공간'(하드웨어의 공간) 속에 위치한다. 가상공간은 그 안에서 중요한 구성요소가 현실 공간 속에 포함된 주체('인간의 신체')가 되는 상호작용적 환경을 말한다(그것의 실재는 정상적인 주체에 의해서뿐 아니라 정신병자에 의해서도 입증된다). 이러한 주체는 행동을 통제한다기보다는──아마도 어떤 정보 위임자('꼭두각시')를 통해서──가상의 환경 안에서 대리 수행한다. 사이버공간은 "가상의 현실들이 그 안에서 빠르게 돌고 있는 넓은 전자망이다. 가상현실은 전자 공간 안에 있는 하나의 현상 유형일 뿐이다. 일반적인 매체로서 사이버공간은 참여를 초대한다. 일상 세계의 틀 안에서 사이버공간은 우리가 많은 양의 데이터 속에서 그것을 통해 길을 찾게 되는 일련의 방향점들이다."[6]

가상현실은 거리가 떨어져 있음에도 접촉을 가능하게 하는 역설을 지닌다. 공간적으로는 분산되어 있으나 '모일 수' 있는 하나 혹은 여러 주체들은 서로서로 그리고 그들이 공유하는 환경과 더불어 컴퓨터 단말기를 통해 상호작용할 수 있다. 그들은 최소한 원리상으로는, 실제로 멀리 떨어져 있다 하더라도 지각 경험을 공유하며 사랑을 나눌 수 있다. 하워드 라인골드(Howard Rheingold)는 사이버공간 기술에 대한 유명한 연구자인 랜달 월저(Randall Walser)의 말을 인용한다. 월저는 대부분 가상현실과 사이버공간에 의해 발생된 (성적) 흥분은 신체의 투명성, 불필요성 혹은 잉여성과 관계 있다고 선언한다. 다시 말해 신체를 초월하는 컴퓨터 기술의 능력과 관계 있다는 것이다. 가상현실은 나이 든 사람(남성)의 자기 충족적 (성적) 판타지, 즉 스스로 만드는 자유 주체라는 판타지의 수행을 가능하게 한다. 이러한 판타지는 필연적으로 여성성과 물질성에 대한 강력한 부정이 되며, 좀더 특별하고도 직접적으로 (성적) 신체와 (성적) 주체 사이의 연결성을 부인하게 된다. 라인골드는 다음과 같이 월저를 인용하고 있다.

당신의 삶과 일상의 많은 일들이 사이버공간 안에서 행해질수록 독특하고 변경할 수 없는 당신의 신체라는 조건화된 개념은 일회적인, 그리

---

6 Michael Heim, "The Metaphysics of Virtual Reality", eds. Sandra K. Helsel and Judith P. Roth, *Virtual Reality: Theory, Practice and Promise,* London: Meckler, 1991, p.3.

고 대개의 경우 제한적인 어떤 것이라는 훨씬 더 자유로운 '신체' 개념에 자리를 내어 주게 될 것이다. 어떤 신체는 어떤 상황에서 가장 최상으로 작용하는 반면, 다른 신체는 다른 상황에 훨씬 더 잘 맞는다는 것을 당신은 알게 될 것이다. 누군가의 신체 이미지를 강력하게 또 근본적으로 변화시킬 수 있는 능력은 심오한 심리학적 효과와 깊은 관계를 가지며, 당신 자신을 무엇이라고 생각하는가와 같은 문제에 빠져들게 만든다. …… 그렇다면 당신은 누구인가? 당신이 지금 이 순간에 당신의 물리적 신체 안에서 중심이 될 것이라는 사실은, 물리적 실재 안에 있는 당신의 현재 시점으로부터 나오는 것이다. 그것은 항상 거기로 되돌아간다. 그렇지 않은가? 그러나 만일 당신이 당신의 거의 모든 깨어 있는 삶을 사이버공간 안에서 보낸다면, **당신은 어떤 신체 혹은 어떤 인격을 채택하고 싶은가?**[7]

탈신체화에 대한 판타지는 자연발생적 판타지로서, 사물이 엉망이 되고 복잡해지고 있는 세계를 완전히 통제하려는 과대망상적 시도이다. 즉 통제 판타지인 것이다. 제2의 질서나 가상 신체를 택할 수 있다는 생각, 그리고 어떻게든 실재 신체에서 아무런 흔적이나 잔여 없이 그리고 아무런 파급효과 없이 벗어날 수 있다는 생각은 남성 주체에만 자격이 주어지는 일종의 사치다. 즉 남성도 여성도 아닌, 탈신체화된 정신으로서만 사이버공간에 들어간다는 것이 가상현실을 둘러싼 최근의 열정적 이론들의 중심을 이루는 가설이다.

---

7 Howard Rheingold, *Virtual Reality*, New York: Summit Books, 1991, p.191. 강조는 인용자.

이러한 추정이 가상 섹스라는 재미있는 개념에서 분명해진다는 것은 놀랄 만한 일도 아니다. '텔레딜도닉스'(teledildonics, 남근 대용품인 딜도를 따서 만든 가상 섹스의 명칭으로, 그 자체가 발기된 페니스의 재현을 복제한 것이다)는 완벽하게 통제 가능하고 프로그램이 작동 가능한 유사 성매매의 판타지를 재현한다(이는 의심할 여지 없이 여성적 변종들을 가질 수 있음에도 불구하고 남성적 판타지이다). 그것은 포르노그래피나 성매매와 똑같은 기본구조를 공유하고 있다. 즉 남성의 신체가 아무런 형체를 드러내지 않고 응시 속에서 스스로를 감추며 여성 신체를 향해 밖으로만 향하는, 성적인 '관계'의 개념인 것이다.

'텔레딜도닉스'는 본래 성적으로 특정한 신체적 인터페이스 사용 방식이라기보다는 탈신체화의 가능성으로 이해되어 왔다. 중요한 점은 신체는 절대로 뒤에 남겨지지 않으며, 결코 그럴 수 없다는 것이다. 초월은 결코 신체를 희생하면서 발생할 수 없다. 누군가가 신체를 초월할 수 있는 지점에 있다는 것은 그가 정신병, 혹은 남성적 자기 우월성과 같은 집단적 정신병으로 진입함을 의미한다. 나는 여기서, 다른 많은 것들보다 상당히 대표적이고 또 아마도 더 접근하기 쉬운, 라인골드의 열광적인 사변을 인용하려고 한다.

지금으로부터 20여 년 후 가상의 마을에서 뜨거운 밤을 경험하기 위해 잘 차려입은 당신 모습을 그려 보라. 푹신한 의자가 있는 안락한 방으로 들어가 3D 안경을 쓰기 전에, 당신은 가벼운 (결국에는 안 입은 듯이 속이 환히 비치는 것이 될) 바디수트 안으로 미끄러져 들어가 그것을 입게 될 텐데, 마치 전신 스타킹 같기도 하지만 콘돔처럼(!) 아주 친밀하게 꼭 맞는 느낌일 것이다. 수트의 안쪽 면에는 아직은 존재하지 않는 기술을 사용한 한 묶음의 지능 센서 반응기들이 내장되어 있어서 만질 수 있는 존재에 대한 실제의 감각을 받아들이고 방출하게 된다. ……

당신은 가상의 손을 내밀어 가상의 블록을 잡을 수 있고, 사물 위로 손가락을 움직여 표면과 그 가장자리를 느낄 수 있다. 물론 당신의 피부에 닿았을 때 생기는 반작용의 힘을 반응기가 감지함에 의해서다. …… 당신은 (가상의) 매끄러운 실크에 뺨을 대 볼 수도 있고 (가상의) 살을 만났을 때 이질감을 느낄 수도 있게 된다. 혹은 당신은 어떤 부드럽고 유연한 것을 부드럽게 쥐어짤 수도 있고 그것이 당신의 터치에 의해 뻣뻣해지는 것도 경험할 수 있다.

…… 당신의 파트너(들)는 독립적으로 사이버공간 안을 이동할 수 있으며, 비록 물리적 신체는 다른 대륙에 있다고 해도 당신들은 서로를 만질 수 있다. 당신의 파트너의 귀에 속삭일 수도 있고 당신의 목에 와 닿은 파트너의 가슴을 느낄 수도 있다. 6,000마일이나 떨어져 있어도 당신은 연인의 쇄골을 만질 수 있을 것이다. 일련의 반응기가 작동하면 당신이 원하는 방식으로 정확하게 터치를 전달하게 되는 것이다. 만남의 방식이 맘에 들지 않는다면, 혹은 누군가가 당신의 존재를 물리적 세계에서 요구한다면, 당신은 모든 스위치를 가볍게 두드려 끄고 당신을 가상 존재로 만들어 준 수트를 벗어 버리면 된다.[8]

아마도 정확히 알 수 없었을 것임에도 불구하고, 라인골드는 지금의 당면한 문제들을 예견한 듯이 정확하게 설명하고 있다. 원칙적으로 나는 그러한 문제들을 이유로 가상 기술을 포함한 일련의 기술들에 대

---

8 Rheingold, *Virtual Reality*, p.346.

해 반대하는 것은 아니다. 내가 염려하는 것은 그것이 구상되고 사용되는 방식들, 즉 어떤 충분한 승인 없이 잠재성들이 극도로 제한받고 그래서 불가피하게 성적으로 특정한 것이 되어 버리는 방식들이다. 라인골드가 여기에서 우려한 것은 아무런 책임을 지지 않아도 되는 노력 없는 쾌락과 욕망에 대한 일반적인 판타지, 흔적·효과·노동비용·잔여물 등이 없는 소비행위, 즉 완벽한 신의 판타지이자, 모든 흔적·틈새·간격·나머지·성적 차이 등을 완전히 지워 버리는 것 등이다.

섹스는 하되 결과에 얽매이지 않고 아무것도 지불할 필요가 없고 아무런 책임을 지지 않아도 된다. 거저 얻는 것. 이러한 판타지는 오로지 여성의 신체를 거세라는 불확실한(미확인된) 의미로 볼 때만 남성 신체의 남근 숭배와 완벽하게 일치한다. 게이든 양성애자든 남성들은 신체의 투명성과 자기 충족에 대한 집단적 판타지를 공유하고 있다(그리고 그것은 '영원한 수수께끼' 혹은 '검은 대륙'의 상태인 여성 신체의 불투명성 및 의존성과도 부합한다). 남성들은 여성과 비교되는 그들의 신체성 속에 있는 욕망의 구조에 대한 문화적인 타자성을 보지 않으려는 의지 혹은 욕망을 공유한다. 그것은 여성을 외재화함으로써 신체 기관을 구체화시키는 남성의 능력이기도 하다. 즉 그 기관들이 속해 있는 사람들보다는 기관들 자체에 관심을 갖는 것, 친밀감 없이 성애를 추구하며 성적 혼음 속에서 익명성을 갈망하는 것, 관음증을 위한 거리를 두려고 자신들이 직접 성적 행위에 참여하지 않으며 폭력을 보는 것을 즐기면서 그것을 성적인 쾌락과 연관시키는 것, 자신의 기관과 타자의 기관을 쾌락을 나눌 수 있는 신체의 일부로 보기보다는 쾌락의 도구이자 장치로 보는 것 등이다.

그러한 성적 취향은 통제된 가상공간의 산물 속에서 쉽게 발견되는 데, 그 가상공간들은 '현실 세계'에서의 경계와 틀이 삶의 나머지 부분으로 침투 혹은 표류하는 것을 막는 장벽의 공간들이다. 가상현실은 아무런 나쁜 결과 없이 1960년대 식의 다성욕(polysexuality)이 가능할 것이라는 판타지를 제공한다. 즉 그것은 약물이나 숙취도 없고, 임신과 병에 대해 걱정할 필요 없이 신체가 없이도 가능한 쾌락이다. 이것은 오직 남성만을 위한 판타지이며 거리 그 자체를 지배하는 신체적 자기 거리 두기인 쾌락 혹은 섹스를 기대하게 만든다. 적어도 지금까지 포르노그래피가 (이성애자든 레즈비언이든) 여성을 위한 여성에게 거의 아무것도 제공하지 못한 것과 마찬가지로, 또한 여성을 그리든 남성을 그리든 아니면 둘 다를 묘사하든 모든 포르노그래피가 남성 관람자들을 위한 것인 것처럼, 그렇게 가상현실은 남성의 성적 취향을 위한 자기 포용의 형태를 띠어 가고 있다(포르노그래피에 대한 나의 반대는 그것이 도덕적으로 잘못되었다거나 금지된 것이라서가 아니라 지루하고 제의적이기 때문이며, 여성에게도 적당한 어떤 즐거움을 줄 수 있어야 한다고 생각하기 때문이다). 가상의 공간은 남자들이 통칭 인간성이라는 이름으로 식민화하면서 오직 자신들의 특별한 이익에만 봉사하도록 하는 또 다른 공간이 될 개연성을 작동시키고 있는 것이다.

신체 주체의 체험된 공간성을 심리학적으로 발전된 것이라거나 혹은 (인간과 자연의) 정신병 안에서 나타나는 것으로, 혹은 이제 막 시작된 사이버공간에서 예측되는 것이라고 고려해 볼 때, (정신병적으로 볼 때의) 기능장애적 질병과 (사이버공간에서의) 기만적 모방으로부터 쉽게 분리될 수 있는, 안정되고 고정된 '실재'(real) 공간은 없다는 사실을 주장하고 싶다. 그것들은 다른 공간들을 완전히 뒤덮고 결탁할 때 실제 기능한다고 여겨지는 공간들이다. 즉 체험된 공간 그 자체는 잠과 깨어 있음 사이에서, 영아기의 미분화된 다중 공간들과 유아기의 위계화되고 조직화되고 속박된 공간들 사이에서, 이웃이라는 유년기 공간과 도시의 청소년 공간 및 집이라는 성인 공간 사이에서 진동하고 변형된다. 우리의 기술적 생산은 신체의 형태와 기능에 대한 집단적 판타지의 산물이며, 연약하고 다치기 쉬운 신체의 산물이다. 또한 그것들은 신체의 증강 및 보충의 산물이자, 신체 영역을 인공기관이 표기되는 장소로 이해하고 신체적 배열과 강도의 지도 그리기 혹은 지도 다시 그리기의 산물이기도 하다. 그러나 여성들과 여성주의자들이 직면하고 있는 문제는, 바로 그러한 재현의 조건이 기반하고 있는 신체가 항상 중립적 인간이라는 이름 아래 남성의 신체였다는 사실이다. 대안적인 모델의 생산과 사용 영역, 정치적 지지, 상호관계, 전망, 신체성 자체 등의 문제는 여성주의 이론과 예술의 성패가 달린 것으로, 어떻게 지금까지 남성들에 의해 지배되어 온 우주 속에서 여성들의 신체가 그들의 자리를 마련함으로써 문화적 리비도 공간을 생산하고 주장할 것인가, 어떻게 여성을 위한/여성의 새로운 공간들을 만들 것인가, 그리고 단순히 남성들의 재현 방식에 따라 자신들을 재현하는 것이 아니라, 어떻게 기술과 지식들로 하여금 여성들을 위해 작동하도록 만들 것인가와 연관된다.

■ 전혜숙 옮김

3장 | 미래, 도시, 건축

건축, 도시, 그리고 미래를 생각하면서 나는 그것들 사이의 관계를 생각해 보는 데 도움을 줄 수 있는 몇 개의 가정들, 혹은 작업 가설들을 아주 간결하게 제시해 보고자 한다. 그것들은 건축에 관한 것이라기보다는 아마도 미래성과 새로운 것이라는 개념에 더 연관되는 가정들이다. 그것은 가능한 미래에 대해 예측하거나 기획하는 것이 아니라, 어떻게 새로운 것과 미래성이라는 개념이 (그것들이 최소한 현재에 구현된 것만큼) 신체, 도시, 그리고 그것들의 관계를 생각하는 방식에 영향을 주고 그 방식을 변경하는 데 도움을 줄 수 있을지를 탐구하는 것이다.

    ① 미래에 대한 판타지는 항상, 최소한 부분적으로라도, 현재로부터 추정되는 기획·이미지·희망·공포와 관계된다. 비록 그것이 단순히 현재적 상황으로부터 온 것이 아니라 미래에 대한 판타지가 지닌 문화적 상상력, 자기 표현력, 내재성과 잠재적인 것으로부터 온 것이라 할지

---

* 이 글은 1996년 10월 뉴욕시에서 개최된 '보이지 않는 도시들: 포스트모던 메트로폴리스에서 미래의 도시로'(Invisible Cities: From Postmodern Metropolis to the Cities of Future) 학술대회에서 짧은 논문으로 발표되었다.

라도 말이다. 자족적이어서 예언자적이든, 아니면 몹시 허구적이든, 이러한 판타지는 현재의 투자와 불안의 병리적 지점, 즉 극도로 취약하고 불안하지만 희망을 지닌 낙관적인 지점들을 나타낸다. 이러한 의미에서 그것들은 현재적 존재(a present-to-be)에 대한 변형 혹은 보증의 지표로서 역할하기보다는, 현재적인 것의 상태와 침투 가능성을 좀더 잘 드러낸다.

  ② 도시는 개인적이든 집단적이든 혹은 정치적이든, 신체 이미지와 판타지를 재현하고 투영해 왔다. 이러한 의미에서 도시는 (집단적) 신체 보철 혹은 경계로 이해될 수 있다. 그것은 둘러싸고 보호하며 거주하게 하고, 동시에 (상상적) 신체로부터 그 자신의 형태와 기능을 받아들이면서 구성하는 것이다. 이러한 관계는 단순히 상호적인 결정도 아니고, 상호작용에 대한 특별하고 추상적인 도표도 아니다. 그것은 (인종·민족·계층·성별 같은) 신체 유형들과 (경제적·지리적·정치적) 도시 유형들에 의존한다. 그리고 그것은 특정 성격을 지닌 도시들과 그 안에 있는 다양하고 이질적인 사람들 모두를 한꺼번에 설명해 줄 '정체성'을 만들어 내는 난해하고 자세한 기술(記述), 가필, 삽입 같은 다양한 관계들을 통해 끊임없이 뒤얽히게 된다. 이러한 관계는 계급, 인종, 성별의 축이 하나의 평면 위에 서로 얽혀 있는 '중층 결정' 중 하나가 아니다. 그와는 반대로 도시의 유형들은 산업화되었든 상업적이든, 하나 혹은 여러 사업체에 기반한 것이든, 항구에 있든 아니면 도시 공간이나 시골에 있든, 서로 영향을 주면서 그 구조를 나타내게 된다. 오히려, 그것은 생산적 통제와 내재적 비예측성의 양자관계다. 그 관계는 하나의 평면상에서, 혹은 규정된 모습으로는 발생될 수 없다. 신체와 도시의 관계는 매우 복잡해서 행동적·규범적·심리적·법적·공동체주의적 구성요소들로 철저하게 포화

되어 있다. 그럼에도 불구하고 도시의 신체성과 신체의 물질성 ──교환과 생산, 습관, 적응성, 쇠약함, 격변 등의 관계들──은 여전히 신체적인 것으로 충분하게 사유되어야 한다. 도시의 신체성 혹은 물질성은 몸이 지닌 신체성 혹은 물질성과 똑같이 복잡한 질서를 지닌다. 그 신체성이 신체적 혹은 물질적인 것으로 구성되어 있다는 사실이 그렇게 말처럼 쉬운 것은 아니다. 언어, 표현 방식, 구조, 유형, 습관 등이 물리적 신체의 구성성분으로 고려되지 않는 한, 신체의 복잡성도 도시의 복잡성도 전혀 이해될 수 없을 것이다.

③ 서구에서는 일반적인 의미에서의 신체와 도시, 그리고 이를 이해하려는 (철학·심리학·여성주의뿐 아니라 문화연구·도시학 등의) 담론이 구조적으로든 실용적으로든 (늘 그래 왔듯이) 큰 변화를 겪고 있는데, 그 변화는 전 지구적 협동 방식, 정보의 축적 및 검색에서의 기술적 혁신, 전 지구적 소통 방식의 변화와 영향 사이에 있는 복잡한 연결관계에 의해 요구되고 발생된 것이다. 개인용 컴퓨터가 보급되고 경제 거래의 전산화가 이루어진 이래로, 그리고 인터넷의 도래와 휴대전화·인공위성 네트워크·월드와이드웹을 통한 전 지구적 실시간 소통이 가능해진 이래로, 도시와 공동체 내에서 우리 자신, 우리의 신체, 그리고 우리의 위치를 이해하는 방식과 미래와의 관계를 이해하는 방식은 변화를 겪게 되었다. 그 변화들은 아마도 우리가 이 세계에 존재하는 방식을 변경하는 과정에서 만들어진 것이다. 우리가 동시적으로 느끼는 불안과 즐거움은 기하급수적으로 성장하는 기술이 약속해 주는 예측된 희망과 공포 안에 존재한다. 즉 그러한 '선물'(gift)은 우리에게 미래가 과연 무엇을 준비하고 있는지, 그것이 우리의 모든 판타지를 획득 가능한 상태 혹은 실재의 상태로까지 끌어올릴 수 있을지, 혹은 우리와 우리의 희망들

이 인식을 넘어서 지금 우리의 상태가 아닌 다른 무엇으로 변형될 수 있을지에 대한 일종의 점증적 초조함을 드러낸다.

④ 기술에서의 이러한 변화——그것을 짧게 전산화라고 부르기로 하자——는 나머지 것보다 새롭고 좀더 정교해진 장치 혹은 도구의 창조에서만 일어난 것이 아니라, 근본적으로 자연 안에서도 똑같이 발생하고 있다. 오히려 전 지구적 전산화는 도구 혹은 기술 개념 자체의 변화 방식이기도 하다. 전산화된 공간·시간·논리·물질성은 정보와 소통의 본성에 대한 재고뿐 아니라 공간·시간·공동체·정체성 자체의 본성에 대해서도 재고하도록 위협하고 있다. 기술들이 지식/과학, 예술과 표현 방식, 소통과 상호작용의 형식들을 가능하게 하고 사회적·개인적 삶을 재구성할 뿐 아니라 근본적인 의미에서 개인과 공동체에 대한 통제와 지식을 넘어서기도 한다. 이러한 기술들은 기술 설계자들과 선진 연구자들에게는 그 한계가 보이지 않을 터인데, 우리가 미리 알지 못하는 혹은 아마도 심지어는 결코 알 수 없는 역사적이고 진화적인 과정 혹은 법칙들에 종속되어 왔다. 전산화는 그것이 전 지구적 삶 속에 끼어들어 예측할 수 없는 궤적을 시작하는 한, 도구나 단순한 문화적 혁신을 초월한 그 이상의 것이 된다. 그러한 예측되지 않는 궤적들은 새로운 것이 아니다. 그것은 전 지구적 변형을 형성하게 되는 힘이다. 그 힘이 극지방 만년설의 변화에 영향을 받은 것이든 아니면 핵무기의 생산에 관계된 것이든 말이다. 기술적 변형도 전 지구적 효과에 있어서 본래적으로 다르지 않다. 그것이 발전 및 역사적 변화의 단기적 차원보다는 진화라는 장기적 차원으로 이해되기 때문이다.

⑤ 이러한 기술은 최소한 아직은 어떤 의미 있는 방식으로 신체를 변형시키는 데 기여하기보다는 신체 및 신체들의 가상 영역과 체험된

재현이 상상되는 방식을 근본적으로 변화시키는 데 기여해 왔다. 기술은 원격적인 행동, 소통, 연결에 대한 판타지뿐 아니라 신체 자체의 중력과 무게를 피할 수 있는 대안적 혹은 가상적 실존성의 판타지를 약속해 왔다(그 중 몇 가지는 성취되었다). 즉 기술은 시간관계의 압축을 통해 공간관계를 매개해 왔고, 스크린과 가상적 매개를 통해 상호작용과 커뮤니케이션을 변형시켜 왔으며, 선택적인 전 지구적 확장을 통해 공동체 개념 또한 변형시켜 왔다. 신체는 명백히 그리고 항상 보철적 변형과 보강의 대상이었으며, 잠재적 증강과 기술적 매개의 대상이었다. 전산화는 이러한 보철 갈망 자체를 변화시켰다기보다는 그것의 신체에 대한 친밀도와 신체에 개입하는 정도 및 크기를 변화시켰다. 즉 초소형 기계가 혈관(정맥과 동맥)을 청소하고, 초소형 컴퓨터가 심장과 폐의 기능을 향상시키는 것과 같은 일이다. 그것은 신체 및 신체 배치의 상호변화 가능성 혹은 심지어 초월이라는 판타지를 생산하면서 가상 해부학을 그 기술적 능력을 넘어 변형하고 가져올 수 있음을 말해 준다.

⑥ 그러나 신체에 대한 기술적 변형과 보충의 가능성이 예측 불가능한 정도에까지 와 있다 할지라도, 그러한 기술이 가능하고 유용하게 되는 것은 바로 신체와 함께 혹은 신체를 통해서이다(그 신체는 기술을 신체 기능과 작용뿐 아니라 상상적 자아개념 안에 통합시킬 수 있는 신체다). 신체를 초월한다거나 숨기는 것은 불가능하다. 신체의 한계는 그것이 무엇이든 간에, 그리고 우리에게 확실한 대답을 할 수 있는 방법이 전혀 없음이 명백하다 할지라도, 기술적 발명의 한계이기도 하다. 신체는 그것들이 얼마나 충분히 부응할 수 있는가에 따라, 기술로서 그리고 기술에 의해 통합되고 만들어진다. 기술은 신체의 한계이며, 신체의 '내화된' 범위일 뿐 아니라 '외적인' 범위이기도 하다. 이러한 의미에서 기술

은 필연적으로 하나의 주체 혹은 공동체에 연관되는 것이 아니라, 신체 적인 가능성들과 상상적인 것들에 밀접하게 관련된다.

⑦ 그러므로 마지막 가설을 말하자면, 기술이 (때로는 감지할 수 없을 정도로, 때로는 눈에 띄게) 신체를 변형하는 과정 속에 있는 오직 그 정도로만, 기술은 도시를 변형시킬 수 있게 된다. 그것은 앞으로 일어날 미래상의 양식이 바로 신체적 실존의 조건이라는 사실을 의미한다(이것이 진화가 우리에게 가르쳐 주는 바이다. 진화가 조금이라도 무엇인가를 가르쳐 줄 수 있다면 말이다). 그것은 또한 도시의 삶이자 실존이다. 기술적인 것은 우리가 알고 있는 바의 도시들을 대체하려 위협하지 않는다. 왜냐하면 도시의 변형은 신체의 변형과 공명하기 때문이다. 미래의 도시들은, 신체가 우리 자신을 닮아 가고 신체의 다양한 양상에 따라 기능하리라는 정도에서만, 오늘날 우리가 알고 있는 대로의 미래 도시와 비슷하게 될 것이다. 이러한 의미에서 미래의 도시들은 현재의 도시들과 마찬가지로, 외부로부터 온 원치 않는 대중들에게는 강요되지 않을 것이다. 대중들의 신체는 공간적 조건과 상호연관성을 필요로 하며, 도시의 신체와 그들의 작동 방식 및 그들의 기술적 수행에 상호작용하거나 지형도를 만들 수 있는 다양한 위치를 필요로 한다.

■ 전혜숙 옮김

2부

전환적 공간들

4장 | 건축, 그 바깥에서

사유하기는 본유적으로 타고난 것이 아니라 사유 안에서 생긴다. …… 문제
는 원리상으로 그리고 자연적으로도 선재하는 사유를 지시하거나 방법론적
으로 응용하는 것이 아니라 아직 존재하지 않는 것, 즉 성과도 없고 임의적이
며 장식에 불과한 것을 생기게 하는 것이다. 생각한다는 것은 창조한다는 것
이다. 그 밖의 다른 창조는 없다. ── 들뢰즈, 『차이와 반복』

근대적 사유는 그 시작부터 그리고 그 밀도로 보아 일종의 행동 양식이다.
…… 19세기경 이미 사유는 본질상 자신을 '떠나서는' 더 이상 이론적이지
않았다. 사유는 기능하자마자 감정을 상하게 하거나 달래고, 유혹하거나 쫓
아 버리고, 단절시키거나 분리시키거나 통합시키거나 재통합시킨다. 사유는
자유롭게 하거나 노예화시킬 수밖에 없다. …… 존재의 차원에서 사유는 출
현 그 자체로 본질적으로 행동, 아주 위험한 행동이다. ── 푸코, 『말과 사물』

---

* 이 에세이는 Cynthia C. Davidson ed., *Anyplace*, Cambridge: MIT Press, 1995에 처음
 게재되었다가 Elizabeth Grosz, *Space, Time and Perversion: Essays on the Politics of
 Bodies*, New York: Routledge, 1995에 다시 게재되었다.

사유하기

그것이 책이든, 종이든, 필름이든, 그림이든, 건물이든 간에 텍스트는 일종의 밤도둑이다. 비밀스럽고 은밀한, 그래서 항상 복잡한 그것은 주변 모든 것, 자신의 환경, 역사 그리고 더 나아가 바깥에서 생각을 훔쳐 와 다른 곳에 이를 퍼뜨린다. 텍스트는 지식이나 진리로서 생각이 순환할 수 있는 도관일 뿐만 아니라 하나의 (사회적) 지층이나 공간에서 다른 곳으로 전이되는 지점이나 통로이기도 하다. 텍스트는 지식이나 진리의 창고, 정보의 창고가 아니다(그래서 정보 기술이 20세기 말에 대한 도전으로 제공한, 정보 저장과 검색에서의 '혁명'으로부터 퇴행할 즉각적인 위험에 놓여 있지 않다). 그보다는 사유를 흩어지게 하고 용어·개념·예제를 뒤섞고, 연결고리를 만들어 내고, 행동 양식이 되는 것이다. 텍스트는 도구도 수단도 아니다. 이는 텍스트를 너무 공리적인 것, 의도에 너무나 순종적인 것, 하나의 주제를 위해 고안된 것으로만 보는 태도이다. 오히려 텍스트는 폭발적이고 위험하고 불안정하다. 개념처럼 텍스트는 옛것과 새것을 뒤섞어 놓은 생산물이며, 내적 일관성이나 지속성 그리고 외부의 지시물의 복합체, 내연과 외연의 복합체, 발단과 되기의 복합체이다. 개념처럼 텍스트는 일을 하고, 사물을 만들고, 연결고리를 만들어 새로운 조합을 만들어 낸다.

텍스트를 직물, 섞어 짜 놓은 것으로 보는 데리다적인 모델——즉 강도 높은 덧코드(overcording)들의 폐쇄되고 줄 쳐진 공간으로 보는, 텍스트성이라는 충분히 기호화된 모델을 생산하는 모델(건축학자나 도시학자의 담화에서 상당한 힘을 얻고 있는 모델)——대신에, 텍스트는 들뢰즈의 사유하기와 더 어울리게, 작은 폭탄들처럼 읽힐 수 있고 좀더 생산적으로 사용될 수 있다. 작은 폭탄처럼 얼굴 앞에서 폭발하는 것이 아니라, 사유나 이미지를 반드시 파괴하지는 않고 다른 연결고리나 새로운 배열관계 안으로 뿔뿔이 흩어지게 한다. 이상적으로, 텍스트는 예상하지 못했던 강도들(한 체계의 구별되는 차이를 형성하게 하는 질), 무차별성의 특별한 장소, 다른 대상과의 새로운 연계를 생산하여 문제적이고 도전적인, 그래서 현존하는 지적이고 실용적인 틀을 능가하는, 감정적이고 개념적인 변환을 낳는다. 진리의 영원한 지위나 지식의 일시적인 지위 대신에, 텍스트는 비록 여러 세대에 걸쳐 읽힌다 해도 아주 일시적이고 단기간의 효과를 갖는다. 텍스트가 효과를 가질 때에만, 텍스트가 사물을 흔들어 섞어 재배열을 생산할 때에만, 그것은 효과적이고 또한 살아남는다. 들뢰즈의 용어대로라면 이런 텍스트, 이런 사유는 본질적으로 움직이는 것, '유목적'이거나 '리좀적'[1]이라고 기술될 수 있을 것이다.[2]

　　어떻게 건축을 다르게 **사유할까?** 일반적인 가정, 교리, 자연스럽게

---

1 리좀(rhizome)이란 본래 구근이나 덩이줄기를 의미한다. 이것은 이항이나 대립을 말하는 게 아니라 하나의 다원주의를 창조하는 방식을 말한다. 분기하는 줄기가 나무 몸통을 뚫고 들어가듯이 부단히 자기 자신을 부정하며 단절을 시도하지만, 동시에 뿌리와 연결되어 생산되기에 근원을 잃지 않는다. ──옮긴이

2 마수미는 그의 가치 있는 저서인 『천 개의 고원 사용자 가이드』에서 유목적 사고를 다음과 같은 용어로 기술했다. "'유목적 사고'는 질서 정연한 내재성의 체계 내에 거주하지 않고, 외재성의 요소 안에서 자유롭게 움직인다. 유목적 사고는 동일성에 머무르지 않고 차이를 달린다. 유목적 사고는 재현, 주체, 개념 세 영역과 존재 사이의 인위적 구분을 지키지 않으며, 제한적인 유사함을 끝이 없는 전도성으로 대체한다. [세계가 창조하는 개념들인] 세계를 반영한다기보다 사물의 변화 상태에 몰두한다. 개념은 벽돌이다. 이는 인식의 청사를 짓는 데 사용될 수 있으며, 그렇지 않다면 그것은 창문을 통해 던져질 수도 있다"(Brian Massumi, *A User's Guide to Capitalism and Schizophrenia: Deviations from Deleuze and Guattari*, Cambridge, Mass.: MIT Press, 1992, p.5).

보이는 것을 따르지 않고, 오히려 존재와 짓기(building) 사이에 자리 잡은 것으로 추정된 진화론에 순응하지 않고, 어떻게 건축 내에서, 건축을 사유할 수 있을까? 주체성과 거주가 상보적인 관계에 있다는 만연한 가정, 즉 포함 관계(공간 혹은 거주가 주체를 구속하거나 피난처를 제공한다는 의미에서)이거나 표현의 관계(주관성의 미학적 또는 실용적 표현으로서의 공간이나 주거지)이거나 하는 가정을 어떻게 뛰어넘을 수 있을까? 어떻게 거주지를 주체들의 포함 혹은 보호가 아닌 다른 것으로 볼 수 있을까? 요약하면, 어떻게 하면 상보성과 이원화를 넘어서, 주체성과 의미화를 넘어서 건축을 생각할 것인가? 이는 쉽게 답할 수 없는 문제이다. 진부한 답들은 사유하고, 건축하고, 건설하고, 창조하는 데 장애물이 되기 때문이다. 그러므로 이 질문은 답할 수도 없고 답해서도 안 되는 질문이다. 이 질문은 건축이나 다른 어떤 학문적 실천이 차츰 일상 안으로 침잠하려고 할 때마다, 그리고 형식, 용인된 용어, 공유하는 토대, 선대로부터 용인된 하나의 역사, 미리 주어진 하나의 방침 안으로 안락하게 침잠할 때마다, 이미 있는 답에 도전하는 방식으로 엄격하게 제기되고 끊임없이 주장되어야 한다.

가타리와 함께할 때나 혼자 할 때나, 들뢰즈의 과제 중 일부는 사유하기에 대한 것이다. 어떻게 사유하는가, 무언가 만드는 동안, 아니 오히려 일하는 동안에 어떻게 사유하는가. 즉 행위(doing)로서 사유하기였다. 건축에서 철학의 위치는 무엇인가, 또는 철학에서 건축의 위치는 무엇인가? 들뢰즈의 작업이 건축의 재사유에 무언가를 제공할 수 있을까? 혹은 반대로 똑같이 꽤 그럴듯한 질문은, 건축이 들뢰즈적인 노력에 상반되지 않는가 하는 것이다. 건축과 철학에 유사한 궤적을 그리고 있는 용어들인 해체주의와 후기구조주의를 어느 정도 기이하게 읽음으로써[3] 데리다의 작업이 건축 내에 비교적 쉽게 흡수됐던 것처럼, 들뢰즈적인 건축 같은 것이 존재할 수 있을까? 건축이 해체주의를 그렇게 했던 것처럼 그렇게 쉽게 유목화와 리좀화를 결합(incorporate)/전유(appropriate)할 수, 즉 잡아먹을 수 있을까? 이런 만남, 섭취, 결합이 어떤 효과를 낳을까?

들뢰즈의 작업은 그 자체로도 공간, 공간화 그리고 운동에 대한 이해로 이끄는 것 같다. 그의 영토화와 탈영토화의 은유, 그리고 바로크 시대의 미술·철학·건축학에 대한 그의 매혹만큼이나,[4] 철학이 역사를 전형적으로 특권화시켰던 것을 넘어서 그가 지리학을 선호했다는 것은 잘 알려져 있다.[5] 동시에 철학이 그 자신의 자아 개념을 개발하기 위해 필요로 했던, 철학의 역사를 지배해 온 만연된 건축학적 모델——지식과 그 토대, 진리의 전당, 물질적 토대와 이념적인 상부구조, 그리고 지식의

---

3 기이한 독법은 철학적 전통에 있는 '짓기'(building) 은유의 사용과 이의 고유한 중의성에 기초한다. 일종의 건축적인 전유가 해체주의와 후기구조주의에 있는 한, 이는 건축으로부터 전유된 것이다. 건축술은 선도적인 철학적 이상의 하나로 남아 있다.

4 Gilles Deleuze, *The Fold: Leibniz and the Baroque*, trans. Tom Conley, Minneapolis: University of Minnesota Press, 1993 [『주름, 라이프니츠와 바로크』, 이찬웅 옮김, 문학과지성사, 2004]에 밝힌 바에 따랐다.

5 들뢰즈는 흔히 지리학을 역사에 비유하고, 운동·방향·변화의 개념들에 대한 지리학의 순응을 위해서 지리학을 특권화시킨다. "우리는 그것이 개인적이든 보편적이든, 매우 많이 역사의 용어로 생각한다. 되기는 지리학에 속하고 방위측정이고 방향성이며, 목록들이고 입구이다"(Gilles Deleuze and Claire Parnet, *Dialogues*, trans. Hugh Tomlinson and Barbara Habberjam, New York: Columbia University Press, 1987, p.3). 그는 역사를 국가의 정주성과 기능에 연결 짓는다. 반면에 지리학은 유목적이다. "역사는 항상 정착의 관점으로 쓰이고, 단일 정부 조직의 이름 속에서 심지어 주제가 유목적일 때조차도 최소한 가능성의 하나로 기술된다. 부족한 것은 단일한 역사의 반대인 단일한 유목주의이다"(Gilles Deleuze and Félix Guattari, *A Thousand Plateaus: Capitalism and Schizophrenia*, trans. Brian Massumi, Minneapolis: University of Minnesota Press, 1983, p.23) [『천 개의 고원』, 김재인 옮김, 새물결, 2001].

나무 등──을 그는 경멸하는 것 같다. 들뢰즈가 위대한 유목주의자, 차이와 움직임의 사유자, 형식보다는 힘의 지도 제작자라면, 그의 목표가 어떤 떨림 또는 아마도 말을 더듬는 것을 제공하기 위함이라면,[6] 그의 작업은 아마도 건축을 불안정하게 하거나 재사유화하기 위한 지속적인 움직임에 동원되는 지점을 제공하는 것이다.

건축학에 들뢰즈를 '소개하는 것'은 어쨌든 이상한 제안이다. 들뢰즈 학파가 '적용'(application)의 개념에 그렇게 저항적이라는 것을 감안하면(이론은 적용된다기보다는 사용된다) 이것이 어떻게 이루어질 것인지는 불분명하다. 들뢰즈 학파의 개념을 다른 영역에 수용할 때, 은어로 가득 찬 용어의 모사가 생겨난다. 그러나 이는 질서를 깨뜨리는 분석의 결과는 아니다.[7] 물론 들뢰즈의 작업은 전유나 적용을 넘어서지는 않는다. 오히려 반대로 그의 저작들은 비주얼 아트 안에 행복하게 편입될 뿐만 아니라[8] 그의 개념들은 대상과 관계의 양태 모두에 무질서하게 적용

---

6 이것이 들뢰즈가 위반을 재사유하는 데 있어서 기관총으로 사용한 많은 개념들 중 하나이다. 즉 어떻게 말을 더듬느냐가 아니라 언어 자체를 더듬거리게 만드느냐의 문제가 그것이다. 언어 시스템이 그 자체로 긴장하였을 때, 언어 시스템은 더듬고 웅얼거리고 중얼거리기 시작하며, 그래서 완전한 언어는 바깥을 묘사하고 침묵과 맞서는 한계에 도달한다. 언어 시스템이 지나치게 변형되었을 때 언어는 침묵하라는 일종의 압력을 감내한다. Gilles Deleuze, *Difference and Repetition*, trans. Paul Patton, New York: Columbia University Press, 1994, p.28 [『차이와 반복』, 김상환 옮김, 민음사, 2004].

7 적용하지 않고도 들뢰즈의 연구를 활용한, 비은어로 가득한, 건축학 지향적인 프로젝트에 관해서는 Meaghan Morris, "Great Moments in Social Climbing: King Kong and the Human Fly", ed. Beatriz Colomina, *Sexuality and Space*, New York: Princeton Architectural Press, 1992, pp.1~51 [『섹슈얼리티와 공간』, 강미선 외 옮김, 동녘, 2005], 그리고 John Rajchman, "Lightness: A Concept in Architecture"와 "The Earth is Called Light", *ANY*, no.5, 1994를 보라.

8 예를 들면, Rex Butler and Paul Patton eds., "Dossier on Gilles Deleuze", *Agenda: Contemporary Art Magazine*, no.33, September 1993, pp.16~30을 보라.

되거나 문맥에서 벗어나 비틀린다.[9] 나는 여기서 들뢰즈의 개념을 건축 영역에 '적용'하려는 게 아니다. 그보다 나는 사유의 재인식이라는 들뢰즈의 연구에 의해 영감을 받은 몇몇 문제들을 제기하고자 한다. 즉 그것은 반복되는 답이 나오는 걸 피하기 위해서, 건축 자체를 흔들어 놓기 위해서, 건축이 말을 더듬지 않는다면 떨게라도 하기 위해서이다. 따라서 나는 여기서 어떤 단일한 들뢰즈 텍스트나 어떤 특정 건축학 프로그램을 탐구하고자 하지 않는다. 나는 들뢰즈의 사유의 재개념화 자체가 건축에 어떻게 분기하는 효과를 가져올 수 있는지를 살펴보고자 한다.

들뢰즈에게 철학은 개념을 발명하는 장소이다. 개념은 더 이상 정신적 내용물의 자기 충족적 덩어리로도, 의식의 연속적 흐름의 흐릿한 생산물로도 이해될 수 없다. 그보다는 이것(haecceities)[10]이라는 용어로, 즉 사건이나 출현으로 가장 잘 이해될 수 있는 복합적 배치(assemblages)로 이해된다. "사유는 마주침의 도발에서 생긴다." 사유는 우리를 바깥과 예기치 않게 마주치게 하는 것이다. "세계 안의 어떤 것이 우리를 생각하게끔 강요한다."[11] 사유는 우리를 필연적으로 바깥과 직면하게 하고 우리가 이미 가지고 있는 개념 바깥, 우리에게 이미 존재한 주체성 바깥, 우리가 이미 알고 있는 물질적 실재 바깥으로부터 우

---

9 이 과정은 이미 건물을 외피로 말하는 방식 아래 있다. 이 은유는 사실 들뢰즈보다는 이리가레에게 훨씬 더 많은 빚을 지고 있는 지식이다. 그의 기획은 오직 지엽적으로 싸기(enveloping), 싸개(envelopment)와 관련이 있다. Peter Eisenman, "Folding in Time: The Singularity of Rebstock", *Columbia Documents of Architecture and Theory: D*, vol.2, 1993, pp.99~112를 보라.

10 주체나 사물에 아직 정초하지 않은 독특한 질. 이들의 상호작용에서 주체와 대상이 창조된다. ——옮긴이

11 Deleuze, *Difference and Repetition*, p.139.

리를 직면하게 한다.[12] 사유하기는 개념들이 평소의 형태에서 벗어나도록 하는 비틀기를 포함한다. 그들이 거처하고 있는 체계 바깥으로, 즉 사유를 이미 알고 있는 것으로 억누르려 하는 인식 구조의 바깥으로 빼낸다.[13] 사유하기란 결코 쉽지 않다. 신체 언어처럼 사건 사유는 정치적·문화적·영화예술적·건축적 사건들과 같은, 다른 물질성과 뒤섞이고 그것들에 영향을 미치는 특이성이다. 들뢰즈는 사유를 차이로 보는, 위대한 차이의 이론가이다.

데리다의 작업은 놀랍게도 건축학과 도시 계획의 담론에 강한 힘을 가진다. 그의 관심이 너무나 철학적이고 텍스트에 기반하여 밀폐된 자기 충족적인 것으로 **보이기** 때문에 놀라운 것이다. **차연**(différance),

---

12 들뢰즈는 문제가 생득적으로 개방적인 한편, 정리(定理, theorem)는 그 자체 속에 자신의 결론을 담고 있다는 점에서 문제와 정리를 구별한다. "문제적인 것은 정리적인 것(또는 구성주의 공리적인 것axiomatic)과 구분된다. 정리는 원칙과 결과의 내재적인 관계를 발전시키는 반면에, 문제는 자신의 조건을 구성하고 특정 '사례'들을 결정하는 바깥——제거, 첨가, 분할——의 사건이 개입되게 한다. …… 문제의 이와 같은 바깥이란, 사유하는 자아의 심리적 내재성뿐만 아니라 물리적 세계의 외재성으로도 환원되지 않는다"(Gilles Deleuze, *Cinema 2: The Time-Image*, trans. Hugh Tomlinson and Robert Galeta, Minneapolis: University of Minnesota Press, 1993, pp.174~175)[『시네마 2: 시간-이미지』, 이정하 옮김, 시각과언어, 2005].

13 "아르토가 말하길, 문제는 그에게 자신의 사유에 방향을 설정하는 데 있는 것도 아니고, 자신이 사유하는 것에 대한 완벽한 표현을 찾는 데 있는 것도 아니고, 응용과 방법을 얻는 데 있는 것도 아니고, 자신의 시를 완벽하게 하려는 데 있는 것도 아니다. 다만 문제는 그저 무엇인가를 사유하기 위함이다. 그의 경우에 이것은 생각할 수 있는 유일한 작업이다. 이 작업은 사유하기의 충동이나 강박을 가정한다. 모든 종류의 분기점들을 거쳐 이 충동이나 강박은 신경들로부터 퍼져 가고 사유에 도달하기 위해서 영혼과 소통한다. 이때부터 사유는 사유 자체의 중심적 붕괴, 사유 자체의 균열, 사유 스스로의 자연적인 무기력을 생각하도록 강요받는다. 이런 무기력은 가장 위대한 힘, 즉 다른 말로 하면 공식화되지 않는 힘들의 형태인 사유(cogitanda)로부터 구분되지 않으며, 사유 속에서 절도나 사기와 그렇게 구분되지 않는 듯하다"(Deleuze, *Difference and Repetition*, p.147).

또는 흔적과 같은 데리다의 중심 개념은 구성적 각인(inscription)이라는 개념을 함의한다. 말과 사물 이전에, 공간과 그것의 '내용물' 그리고 텍스트와 그것의 '아이디어들' 사이의 구분 이전에, 기원적이고 불가능한 차이 또는 흔적이 있다. 늘 내용물의 불순함으로 용기(容器)의 순결을 감염시키거나 그 반대이기도 한 차이나 흔적이 있다. 지금까지 데리다는 '포스트모던'(즉, 프랑스) 철학에 대한 '공간의 과학'이 갖는 관용의 한계를 표시해 왔던 것 같다. 들뢰즈가 행복하게 수용될지는 두고 봐야 한다.

사유 또는 재현을 **차연**으로——즉, 차이를 현존의 내재하는 불가능성으로 보는 것(로고스의 자기 동일성이나 단일성을 흔드는 효과가 없는 것은 아닌 이 기획) 대신에 연기나 우회, 목적지에 도착하지 못함으로 보는 데리다와 달리, 들뢰즈는 차이를 기본적으로 힘, **단언**, 행동, 분명한 작동체로 생각한다. 사유는 시각적 매체와 영화예술 내의 이미지 형태에서든, 건축 내의 건물 형태에서든, 철학 내의 개념에서든 그 안에 차이를 **만드는** 능동적인 힘, 긍정적인 욕망이다. 들뢰즈의 기획은 그래서 사고의 재활동, 생의 긍정과 변화 그리고 쇄신을 제한하고 변화를 막으려는 목적을 가진 반(反)생산의 힘 주변에 작동하려는 시도를 포함한다. 그것은 선·점·개념·사건들을 같은 것, 단일한 것, 자기 동일적인 것으로 묶는 강제력과 구조로부터 자유롭게 하려는 시도이다.[14]

---

14 라이크만이 다른 텍스트에 관련성 있는 언급을 한 데에 따르면, "개념은 …… 디자인과 개방적 관계를 가진다. 개념은 새로운 복합체에 매어 있지 않으려 한다. 개념은 새로운 방식으로 결합시킨 특징이나 전략들을 확신하기 위한 마치 이상한 마력 같은 역할을 한다. 이를 위해서 개념은 그 자체로 다른 개념들과 자유로운 관계를 맺는 공간을 창안하는 복합체가 되어야 한다. '개념은 결코 단순하지 않다.' 장 누벨이 질 들뢰즈에게서 가져온 건축학 구절이다. 사유하기에게 다른 방향으로 떠나기를 자극하거나 다른 방식으로 생각하기를 요청

그렇다면 들뢰즈의 기획은, 변형이나 변태를 가져오는, 사유가 가진 원래의 능력을 되살리기 위해서 그리고 사유하기 자체를 작은 폭탄이나 기관총으로 만들기 위해서, 사유를 포획하고 사로잡는 무언가로부터 자유롭게 하고, 이미지로부터 자유롭게 하고, 재현으로부터 정말로 자유롭게 하고, '재현의 초월적인 환상'으로부터 자유롭게 하는 것이다.

사유는 기본적으로 침해이며 폭력이며 적이다. 그리고 어느 것도 철학을 전제하지 않는다. 모든 것은 지식혐오(misosophy)와 더불어 시작한다. 사유가 사유하는 것의 상대적 필요성을 확보하기 위해 사유에 의존하지 마라. 오히려 사유가 일어나게 하는 것과의 우연한 만남에 의존하고, 사유의 행위나 사유하려는 열정의 절대적 필요성을 교육시키라. 진실한 비평과 진실한 창조의 조건은 같다. 사유를 전제하는 사유의 이미지를 해체하는 것과 사유 자체 안에 사유 행위의 기원을 두는 것.[15]

재현의 네 가지 환상[16]은 사유의 기원과 기능을 감춘다. 이 환상들은 힘을 힘이 할 수 있는 것으로부터 분리시키고 그래서 들뢰즈의 『니체와 철학』(*Nietzsche et la philosophie*)의 용어대로라면, 반작용의 양식으

함으로써 개념은 현재 독단(doxa)을 대체하는, 일종의 역장(力場) 안에 다른 것과 관련되었다"(Rajchman, "Lightness", p.5).

15 Deleuze, *Difference and Repetition*, p.139.

16 첫번째 환상은 개념이나 주체의 동일성이라는 견지에서 차이를 생각하는, 동일성의 환상으로 이루어져 있다. 두번째 환상은 균등화, 동화에 대한 들뢰즈의 다양한 전략과 연계되어 있는, 유사성에 대한 차이의 종속이다. 세번째 환상은 차이를 이종(異種)으로 축소하는 효과를 갖는, 차이를 부정(negation)과 묶는 전략이다. 네번째 환상은 분배의 규칙에 따라 차이를 퍼뜨리는, 판단의 유비에 대한 차이의 종속이다. Deleuze, *Difference and Repetition*, pp.265~270을 보라.

로, 작용의 힘을 반작용의 힘으로 전환시키도록 기능한다. 이렇게 사유에 베일을 씌우는 것은 차이를 거부하는 것과 동일시된다. 서구철학의 역사에 편재되어 있는 이런 다양한 책략을 통해서 사유는 차이의 힘, 그것의 긍정적인 생산력을 잃었다. 그래서 동일성에 종속되고 반동적인 것이 되었다. 지식인의 목표가 단순히 지식의 생산이 아니라 좀더 정확하게 개념과 사유를 생산하는 것이라면, 그리고 철학과 건축을 포함한 학과들이 사유를 좌절시키고 탐험을 질식시키고 억제하고 새로운 것의 생산을 방해한다면, 철학가든 건축가든 간에 급진적 지식인의 기능은 담론에서든 행동에서든 사유를 방해하는 모든 것에 대항해서 투쟁하는 것이다. 들뢰즈에게 사유를 방해하는 것은 사유를 끊임없이 단일한 것, 즉 하나에 묶는 주체화, 의미화, 재현의 체제들이다. 지식이나 권력의 힘은 차이 ──새로운 것, 사유되지 않은 것, 바깥의 것 ──를 참을 수 없어서, 차이를 억압하기 위해, 예측을 따르고 구조에 맞추고 소란이나 동요 없이 흡수되고 동화되고 소화될 수 있도록 강요하면서 그들이 할 수 있는 모든 것을 하는 듯하다.

물음은 남아 있다. 일군의 건축 이론가들이 효과도 없고 차이도 만들지 않은 듯해도 엉뚱한 것이라면 무엇이든 받아들이는 경향을 고려해 볼 때, 건축학을 어떻게 흔들어 놓을 수 있을까? 어떻게 건축학이 바깥의 영향을 받을까? 달리 말해서, 어떻게 만남을 강요하고, 변형이나 되기를 가져올 수 있을까? 그 안에서 일군의 계열 즉 건축 계열이, 그들이 바깥 즉 철학 계열로부터 하나의(혹은 여러) 요소를 삽입시키게 되고 그래서 두 계열이 서로와의 만남을 통해 변형되는, 즉 건축의 철학 되기는 철학의 건축 되기를 통해서만 이루어질 수 있는 그런 만남과 변형과 되기를 가능하게 할 수 있을까? 들뢰즈는 차이에 대한 새로운 이해를 내

놓는다. 즉 사유(개념 안의, 이미지 안의, 건물 질료 내의 사유)는 그의 완전한 힘을 사건, 물질적 변형, 그리고 이를 넘어서는 운동으로 주장한다. 건축이 '쇄신'을, 즉 단순히 '최신의 유행'을 추구하는 것이 아니라 다르게 생산하고 새로운 것을 낳고 감히 다른 식으로 창조하려 하는 한, 들뢰즈의 작업이 도움이 될 수 있을 듯하다. 비록 더 정확하게 어떻게 할지는 여전히 불분명하지만, 이런 불명확성은 들뢰즈의 작업이 제기하는 위험이 아니라, 그것의 도박이거나 문제이다(사유는 문제에 의해 유발되기 때문이다). 어떻게 건축이 지속적으로 바깥으로 문을 열어 놓게 할 수 있을까? 어떻게 건축이 **사유하게** 할 수 있을까?

바깥

어떤 의미에서 들뢰즈의 작업 모두는, 그가 푸코를 읽으며 분명하게 한 것처럼, 바깥·사유되지 않은 것·외부·표면·복제물(simulacrum)·탈주선·주름[17]들에 대한 것이다. 다수의 언어 내에 소수 언어의 침해이든, 개별적인 것 내에 한 무리의 침몰이든 간에, 이들은 동화에 저항하는 것이며 전제된 동일성 내에 남아 있는 이질적인 것이다. 바깥 또는 외부는 영토화와 탈영토화의 움직임을 막기도 하고 가능하게도 하는 것이다. 이것이, 이제는 아주 낡은 포스트모던 캐치프레이즈가 된 (가부장제, 역사, 권력, 담화의) "바깥은 없다"라는, 의미화나 주체화의 함정을 잘 요약한

---

17 안과 밖이 균열, 단절된 것이 아니라 상호침투적임을 의미한다. 안과 밖의 주름이 갖는 강도 차이에 따라 상호적으로 함축하는 주름 운동이 일어나 안과 밖은 동일한 외연을 갖는다.——옮긴이

상투적 문구가 세계를 휩쓴 것에 저항하는 것이다. 데리다의 작업 내에서 배제되고 추방된 것의 역할을 한 것이 들뢰즈에게는 바깥이란 용어로 기능한다.

깊이, 내재성, 가정적이고 사적인 것의 효과가 바깥, 피부의 피어오르는 회선과 비틀기에 의해 생성될 수 있을까? 바깥, 외부, 표면이라는 개념이 건축학적으로, 철학적으로, 주체적으로 내재성의 특권을 대체하는가? 자아와 타자 그리고 주체와 객체 사이의 경계처럼, 내부와 바깥 사이의 경계는 위반되어야 할 한계가 아니라, 횡단되는 경계로 간주되어야 한다. 마수미가 『일상적 공포의 정치학』(*The Politics of Everyday Fear*)에서 강조한 것처럼, 경계는 오직 통과의 과정 속에서만 생산된다. 경계는 통과의 경로를 규정하지 않는다. 경계선을 규정하고 구성하는 것은 움직임이다. 당연히 이런 경계는 일반적으로 이해되는 것보다 더 투과성이 있고 덜 고정적이며 덜 경직되어 있다. 왜냐하면 이미 경계의 한 면이 다른 한 면을 침입하고 있기 때문이다. 그렇게 경계 지어진 각각의 조건과 달리, 되기가 있다.

데리다처럼 들뢰즈도 이분법적인 사고를 포기하거나 그것을 다른 대안으로 대체하는 시도를 하지 않았다는 사실이 중요하다. 오히려 이분법적 범주들을 서로 대립시키고, 분자적·전체적(global)으로 표현하고, 그것의 질량상 특수성을 분석하여, 결국 다른 '체계'로의 재연결·재배열을 수립한다. 그러므로 바깥이나 외부가 그것이 포함하고 있는 내재성과 영원히 반대되는 것으로 남아야 하는 것은 아니다. 오히려 바깥은 내부의 초가변적인 것이다. 아마 이런 이유로 들뢰즈는 바깥을 내부가 아니라 **현실/실재**(real)와 연결 짓기를 원했을 것이다. 이것은 결코 내부를 비실재, 가능한 것, 또는 상상의 것과 제휴시키려는 것이 아니다.

이것은 바깥이 내부의 **잠재적** 조건, 동일하게 현실[18]임을 보이는 것이다. 시간이 공간의 잠재적인 것인 것처럼. 잠재적인 것은 현실적인 것 안에 내재한다.

사유는 바깥과의 대면, 조우이다. 들뢰즈는 바깥 개념을 주로 두 텍스트 즉『푸코』와『시네마 2: 시간-이미지』에서 다룬다. 아마도 니체에 의해 창안된 전통을 따라 그리고 앙토냉 아르토에서 모리스 블랑쇼까지의 지그재그 형의 길을 따라,[19] 들뢰즈는 푸코에서, 우리 자신이 아마도 들뢰즈에게서 그러할 것처럼, 사유와 그 바깥 사이의 대결, 사유와 사유되지 않은 것 사이의 대결의 절정을 보았다. 이 사유 또는 사유되지 않은 것(unthought)이라는 개념은 이미 푸코의 고고학 시기, 아주 명백하게는『말과 사물』이라는 책에서 진전되었다. 이 책에서 푸코는 인간과 사유되지 않은 것이 19세기의 쌍둥이 생산물로 동시에 태어났다고 주장했다. 데카르트가 의식과 사유를 함께 가져온 그곳에서, 근대 사유는 인간과 사유되지 않은 것 양자의 발원으로부터 존재하게 된다.

---

18 "잠재적인 것은 말해지지 않은 언술, 사유되지 않은 사유이다. 이것은 실재이며 그들 안에 존재한다. 그러나 명확한 진술은 휘발성의 표면적인 효과로서 생산되는 동안에는 최소한 잠깐이라도 잊어야 한다. 철학의 작업은 그들의 발생 조건에 언술을 재부착하기 위해서, 필연적으로 잊어 가는 것을 탐구하는 것이다"(Massumi, *A User's Guide to Capitalism and Schizophrenia*, p.46).

19 "하이데거와 아르토 사이에서 블랑쇼는 무엇이 사유하게 하는가, 혹은 무엇이 사유를 강요하는 힘인가에 대한 근본적 질문이 아르토에 귀속된 것임을 알게 된다. 사유를 강요하는 것, 그것은 '사유의 무능력(impouvoir)', 무의 형상, 사유될 수 있을 전체의 비존재성이다. 블랑쇼가 문학의 여기저기에 분석해 놓은 것은 영화에서 무엇보다 분명하(게 재발견될 수 있)다. 한편으로 사유의 원천이자 장벽이기도 한, 사유 속에 존재하는 사유할 수 없는 것의 현전, 다른 한편으로 생각하는 나의 모든 독백을 깨뜨리는, 사유하는 인간 속에 존재하는 한없이 많은 또 다른 사유자"(Deleuze, *Cinema 2*, pp.167~168).

인간과 사유되지 않은 것은 고고학적인 단계로 볼 때, 동시적이다. 인간은 사유 없이는, 그리고 사유되지 않은 것을 동시에 발견하지 않고서는 에피스테메(episteme) 안에 스스로의 형상을 그려 낼 수가 없다. 여기서 사유되지 않은 것은 안과 바깥 둘 다에서, 그것의 경계들과 그것의 씨줄과 날줄 둘 다에서 발견되는 것으로서, 어둠의 요소이며 겉으로 보기에 비활성적인 농도 짙은 상태다. 사유되지 않은 것은 (그것을 우리가 무엇이라 부르든) 축소된 자연이나 지층화된 역사처럼 인간 안에 들어 있는 것이 아니라 인간과의 관계에 있다. 즉 타자이다.[20]

『푸코』의 마지막 장에서 들뢰즈는 바깥의 필요성에 대한 사유를 발전시켰고 이것이 푸코의 고고학 시기부터 마지막 저서에까지 지속적인 관심사였음을 보여 준다. 들뢰즈는 푸코의 마지막 윤리적 작업에서, 그가 다양한 분석 대상의 질료, 특히 '바깥', 주체성, 그리고 텍스트성의 낯설고 실용적인 독서에 대한 헌신을 포기하지 않았다고 주장한다. 또한 푸코는 결코 현상학이나 심리학적인 틀 같은 다른 것으로 회귀하지도 않았다고 주장한다. 이 마지막 작업이 푸코의 초기 텍스트에 잘 형식화되었던 바깥의 궤적을 변화시키기는 했지만, 지속되고 있다. 들뢰즈는 이 궤적을 내면성의 문제와 관련시킨다. 푸코가 내면성의 분석을 제시하는가? 이는 어떤 종류의 내부일까? 윤리적인 자아 형성이라는 문제에 푸코가 경도되었다는 것이, 그가 (주관적이든 심리학적이든) 이제 내면성의 개념에 헌신하였음을 의미하는 것일까?

---

20 Gilles Deleuze, *Foucault*, trans. Seán Hand, Minneapolis: University of Minnesota Press, 1988, p.326 [『푸코』, 허경 옮김, 동문선, 2003].

지금까지 [푸코의 작업에서] 우리는 세 가지 차원을 만나게 된다. 일정한 지층을 따라 형태화되거나 형식화된 관계(지식), 다이어그램 수준에서 발견되는 힘들 사이의 관계(권력), 그리고 바깥과의 관계, 바깥과의 절대적인 관계, …… 또한 비관계이기도 한 것(사고). 이것은 내부가 존재하지 않는다는 것을 의미하는가? 푸코는 계속해서 내면성을 급진적으로 비판한다. 바깥은 고정된 극한이 아니라 함께 하나의 내부를 구성하는 연동적인 운동, 주름, 습곡에 의해 생명을 얻는 움직이는 소재(matter)이다. 그들은 바깥과 다른 어떤 것이 아니라, 바로 정확히 바깥의 안쪽이다.[21]

들뢰즈는 (『푸코』에서는 언표와 가시성의 용어로 기술하였지만, 다른 책에서는 다른 용어로 기술한) 두 계열 사이의 관계를 세 가지 특징으로 기술한다. 첫째, 관계는 각각의 계열이 다른 것과 분리되어 자신의 '근접지역', 자기 자신의 기능방식을 창조하는 한에서만 이해될 수 있다. 둘째, 두 계열 모두가 바깥에 위치하는 한, 이 바깥은 안쪽에서 그 자신을 나타낼 수 있고, 내부가 생산한 계열들(언표와 가시성)을 나타낼 수 있다. 이들은 담화나 재현 안에서 보이지도 말해지지도 않는 것으로 기능한다. 셋째, 두 계열을 연결하는 선을 그려서 그들 각각이 다른 것과 만나 두 계열이 수정되는 한, 그들은 상호작용을 할 수 있고 되기가 될 수 있다. 이는 푸코의 주장을 **진술해** 놓았다기보다 들뢰즈 자신의 입장을 일반적이고 추상적으로 표현한 것이다(이는 들뢰즈의 모든 글에서 의심의 여지 없이 사실이다. 그것은 오히려 그의 '방법론'의 반영이며, 철학사에

---

21 *Ibid.*, p.97.

서 주변화된 텍스트를 엄밀하게 그리고 섬세하게 읽은 독법이다). 들뢰즈의
푸코에서, 내부는 바깥의 결과이다. 내부는 바깥의 주름이거나 이중화
(doubling)이며, 바깥 표면의 비틀기이다. "이는 발생학에서 세포의 몰
입이나 바느질에서의 시침질, 즉 비틀고 주름 잡고 멈추는 등등의 행동
과 닮아 있다."[22]

시네마의 시간-이미지에 관한 들뢰즈의 해석에서 바깥은 내부를
대신하는 무엇이다. 내면성이라는 결과를 낳기 위해서 밖으로부터 굴을
파는 무엇이다. 문제는 바깥으로서/바깥으로부터 개념에, 그리고 사유
하기에 제기되는데, 그 바깥은 사유에는 사유되지 않은 것, 시야에는 보
이지 않는 것으로만 나타날 수 있는 바깥이다. 지식을 그 자체 바깥으로,
예견되는 것의 바깥으로 끌어내서, 그 지식이 그때서야 거주할 수 있는
빈 구멍, 즉 안에 있는 바깥 혹은 내부로서 바깥을 생산함으로써 바깥은
사유의 안으로 스며든다.

문제 제기적 연역은 사유에 지식, 혹은 부족한 내적 확신을 돌려주는
대신, 사유의 바깥과 그 실체를 갉아먹는 환원될 수 없는 이면을 사유
에 새겨 넣기 위해, 모든 내면성을 사유로부터 박탈함으로써, 사유 속
에 사유되지 않은 것을 부과한다. 사유는 모든 앎의 내면성 바깥, 모든
'믿음'의 내면성 바깥, '믿음'의 외연성에 의해 이끌려진다.[23]

이 바깥은 칸트적인 의미의 물자체(noumena), (라캉의 정신분석학

---

22 Deleuze, *Foucault*, p.98.
23 Deleuze, *Cinema 2*, p.175.

에서처럼) 선언어적 실재, (경험주의자들의 주장인) 독립적인 확인 가능한 세계와 동일시될 수 없다. 들뢰즈의 이해에서 정말로 혁신적인 것은 이 바깥이 사유 그 자체,[24] 더 나아가 생명 그 자체[25]일 수밖에 없다는 그의 주장이다. 이 계열 자체는 똑같은 재료에서 나온 바깥의 주름이다. 사유는 그것이 권력, 지식, 주체화의 그물망 안에 포획되는 한, 투사되고 포착되고 고정된다.

질문: "사유한다는 것은 무엇을 의미하는가? 우리는 무엇을 사유하기

---

24 대신 의미심장하게도 같은 책 어딘가에서 들뢰즈는 바깥과 힘을 동일시하고자 한다. "힘은 항상 바깥, 외연성의 어떤 형태보다 훨씬 더 멀리 떨어진 바깥으로부터 발생한다" (Deleuze, *Cinema 2*, p.122). 이는 사유와 힘을 동등하게 다룰 수 있다는 것을 의미하는 걸까? 들뢰즈의 사유에 대한 '행동주의자'적인 이해가 주어진다면, 이 주장은 다소 타당성이 있다. 게다가 이런 독법은 들뢰즈가 『니체와 철학』에서 사유 자체에 직접적으로 적용하기 위해 발전시켰던 작용과 반작용의 힘 사이의 니체적인 구별을 가능하게 한다. 들뢰즈가 생산적이고 자아 확장적인 사유, 능동적 사유를 옹호한 것은 분명하다. Gilles Deleuze, *Nietzsche and Philosophy*, trans. Hugh Tomlinson, New York: Columbia University Press, 1983 [『니체와 철학』, 이경신 옮김, 민음사, 2005].

25 들뢰즈는 사유의 바깥을 삶 그 자체, 범주에 대한 삶의 임페투스(impetus)이자 저항으로, 그리고 그 모든 것을 넘어서 밀어내 버린 것으로서 긍정했다. 『시네마 2』에서 그는 사유되지 않은 것을 신체 그 자체, 즉 플라톤이나 데카르트의 전통에서처럼 더 이상 사유의 매개자 또는 사유의 방해물로 인식될 수는 없는 신체 그 자체와 관련 짓고자 했다. 오히려 신체는 사유의 **동기**이며 근거 또는 원천이다. "신체는 더 이상 사유를 그 자신으로부터 분리시키는 장애물이 아니며 사유할 수 있기 위해 극복해야만 하는 것도 아니다. 그와는 반대로 사유되지 않은 것에 이르기 위해서, 즉 삶에 도달하기 위해 잠겨 들어가는 혹은 잠겨 들어가야만 하는 것이다. 신체가 사유한다는 것이 아니라, 이 완강하고 고집스러운 신체가 사유하기를 강요한다는 것, 그리고 사유로부터 비켜난 것, 즉 삶을 사유하기를 강요한다는 것이다. 이제 더 이상 사유의 범주 앞에 삶을 출두시키는 것이 아니라 사유를 삶의 범주 속으로 투기해야 할 것이다. 삶의 범주란 정확히 말해 신체의 태도, 자세이다. '우리는 신체가 무엇을 할 수 있는지 아직 알지 못한다.' 잠과 도취 그리고 노력과 저항 속에 있는 신체, 사유한다는 것, 그것은 사유하지 않은 신체가 무엇을 할 수 있는지를 배우는 것, 즉 신체의 능력, 자세를 배우는 것이다"(Deleuze, *Cinema 2*, p.189).

라고 부르는가?"는 처음에는 하이데거에 의해 불붙고 다시 푸코에 의해 불붙은 화살이다. 그는 역사를, 사유 자체의 역사를 쓴다. 사유하기는 체험하는 것이며 문제화한다는 것을 의미한다. 지식, 권력, 그리고 자아는 사유의 문제화 과정에서 나타나는 세 개의 뿌리다. 문제로서의 지식의 영역에서, 사유하기는 그 무엇보다도 보기와 말하기이다. 그러나 사유하기는 둘 사이의 공간, 둘의 틈새, 혹은 이접된 곳에서 이루어진다.[26]

바깥이 능동적으로 내부를 생산하는 것은 이 계열들의 수렴에서가 아니라 이접 속에서이다. 이는 들뢰즈에게 중간이 시작하기 위해 늘 특별히 허가된 지점이며 사유가 **사이에서**(in between) 가장 잘 포착되는 이유일 것이다. 사유는 중간에서, 아무리 일시적이라고 해도, 같은 환경을 공유하는 두 개의 계열, 두 개의 사건, 두 개의 과정들이 교차하는 지점에서 시작한다. 이런 계열들의 내면성에 관심이 있는 게 아니라 이들 두 계열이 정렬되어서 지속과 공존의 방식을 만들어 내는 방법, 바깥의 작동을 통해서만 가능한 이 방법에 관심이 있다. 되기(becoming)는 두 계열 각각이 변형할 수 있는 사유이다. 되기는 몸으로 하는 사유[27]이다. 사유, 힘, 변화가 그들의 만남을 통해 옛것으로부터 새로운 몸으로 변태하는, 새로운 계열을 제공하고 만드는 방법이다.[28] 시스템, 계열, 유기체,

---

26 Deleuze, *Cinema 2*, p.116.

27 Massumi, *A User's Guide to Capitalism and Schizophrenia*, p.99.

28 "영화 내의 이미지들 사이의 틈새, 두 이미지 사이의 틈새, 다시 말하면 각각의 이미지를 공허로부터 떼어 내어 다시금 공허로 떨어지도록 하는 틈새의 문제이다"(Deleuze, *Cinema 2*, p.179).

대상에서 풀려나게 하는 것, 더 이상 단독으로 기능하지 않음으로써 전체를 변형하는 효과를 낳는 것이다. 되기는 각자로부터 어떤 것을 해방시키는 몸들 사이의 만남이다. 되기는 각각의 몸으로부터 무언가를 풀어낸다. 그 과정에서 잠재성, 즉 일련의 권능을 부여하고 변혁하는 가능성을 방출하고 현실화한다. 동물 되기는 주체와 동물 **양자의** 만남 안에서 변형이 이루어지는 한에서만 의미가 있다.[29]

사유는 하나의 원인과 그의 습관적 결과 사이, 한 존재와 다른 존재 사이에 오는 무엇이다. 사유는 지층들로부터 어떤 것이 도망가고 분기하게 하는 지층 사이의 틈이다. 사유는 그들을 무질서와 무조직이 아니라 재조직으로 대체하기 위해 기대·질서·조직을 흔들어 놓고, 아마도 어지럽힌다. 순수한 긍정성을 취하기보다는, 방해하는 효과를 갖는 사유는 (새로운 사유, 새로운 사물이나 배치를) 단지 능동적으로 생산하는 것이 아니라, 방해하여 예상되는 것 안에 주저 또는 휴지, 말 더듬기를 끼워 넣기 위해 개입하는 것이다. 사유는 계열들, 주체 또는 객체 안에 이미 있는 무언가를 있게 허용함으로써 습관과 예상을 소극적으로

---

29 되기의 운동과 속력에 대한 들뢰즈 자신의 설명은 계속해서 흉내 내기(imitation)나 유비(analogy)를 거부하고 그 자체를 다른 어떤 것으로 재현하는 것을 거부하는 방식을 강조한다. 오히려 되기는 활성화이며, 동일성의 경계와 제약을 형성하는 방식·힘·강도로부터 자유로운 것이며, 동일성의 변형과 문제화라는 목적에 고정된다. "에스키모 되기는 …… 에스키모를 연출하는 데 있지 않다. 즉 너 자신을 그와 동일시하거나 흉내 내는 것이 아니며, 에스키모를 너 자신 속에 가지고 오는 것이 아니다. 너와 그 사이에 무언가가 동화되어서 또는 만약 그 에스키모 스스로 무엇인가 다른 것이 되었을 때야 오직 너는 에스키모가 될 수 있다. 정신이상, 약물중독, 알코올중독 등도 마찬가지다. …… 우리는 광기로부터 그것이 담고 있는 생명을 추출하려고 노력하면서도, 정작 계속해서 생명을 죽이는 미치광이를 증오하는 것이 광기에 대항하도록 만드는 것이라 믿는다. 우리는 술에서 술이 함유한 생명을 추출해 내려고 노력하면서도 정작 술은 마시지 않는다"(Deleuze and Parnet, *Dialogues*, p.53).

방해하도록 적극적으로 기능할 수도 있다.[30] 사유나 삶은 현행적인 것 (the actual) 바깥의 공간인데, 방출될 필요가 있는 잠재성·운동·궤도들로 가득한 공간이다. 이는 몸이 습관적으로 해왔던 것에 필연성 없이, 포획되지 않고서 할 수 있는 것이다. 이는 자신들의 기회, 즉 현행화 (actualization)의 계기를 기다리는 가능한 욕망과 기계들의 바다다.

건물

이러한 바깥의 개념은 아마도 건축과 관련이 있을 수 있다. 사실 그것은 이중의 관련성이 있다. 왜냐하면 그것은 건축학 자체의 바깥이라는 더 넓은 개념뿐만 아니라 건축의 구성물, 즉 외부로서의 바깥, 비공간적 바깥뿐만 아니라 공간적 바깥을 지시하기 때문이다. 당대의 이론적인 자기 반성의 형식을 지배하고 있는 두 가지 모델, 즉 주체성과 의미화에 대해 그랬던 것처럼 건축도 바깥이라는 용어, 표면이란 용어, 일정한 평탄함이란 용어, 정체나 고착성보다는 역동이나 운동이라는 용어로 재사유될 수 있을까? 우리가 건축물에 거주하고 있는 스스로를 보는 그만큼 건축이 우리를 거주하게 할 수 있을까? 주체화나 기호화 또는 사용과 의미 같은 용어로 건축을 볼 수 있을까? 건축이 더 이상 완전하고 복잡한 단

---

30 마수미는 내가 할 수 있는 것보다 훨씬 잘 언급하였다. "균열은 관습 안에 늘 열려 있었다. '불확정성의 영역'은 자극과 반응 사이의 하이픈 안에서 어렴풋이 감지되었다. 사유는 특별한 자극과 만나서 육체의 반응이 예상될 수 없는 그 지점까지 틈을 넓히고, 그것을 잠재적인 반응들로 더 가득 채우는 것이다. 되기 안의 사유, 혹은 되기의 과정 중에 있는 사유는 하지 않는 것보다는 덜 의도적인 행동이다. 매달려 있는 상태에서의 무행동, 혹은 잠정적인 상태의 무행동은 기회와 변화가 개입하는 구역을 창조하기 위해 자극 반응의 순환을 형성한다"(Massumi, *A User's Guide to Capitalism and Schizophrenia*, p.99).

일체로서가 아니라 모든 종류의 되기를 위한 장소, 또는 일련의 '되기'로 사유될 수 있을까? 이런 이해는 무엇을 수반하는가?

　　요약하면, 건축이 다른 계열들과 연계되어서, 배치로 사유될 수 있을까? 이는 무엇을 수반할까? 건축 담론을 들뢰즈 학파의 생산으로서의 욕망(desire-as-production)으로 연다는 것은 무엇을 함의하는가? 건축은 그 자신의, 혹은 하나의 **바깥**을 작동시킬 수 있을까? 건축을 사유, 힘, 삶, 바깥으로 개방한다는 것은 무엇인가? 바깥이라는 말로, 나는 건물 디자인과 구성의 실용적·재정적·미학적 위기를 의미하지 않는다. 또한 주변 환경, 풍경, 내부 디자인, 내부와 외부의 예술작품과 동조하는 건축에의 요구를 의미하는 것도 아니다. 어떤 의미에서는 모두 건축과 그것의 역사의 '안'이고, 건물을 상품으로 생산하는 데 필요한 타협구조의 일부인 어떤 것을 의미하는 것도 아니다. 오히려 여기서 나는 이질적인 것, 다른 것, 앞서 말한 것과 다르고 그것을 넘어서는 것을 지시한다. 건축이 그들의 자율성에 대한 이런 급습에 살아남을 수 있을까? 건축은 현재 상태와 다른 어떤 것 ─ 더 많은 것 ─ 이 될 수 있을까? 그리고 현재 어떻게 기능하고 있는가? 그리고 그것이 그것의 현재 안에서 역사를 구체화한 결과라면, 그 미래는 다른 것일 수 있을까?

　　이는 또한 데리다가 건축이 스스로에게 제기하도록 도와준 물음 ─ 발화의 불확정성, 미래 제안의 무효화로 모든 시스템을 개방하는 물음 ─ 이다. 하지만 이는 비록 다른 용어, 목표, 결과를 가지기는 하지만, 들뢰즈의 저작들을 통해서도 공식화된다. 들뢰즈는 데리다의 정치적 관심사의 어떤 부분을 공유한 것으로 보인다.[31] 그럼에도 불구하고 그의 작업은 데리다의 건축학적 기여나 전용과는 아주 다른 것을 제공한다. 들뢰즈는 시종일관 철학자로 남는다. 작품을 분석할 때, 건축을 탐구할 때, 영화나 문학작품에 질문을 던질 때, 그것은 작품들의 개념과 사유하기의 양식 그리고 운동에 관한 것이고, 철학적 이슈들과 체계들, 그가 뽑아 내고 도해화한 텍스트에 연계, 교차하는 것이다. 이것은 그 작품들을 철학에 복종시켰다거나, 단순히 철학적 사례 혹은 철학적 숙고의 계기나 대상으로 만들었다는 말이 아니다. 오히려 그는 자율성, 이러한 다른 예제의 특이함, 자신들의 바깥과 교환하는 방법이나 양식 등에 흥미를 가진다. 지속성의 측면과 되기의 양식을 탐구하면서 그가 함께 탐구하는 두 계열이 있는데, 이는 미술, 문학, 영화나 과학, 건축 그리고 철학이다.

추방해야 하는 것 위에 남아 있을 수밖에 없는 구성적 흔적(그것은 곧 경계들과 한계를 선명하게 유지하는 것의 불가능성이다)을 보여 줌으로써 데리다가 바깥, 추방된 것, 억압된 것 혹은 배제된 것을 안으로 가져오기를 주장하는 철학자라고 할 수 있다면, 들뢰즈는 주제·조직·텍스트든 뭐든 그 안쪽을 발굴한 철학자로 이해될 수 있다. 즉 안쪽이 그들의 바깥과 맞서도록 압력을 가하고 안쪽을 소거하여 그것의 체계성, 조

---

31 콘스탄틴 V. 바운다스는 그의 책 『들뢰즈 읽기』의 도입부에서 데리다의 보충 개념과 들뢰즈의 바깥에 대한 이해 사이에 밀접한 접합점을 제시한다. 그들의 이론적 관심 사이의 약분 불가능성이라는 물음에도 불구하고, 그들 사이에 정치적 헌신이 있을 것 같은 그 정신을 포착한 듯하다. "바깥은 또 다른 장소가 아니라 오히려 다른 모든 장소를 침식하고 용해하는 벗어난 장소이다. 이 논리는 그래서 차이의 논리학인 것 같다. 다만, 차이의 논리학은 경험적 차원이 아니라 직관주의 내에서 이해된다. 즉 X와 Y 사이의 차이 대신에, 우리는 X와 그 자체 사이의 차이를 생각해야 한다. 논리가 뒤따르는 보충의 구조와 같이 바깥은 결코 소진되지 않는다. 이를 잡으려는 모든 시도는 차례대로 탈영토화의 흐름을 다시 공급하는 과잉이나 보충을 생산하고, 새로운 탈주선을 풀어 놓는다. 바깥은 항상 현행적인 것보다 더한, 들뢰즈와 라이프니츠적인 의미에서의 잠재성이다. 이는 현실적인 것을 괴롭히고 그래서 흐름과 변화를 만드는 잠재적인 것이다"(Constantin V. Boundas, *The Deleuze Reader*, New York: Columbia University Press, 1993, p.15).

직, 그것의 일상적·습관적 기능들을 풀어헤치고, 어떤 부분·기능·특성이 재편성되어 새로운 조직체나 체계로 변모되도록, 끝없이 방향을 바꾸고 만듦으로써 (그것이 주체의 안이든 유기체의 안이든 텍스트의 안이든) 내부를 소거한 철학자로 이해될 수 있을 것이다. 만약 우리가 더 이상 건물의 텍스트성 ──데리다학파가 설명한 것과 같이 담화에의 매몰(immersion), 텍스트상의 함의나 투여, 표기의 방식 ──을 공부하지 않고 되기의 가능성, 건물 안에 숨어 있는 잠재력, 그리고 과정 속에서 변형되겠지만 다른 계열들과 연계하고 이들을 구부리고 변형되게 하는 건물의 능력을 탐구한다면, 들뢰즈의 작업은 매우 중요하다. 나는 구체적인 건축학의 용어로 이런 가능성을 적절하게 말할 수가 없다. **건축** 자체를 **위한** 바깥, 사유되지 않은 것, 지어지지 않은 것은 건축 분야에서 활동하고 있거나 훈련을 받은 분들을 위한 것이다. 그것은 공식적인 것, 예견할 수 있는 것이 실험과 혁신, 재배치와 변형보다 중요해질 때마다 아주 진지하게 제기될 필요가 있다고 내가 믿는 질문이다.

■ 강소영 옮김

5장 | 사이버공간, 잠재성, 그리고 실재에 대한 건축적 성찰

엄청난 양의 과대광고가 컴퓨터 기술뿐만이 아니라 컴퓨터 기술의 집단적 생산물인 인터넷, 그리고 인터넷의 가장 환상적인 구성요소인 사이버공간을 에워싸고 있다. 이러한 소란스러움의 대부분은 디지털 전자통신 혁명과 그것에 연관된 소프트웨어와 하드웨어가 아직 이루지 못한 약속에 대한 매혹에서 비롯된 것이다. 발생기의 불완전함 속에서, 실제적이기보다는 여전히 꿈 같은 형태 속에서, 이러한 기술들은 마치 다양한 상상적 도식, 투사된 미래, 꿈, 희망, 공포를 위해 무르익어 가고 있는 것 같다. 증기, 전기, 전화, 그리고 다른 기술들의 출현이 그것들이 등장하던 당시 대중들의 상상력에 강력한 영향을 미쳤던 것처럼(이러한 기술들은 표준화되고, 사회적으로 일상생활의 평범함에 흡수되어 버릴 정도로 그 영향력이 줄어든 것 같다), 단순히 기술적 진보의 측면에서만 아니라, 보다 중요하게는 우리가 예전에 상상해 왔던 것과는 완전히 다른 새로운 것을 분출하는 미래를 둘러싼 문화적 환상에 있어서도 급격한 성장

---

* 이 글은 Cynthia C. Davidson ed., *Anybody*, Cambridge: MIT Press, 1997에 수록, 출간되었다.

이 일어났다. 사이버공간과 가상현실(virtual reality)은 기술적으로 지식이 있는 사람들뿐만 아니라 오락과 지식과 정보에 관심 있는 사람들, 간단히 말해 전 지구적 대중의 상상력에 불을 붙인다. 그리고 이러한 환상적 폭발을 위해 가장 고도로 집중된 것이라고 할 수 있는 초점들을 재현한다.

디지털 기술은 모든 종류의 정보를 이진법의 형태로 바꾸고, 물질을 실리콘과 액정의 흔적(칩과 스크린)으로 환원시키면서 정보의 축적, 순환, 검색을 변형시켜 왔다. 아마도 이러한 기술들에 의해 영향을 받은 가장 놀라운 변화는 물질성, 공간, 정보에 대한 우리들의 지각의 변화이며, 이 변화는 건축, 거주 및 주거 환경에 대한 우리의 이해 방식에 직접 또는 간접적으로 영향을 미침이 틀림없다. 이러한 변화들은 오늘날 사이버공간이나 가상현실이라는 이름이 붙여져 있는 재현과 정보의 시뮬레이션, 축적, 순환의 복잡한 시스템의 발전에서 가장 두드러지게 나타난다. 사이버공간은 우리 자신의 세계와 '나란히 존재하는' 세계로 간주되는데, 이 세계는 공유된 가상공간을 통해 전혀 다른 물질 공간들이나 개인들을 연결시키는 전 지구적 소통망과 컴퓨터들에 의해 만들어지고 유지되고 있다.[1] 이러한 가상공간과 그것의 다양한 내용들의 윤곽은 내가 살아가는, 일상공간이라고 묘사할, 우리가 평소 당연하게 생각하는 공간(들)에서 들어 보지 못한 방식으로 만들어지고 조작되며, 그리고 어느 정도 조절되고 있다.

이러한 기술에 의해 동시에 환기되는 매혹과 공포는 이러한 기술들

---

1 사이버공간의 개념에 대한 일련의 자세하고 영향력 있는 정의/설명을 보려면, Michael Benedikt, *Cyberspace: First Steps*, Cambridge: MIT Press, 1991, p.2를 참조할 것.

이 우리에게 익숙하고, 우리가 현재 '실재'(real)라고 부르며, 그리고 더 이상 기술적 간섭이 아니라 현실에서 매일 이루어지는 작동 양식으로 보는 그러한 기술들을 대신하거나 대체하는 것으로 보이는 방식에서 비롯된다(첫번째 가설: 잠재적인 것the virtual은 그 자체의 고정된 모습이나 속성을 가진 순수하고 자족적인 영역이 아니다. 오히려 그것은 상대적이거나 변별적인 개념이다. 잠재적인 것으로서의 그것의 위치는 그것의 잠재성이 잠재성으로 특징지어질 수 있게 하는 현실의 상대적 존재를 필요로 한다).

인터넷과 가상현실 기술에 의해 제공된 모의 환경은 똑같이 설득력이 있으나 내가 보기에는 똑같이 순박한 두 그룹 사이에 열띤 토론을 불러일으켰다. 한편으로는, 이러한 기술에서 새로운 공간, 새로운 정체성, 새로운 관계, 말하자면 새로운 세상 즉 개인의 애호와 취향에 맞추어져 열려 있고 이용 가능한 새로운 세계로 향하는 열쇠를 보는 기술 애호가나 인터넷 사용자가 있다. 이들은 가상현실 안에서 자유로운 선택이 이루어지는 세계의 가능성을 보는 사람들이다. 그들은 공간, 터(site), 환경뿐만 아니라 신체, 주체성, 다른 사람들과의 상호관계 양식을 선택할 수 있다고 믿는다. "사이버공간은 새로운 경험을 제공할 뿐만 아니라 ······ 인간이 스스로 그렇다고 지각하는 것을 매우 근본적이고 개인적인 차원에서 바꾸어 놓을 것이다. 사이버공간에서는 물리적 현실에서 소유하고 있는 것과 같은 신체로 움직일 필요가 없다."[2]

많은 사람들이 가상현실에서 신과 같은 위치를 열망할 능력, 세계를 창조하고 그 안에서 살아가며 세계를 통제하는 능력, 실재의 통제할 수 없는 산만함을 능가하거나 우회하는 시뮬레이션의 힘을 가지는 능력

---

2 Rheingold, *Virtual Reality*, p.191.

을 보는 반면, 다른 사람들은 (때로는 동일한 필자들조차도) 가상현실이 사회성과 공동체, 물질성과 육체성, 위치와 설치, 섹슈얼리티, 개인적 친밀함, 그리고 공유된 작업 공간 사이의 관계를 변형한다고, 즉각성과 물리적 현존성을 상실시킨다고 비난하고 두려워한다. 이런 사람들은 직접적인 접촉이 오로지 전자 매체를 통해서만 확립된 관계로 대체되거나 성관계가 침대의 직접성에서 동시적이거나 비동시적인 텔레딜도닉스가 요구하는 거대한 기술의 중재로 변형되고 축소되는 것에 대해 탄식할 수도 있다.

부끄러움을 모르는 사이버기술 옹호자들과 지나간 시대를 그리워하는 향수에 찬 기계파괴론자들은 각각 가상현실을 강력한 해방의 힘으로, 그리고 언제나 침범해 오는 파시스트의 통제 형식으로 본다. 어떤 의미에서 이러한 기술들은 두 가지 가능성 모두를 담고 있다. 그러나 나는 기술적 잠재력과 그것이 건축적 실천과 맺는 관련성을 탐구하기보다는 (불행히도 그것은 내가 할 수 없는 것들이다) 잠재성, 시뮬레이션, 컴퓨터의 재생산과 렌더링(rendering)[3]의 개념들이 실재, 물질, 공간, 신체, 그리고 세계에 대한 우리의 이해를 어떻게 변형시키는지 보다 광범위하고 철학적으로 보기를 원한다. 부상하고 있는 이러한 기술들을 이상화하지도 말고 비난하지도 말고, 사이버기술에만 선명하고 단순하게 연관되어 있는 것이 아니라 미래성이라는 바로 그 개념 속에 숨어 있는 잠재력을 설명하기를 희망한다.

나는 컴퓨터에 대해서 잘 알지 못한다는 것을 고백해야겠다. 하지만 나는 내가 컴퓨터를 좋아한다는 것을 안다. 컴퓨터가 단지 노동을 절

---

3 컴퓨터 프로그램을 사용해서 모델로부터 영상을 만들어 내는 과정. ——옮긴이

약해 주는 엄청나게 편리한 도구나 장치이기 때문에 좋아하는 것이 아니라(똑같은 말이 나의 진공청소기에도 해당된다면, 비록 일시적인 익숙함을 가질 뿐이라 해도 내 진공청소기를 좋아한다고 해야겠다), 컴퓨터와 그것이 만들어 내는 세계가 우리가 살고 있는 세계, 즉 현실 세계가 항상 잠재성의 공간이었음을 밝혀 주기 때문에 좋아한다. 현실은 투사와 가능성의 공간으로 충만하며, 우리가 지금 그것들을 컴퓨터 스크린의 거울 같은 매끄러움 뒤에 제한시키기 위해 잠재적이라고 부르는 새로운 것으로 충만하다. 내 컴퓨터는 나에게 이것을 분명하게 해준다. 비록 내가 글쓰기의, 기입하기의 낯섦에 대해 보다 주의 깊게 생각했더라도, 나는 거기에서도 사이버공간에서만큼이나 풍부하고, 넘쳐 나는 가능성을 가진 잠재성을 보았을 것이다. 컴퓨터 공간의 가상현실은 근본적으로 글쓰기, 읽기, 그리기, 또는 심지어 생각하기의 잠재적 실재(virtual reality)와 전혀 다르지 않다. 잠재적인 것은 새로운 것, 생각하지 않았던 것, 실현되지 않은 것이 부상하는 공간이다. 그것은 평행하는 우주들, 존재했을지도 모르는 우주들을 통한 세계를 다시 배가함으로써, 매 순간 현재의 현존에 대리보충(supplementarity)을 실어 준다. 나는 컴퓨터에 대한 열정과 컴퓨터의 잠재적 이미지, 공간, 프로젝트에 대한 애착이 건축, 도시 디자인, 그리고 거주의 심리학을 관리하는 주거의 개념에 어떤 결과를 가져오는지 살펴보고 싶다.

잠재성의 개념은 아주 오랫동안 우리와 함께 존재해 왔다. 그것은 플라톤의 글에서 이미 일관적이고 기능적인 개념인데, 거기서 이데아와 시뮬라크라는 둘 다 잠재성 같은 상태로 존재하고 있다. 최근의 강박처럼 잠재성을 새로운 기술의 발명과 너무 근접시켜서 정의하기보다는(데리다적 흔적의 의미에서의, 즉 문화 그 자체의 **선결조건으로서의**) 글쓰기가 있었던 이래로 잠재적인 것에 대한 어떤 개념이 존재해 왔다는 것을 분명히 알아야 한다. 우리가 읽은 텍스트는 현실 공간에 속할지 모르지만, 그것이 우리에게 이해 가능한 한, 텍스트는 또한 잠재성의 상태로도 존재한다. 우리는 잠재 공간으로 들어가기 위해 컴퓨터 스크린이나 영사기를 기다릴 필요도 없었다. 우리는 어느 정도는 지속적으로 그 그림자 안에서 살아왔다.

그러나 의미심장하게도, 그에 수반되는 수많은 수사에도 불구하고, 시뮬레이션의 용량은 감각적이고 물질적인 한계를 분명히 갖는다. 그 한계는 거의 인정되지 않는데 그것은 특히 기술이 보통 비신체화, 비물질화의 양상으로 성격 지어지기 때문이다. 컴퓨터와 컴퓨터 시뮬레이션의 방식은 가상현실에서 잠재적 사물들의 모습을 즐길 수 있는 시각의 영역에서 놀라울 정도로 쉽게 작동하며, 즐거움을 제공하는 반면, 다른 감각적 양식 속에서 잠재적인 것과 실재적인 것(the real)을 구별할 수 있을지는 그다지 분명하지 않다. 무엇이 잠재적 소리를 구성하며, 그것이 '실제' 소리와 어떻게 구분되는지를 알기는 어렵다.[4] 게다가 환영도

---

4 윌리엄 미첼은 그의 저서 『비트의 도시: 공간, 장소, 인포반』에서 잠재성의 도구로 워크맨의 특징을 언급할 때 잠재적 음향(virtual sound)의 위상을 혼동하는 것처럼 보인다. 워크맨에 잠재적인 것은 없다. 적어도 CD나 카세트, 라디오, 혹은 전화가 가지는 현실에 비견될 그런 것은 없다. 여기서 더 관련성이 있는 구분은 소리의 공적 차원과 사적 차원의 구분이다. 전화와 워크맨은 본질적으로는 공적인 소리였을 것을 사유화한다. 그것들은 현실의 소리를 가리거나 대체하거나 제거하지 않는다. "버스에서 워크맨을 끼고 있을 때 우리의 발은 바닥에 있고 눈은 물리적인 울타리를 바라보지만, 전자 오디오 환경은 직접적으로 우리를 둘러싸고 있는 것을 가리며, 우리의 눈은 다른 곳에 있게 된다. …… 우리가 머리 장착 디스플레이를 끼고 가상현실의 아케이드에서 「닥틸 나이트메어」(Dactyl Nightmare) 게임을 한다면, 직접적인 시각적 환경은 가상의 공간으로 대체된다. 하지만 우리의 촉각은 우리에게 지금은 보이지 않는 견고한 대상들에 의해 여전히 둘러싸여 있음을 상기시킨다"(William J. Mitchell, *City of Bits: Space, Place, and Infobahn*, Cambridge: MIT Press, 1995, p.44). 미첼은 전자적

소리도 잠재적이지 않으며, 오히려 환영과 소리가 그들의 유희의 장으로 발견한 **대상**과 **공간**이 잠재적이다. 환영, 소리, 접촉, 맛, 그리고 냄새는 늘 그래 왔듯이 동일한 양식 속에서 기능한다. 만약 그렇다면, 가상현실은 감각들이 언제나처럼 기능한다는 가정하에서만 작동한다. 심지어 근본적으로 바뀐 지각을 입력해도 그러하다. 잠재적 대상은 이제 '실제' 대상처럼 동일한 감각적 효과를 만들어 낼 수 있다.

자크 라캉은 그의 초기 저작에서 거울 이미지가 형성 과정에 있는 주체에 행사하는, 흥미로운 매력에 대해 숙고한다. 실제 대상이 거울 이미지로 반사될 때 거울은 그 표면 뒤에 실제 대상과 전도된 정체성의 관계에 있으며, 거울 표면 뒤에 있는 공간 즉 가상공간 속에 존재하는 대상을 갖는다. 거울 표면은 그것의 공간성과 그 대상의 시각적 특성을 배가함으로써, 실재를 반영하는 잠재 영역을 만들어 낸다. 이후 들뢰즈는 마치 이미지가 대상의 자리를 대신할 수 있고, 대상을 거울 표면의 한계 뒤로 강제로 넣을 수 있는 것처럼, 잠재적인 것과 실재적인 것 사이의 상반된 상호작용을 비가역성이라고 정의했다. 이들 각각은 어떤 특정한 속성이나 특질이 아니라 잠재성의 깊이, 더 풍부한 반향을 더함으로써 서로에게 미세한 기여를 한다. 우리는 가상적 상대, 더블(double)과의 만

으로 생성된 소리가 만들어 낼 수 없는, 현실의 잠재성을 대체할 능력이 잠재성의 시각적인 환경으로 인해 가능하다고 본다. 심지어 유기적 몸에 인위적으로 심어진 전자음(워크맨보다 시간적으로 훨씬 앞서는 보청기는 청각 보조 장치가 점점 더 축소되는 현상의 명백한 이행 단계이다), 심지어 흉내 내거나 합성되기도 한 전자음이라도 거기엔 치환, 환영, 가장의 차원이 없다. 그것은 무한히 재생 가능한 소리이다. 그것은 애초에 다른 곳에서 만들어진 소리의 재생일 수도 있고, 혹은 자연스러운 기원 같은 것은 없을 수도 있다. 그렇지만 그것은 잠재적 시각성의 환영적 차원이 결여되어 있으며, 심지어 잠재적 접촉에 대한 환영적 열망조차 결여되어 있다.

남을 통해서만 정체성을 획득할 수 있다고 라캉은 설명한다. 더욱이 이러한 정체성은 실제(real) 신체와 가상적(virtual) 신체 간의 차이를 해결할 수 없기 때문에, 어떤 의미에서 실재적인 것은 상징적인 것이 거울에 비친 것을 넘어서거나 대체할 정도로 잠재적 이미지의 공간을 가지기 때문에 해결되지 못하고 분열된 채로 남아 있게 된다. 간단히 말해서, 라캉은 실재와 잠재적인 것의 분리가 필요하면서도 불가능하다는 것을 보여 줌으로써 실재가 잠재성의 공간에 의존한다는 것을 주장하면서 동시에 그것을 훼손한다.[5] 라캉에 동의하지는 않지만 드물고 이상한 일치 속에서 들뢰즈 역시 베르그송과 시간–이미지에 대한 그의 저작에서, 실재는 잠재성의 공간처럼 잠재성과 침윤의 담금을 통해서만 기능적이며, 시간 안에 존재한다고 주장한다.[6]

'가상현실'이라는 바로 그 용어는 환영적인 확장, 즉 (불가피하게 훼손되고 비난받는) 실재를 구하기 위해서가 아니라, 오히려 신체나 물질을 넘어선 의지, 욕망, 정신을 보호하려고 하는 기괴한 일그러짐을 입증한다. 이것은 전혀 실제적이지 않은 실재, 즉 '현행적 실재'나 '실제적 실재'가 아니라, 그 실재성이란 것이 기껏해야 잠재적일 뿐인 실재이다. 실재의 모호함이며, 실재 안에 있는 모호함이다. 현행적 '실재'라기보다는 외관상의 '실재'이다. 나중에 논의하겠지만, 실재의 실재성을 실재로부

---

5 이 주장은 제프리 배첸(Geoffrey Batchen)에 빚지고 있다. "거울단계에 대한 라캉의 설명에 따르면, 실제와 가상 사이에서 인식된 차이를 통합하려는 우리의 무의식적 노력이 우리를 회복할 수 없이 분열된 존재로 만든다. 그 자체로부터 언제나 분열된 존재 말이다"(Geoffrey Batchen, "Spectres of Cyberspace", *Afterimage*, vol.23, no.3, November-December 1995, p.7).
6 Gilles Deleuze, *Bergsonism*, trans. Hugh Tomlinson and Barbara Habberjam, New York: Zone Books, 1988 [『베르그송주의』, 김재인 옮김, 문학과지성사, 1996]; Deleuze, *Cinema 2* 참조.

터 찢어 내고, 우리가 모순어법으로 연결된 용어들을 이해하는 방식을 바꿈으로써 두 용어는 서로를 잡아당긴다. 실재는 실재성으로서의 그것의 지위를 박탈당한 것이라기보다는 정신/의지/욕망이 지배적인 개념이고 그것의 물질, 그것의 '실재'가 사라진 다른 차원으로 전환된 것이다. 잠재성의 개념을 통한 실재의 변형은 개념화 속에서의 이런 변화를 필연적인 것으로 만드는 기술만큼이나 내게는 흥미롭다.

이러한 변형을 완수하기 위해서는 잠재적인 것과 실재 사이의 관계에 대한 일반적인 오해에 대해 문제를 제기하는 것이 유용할 것이다. 한 예로, 이 논문의 초고를 발표한 '가상적 신체'에 대한 학술대회 세션을 소개하는 초대글을 인용하겠다. "이제, 인터넷 공동체의 증가로 인해 실제(real) 도시는 월드와이드웹의 가상 도시로부터 도전받고 있다. 역사적인 도시에서 신체는 자신을 유지하기 위해 필수적인 것이다. 인터넷상의 새로운 도시에서는 오직 하나의 정신만이 기능할 것이 요구될 뿐이다. 정신/신체 관계의 이러한 재배열이 도시의 지속적인 생존능력에 의미하는 바는 무엇인가? 육체적이라기보다는 개념적인 사이버공간의 새로운 공동체는 육체적인 신체와 육체적인 도시를 어떻게 이해하게 될 것인가?"

여기서 분명하게 말할 수 있는 것은, 내가 묻고자 하는 분리는 정신으로부터 신체의 (불가능한) 분리, 따라서 잠재로부터 실재의 분리의 일반적인 재현이다. 잠재성의 실제 효과와 실재성의 잠재적 차원이 그렇게 쉽게 분리될 수 없다는 것을 보여 줄 수 있다면 말이다. 잠재적인 것과 실재의 관계는 이미 드러나 있고 정신과 신체, 문화와 자연, 원본과 복제본 같은 일련의 다른 대립적 용어들과 얽혀 있다. 정신과 신체의 분리는 철학적 기획뿐만 아니라 그 용어들(이성, 질서, 진실, 지식, 비전 등)

이 선점한 것에 토대를 둔 (건축을 포함한) 그러한 실천들의 환상을 오랫동안 통제해 왔다. 그처럼 철학사로부터 나온 잠재적인 것과 실재의 관계도 가장 지구적인 공적 공간(오늘날에는 방송이라는 전 지구적 공간)에서부터 가장 친밀한 사적 공간(개인적인 주거, 생산, 쾌락 공간)에 이르기까지 도처에서 세분된다. 앞으로 이러한 공간들이 서로 어떻게 인접해서 존재하는지, 우리는 그 속에서 어떻게 거주할 것인지를 협상하는 일은 다른 무엇보다 건축의 과제이다.

위 인용문에 함축된 것은 실재에 대한 잠재적인 것의 영향에 억제 기제로 작용하는 일련의 규제적 가정이다. 그 중에서도 가장 놀라운 가정은 ① 실재와 물질로부터 가상현실을 분리하는 것. (하나를 다른 것의 재복제라기보다 탈물질화로 봄으로써) 원본으로부터 시뮬레이션을 분리하는 것. ② 신체를 지닌 실재하는 역사적 도시를 신체적 흔적이 제거된 순수한 정신의 사이버공간 가상도시와 연결하는 것. ③ '실재' 또는 '역사적 도시'(과거의 도시들)를 가상적 또는 미래도시와 연결시킬 때, 미래도시는 기술적 발전, 세련, 그리고 역사적 도시의 치환(역사적 도시의 진화의 유물)으로 간주된다는 것. 그리고 ④ 최근 우리가 알고 있는 것처럼 잠재적 커뮤니티와 네트워크 기술의 발전이, 신체와 정체성과 공동체를 초월하고 치환하며 의문시한다고 믿는 것이다.

이러한 가정들은 가상현실과 사이버공간을 둘러싼 전형적인 담론들이다. 여기서 가상현실과 사이버공간은 비체현의 공간이기에 육체성의 한계에 제약받지 않으며, 이성이나 상상의 자유로운 탐사가 가능한 공간으로, 혹은 보다 긍정적으로 신체적인 증대와 치환의 공간으로 재현되는 경향이 있다. 가상현실 기술의 반쯤 이루어진 약속 중에서 너무나 유혹적으로 보이는 것은 합의를 통해 다른 사람들과 공유하되 자유롭게 드나들 수 있는 자신만의 세계, 움직임과 과정에 대해 어느 정도 통제 조치를 취할 수 있는 그런 세계, 위험 없는 어떤 쾌락을 보장해 주는 세계라는 이상이다. 어떤 의미에서, 이러한 가정들은 건축 자체의 원리와 실천을 생산하기 위한 필요조건과 그다지 멀리 떨어져 있지 않다(두 번째 가설: 아마도 모든 기술은 건축에 모범이 되며, 따라서 건축과 관련되어 있다. 적어도 그 자체가 신체, 물질, 그리고 공간의 주거/의복으로 이해되는 건축 말이다).[7]

신체의 초월, 육체성의 억제, 실재와 우리를 얽히게 하는 끈적거리는 물질의 포기라는 관념은 철학적 이론(그리고 그것을 통한 건축적 담론들), 그리고 컴퓨터와 현재 그들 모두가 의존하고 있는 가상공간을 디자인하고 생산하는 공학과 함께해 온 수학과 컴퓨터 과학에도 퍼져 있는 것 같다. 이러한 원칙들은 신체적 현존과 경험으로부터의 어떤 (언제나 부분적인) 탈각이라는 환상과, 여기서는 신체의 최종 한계로 보이는 죽음 자체에 대한 일종의 저항을 헤치며 나아간다.

---

7 가상현실의 기술적 형태는 여전히 불확실하다. 두 가지 접근이 있는 듯하다. 엑스레이 스펙터클(X-ray spectacles) 혹은 「스타트렉」(*Star Trek*)에 나오는 홀로덱(holodeck)이 바로 그것이다. 기본적으로 옷 또는 건축물의 형태이다. 브라이언 보이곤(Brian Boigon)과 데이비드 클락슨(David Clarkson)이 한 인터뷰, "The Key to Cybercity: Stephen Bingham", *M5V*, no.2, winter 1991-1992, p.27 참조. 「스타트렉」에 나오는 홀로덱은 아직까지 공상과학이었지만, 지난해에 처음으로 홀로덱을 실현할 수도 있다는 결과가 발표되었다. 이 연구는 유럽 연합의 지원을 받는 코히런트(COHERENT) 연구 과제의 일환으로 진행되었는데, 홀로비지오(HoloVizio)라는 3차원 디스플레이를 사용하였다. 홀로비지오는 설계자가 자동차, 엔진이나 다른 부품들을 3차원적으로 형상화시킬 수 있는 3차원 스크린이다. 이것을 사용하여 스크린 앞에서 손을 움직여 가며 3차원적인 형상을 관찰할 수 있다. 이러한 기능은 전 세계적인 공동 작업을 용이하게 한다. 코히런트 연구 과제의 핵심은 단순히 디스플레이 개발만은 아니다. 연구진은 이러한 홀로그래픽 시스템을 석유 탐사에 응용하는 방법도 개발하였다. 코히런트 연구 과제는 자동차 설계와 관련된 응용 체계를 개발하는 것인데, 2008년 6월부터 본격적으로 새 공동 연구 과제를 진행할 예정이다. 출처: KISTI의 과학향기.──옮긴이]

비체현에 대해 퍼져 있는 이러한 환상은 거리를 둔 통제, 즉 '현전' (現前)이라는 환상과 연결되어 있으며, 마음대로 신체를 떠나 어디서나 다시 나타날 수 있으며 실제로 존재하지는 않지만 존재할 수 있다는 환영(종교적 강박과 뉴에이지 신념 체계에서의 강력한 환상)과 연결되어 있다. 이러한 환상은 이 영역의 몇몇 선구적인 인물들의 저작 속에서, 그리고 도나 해러웨이(Donna Haraway)로부터 하워드 라인골드, 마이클 베네딕트, 알뤽케르 스톤(Allucquére Stone), 그리고 윌리엄 미첼 등 사이버 문화에 대해 작업해 온 많은 굵직한 이름들에 의해 조금의 자의식도 없이 전문적으로 표현되고 있다. 이들은 모두 이런저런 방식으로 거리를 둔 행동 양식(니체는 이것을 의미심장하게, 그리고 다소 낯설게, 특별히 유혹적인 여성의 속성이라고 했다)으로 신체와 그 감각적, 성적, 또는 물질적 한계를 넘어 그 바깥에서 일어나는 해방, 움직임을 갈구하고 욕망하며, 희망하거나 상상한다.

베네딕트는 이와 같은 깊은 신체혐오를 다음과 같이 분명하게 표현한다. "사이버공간은 …… **물질성이라는 안정감을 내던져 버린** ── 다시 말하면, 어쩌면 최종적으로 내던진 ── [칼 포퍼의] **제3의 세계**[사회적 대상, 인공물의 세계]의 진화 중 최종단계에 지나지 않는다."[8] 다소간 현학적이고 일관성 있는 수많은 다른 예들이 인용될 수 있다. 그럼에도 불구하고, 마르코스 노박(Marcos Novak)은 사이버공간에 대한 지배적 개념이 데카르트의 이원론과 어떻게 깊이 연관되어 있는가를 공개적으로 인정한 논문의 한 문단에서 사이버공간을 포함한 모든 공간에 내재해 있는 물질성을 확인하고 다음과 같이 선언한다. "사이버공간이 거대한 매

---

8 Benedikt, "Introduction", *Cyberspace*, p.4. 강조는 인용자.

력을 가진다면, 그것은 단순히 새로움의 매력이 아니다. 사이버공간과 사고의 관계는 나는 것과 기는 것의 관계와 같다.”[9] 간단히 말해, 사이버 공간은 나는 것이 걷는다는 신체적 행위를 초월하는 것처럼 정신의 발전에 있어 다음에 오는 양적 비약, 즉 초월의 양식이다. 잠재적 공간 또는 사이버공간과 실재 공간의 관계는 정신과 신체 또는 초월과 내재성의 관계로 인식되어 왔으며, 서양 사상에서는 정신에 모든 위계적 특권이 주어졌다.

상당수의 문화이론가들 중에서도, 알뤼케르 스톤은——아마도 상징적인 트랜스섹슈얼로서 그리고 저명한 사이버 이론가/수행자로서의 이중적인 지적 투자 때문이겠지만——사이버공간의 매력은 바로 트랜스섹슈얼리즘의 매력이라고 생각한다. 즉 그것은, 비록 어떠한 정신도 신체 안에서, 신체로서 내재적으로 함께 속해 있음을 인정해야만 할 것 같은 그때조차, 다중 주체 위치의 경험을 주장하면서 자신의 신체와 물질성의 양식을 선택하게 되어 있는 주체 또는 정신의 능력을 말한다. 그녀는 육체의 삽입(끼워 넣음)을 인정하는 한편, 의식적으로 남자 신체나 여자 신체, 흑인 신체 또는 백인 신체를 선택할 수 있다는 권리에 매혹되어 있다. “신체 없는 사람들이 어떻게 사랑을 나눌 수 있단 말인가?”[10] 신체 없는 사람이 존재하는가? 그렇다면 그들은 어떠할까? 만약 그들이 하나의 물질적인 맥락에서 다른 맥락으로 자신을 옮기고 변형할 수 있다면, 사람은 어떤 방법으로 체현될 수 있을까? (체현이라는 바로 그

9 Marcos Novak, “Liquid Architectures in Cyberspace”, ed. Michael Benedikt, *Cyberspace: First Steps*, Cambridge: MIT Press, 1991, p.228.

10 Allucquére Stone, “Virtual Systems”, eds. Jonathan Crary and Sanford Kwinter, *Incorporations*, New York: Zone Books, 1992, p.610.

말은 '신체 속에 넣는다'는 뜻이다. 그렇다면 이것이 비체현의 철학에서 잔여 언어가 될 수 있겠는가?) 신체 없이 무엇으로 사랑을 나눌 것인가? 스톤에게 공정하게 말하자면, 그녀의 작업은 많은 맥락에서 사이버 문화의 위상을 엄밀하게 특성화한 것이다. 그녀는 사이버공간을 재형상화된 체현에 대한 강력한 욕망의 장소로, 따라서 인간 신체를 인공지능학적(cybernetic) 정보로 변형한 어떤 것에 지나지 않는다고 본다.

그다지 자가 발전적이지 않고 어디에나 있는 이론가들은 좀더 자의식적인 순간에도 수수께끼에 빠져 있는 것 같다. 정신과 신체의 데카르트적 분리를 사이버공간 개념으로 대체하는 것은 그러한 분리가 가장 쉽게 극복될 것 같은 곳에 그것을 몰래 재도입하는 것이다. "여기에 거대한 역설이 작동한다. 즉 정신과 신체의 구분에 대한 데카르트의 개념을 최종적으로 포기할 때조차도 우리는 그러한 구분을 정교하게 체현하는 세계를 창조하는 모험을 시작하고 있는 것이다. 왜냐하면 사이버공간 외부에 있는 우리의 실재성은 사이버공간의 형이상학적 측면이며, 사이버공간 내부의 신체에 대해 우리는 정신이며, 이전부터 존재해 온 영혼이라는 것이 너무나 명백하기 때문이다."[11]

나는 이러한 정신과 신체의 분리, 잠재적인 것과 물질적 혹은 실재적인 것 사이의 분리에 대해서는 별로 관심이 없다. 컴퓨터 앞에서 힘든 작업을 시작하기 위해 특별히 우리가 가상의 장갑을 끼고 보호안경을 쓰거나, 필요한 담배에 불을 붙이고 커피를 준비할 때조차도 신체와 실재로부터 벗어나는 것이 얼마나 가능할지 내게는 불분명하다고 하더라도 말이다. 그보다 나는 사이버공간과 잠재성의 공간이 어떻게 우리

---

11 Novak, "Liquid Architectures in Cyberspace", p.241.

에게 자신들의 이상한 이야기에 부합하는 물질과 신체성을 재고하기를 요구하는지에 대해 더 관심이 있다. 나는 물질적인 것에서 개념적인 것으로, 신체에서 정신으로 치환하는 것에 별로 관심이 없다. 왜냐하면 나는 그러한 치환이 지금 또는 언젠가 일어날 것이라고 믿지 않기 때문이다. 다른 데서 논의했듯이,[12] 우리가 단지 신체를 가지고 있는 것이 아니라 신체 그 자체라면, 정신을 위해 신체를 치환하거나 잠재적인 것을 위해 실재를 포기한다는 두려움은 있을 수 없다. 오히려 사이버공간, 가상 세계, 그리고 컴퓨터 시뮬레이션의 질서는, 이미지주의적이든 계산적이든 간에 실재, 신체, 물질적인 것이나 역사적 도시에 대한 우리의 개념이 대립적으로 보이는 것을 수용하기 위해 정교해지고 재고될 필요가 있다는 것을 보여 준다. 이 글에서의 내 목표는 물질적인 것, 신체적인 것, 실재, 물질 등과 같은 보다 전통적인 개념들을 잠재적인 제안과 그리고 개념적인 제안 같은 개념을 뒤틀리게 한다는 관점에서 다시 생각해 보는 것이다. 이러한 용어들은 대립적인 용어로서의 외적 지위를 지속적으로 거부하며, 대신 실재와 물질의 중심부에 거주하는 것으로 보인다. 이러한 잠재성은 지리적 개념도, 공간적 개념이나 기술적 개념도 아니며, 환상적이거나 상상적 투사만으로 구성된 것도 아니다. 즉 잠재적인 것과 실재 또는 물질적인 것 사이의 경계를 입증할 수 없다면, 그것은 오히려 잠복성의 영역이거나 가능성의 영역이다.

사이버공간의 개념은 건축에 무엇을 제공해 줄 것인가? 적어도 다

---

12 Elizabeth Grosz, *Volatile Bodies: Toward a Corporeal Feminism*, Bloomington: Indiana University Press, 1994 [『뫼비우스 띠로서 몸』, 임옥희 옮김, 여성문화이론연구소, 2001].

음 두 가지가 있다. 그것은 물질이 체현되지 않는 디자인의 비체현, 비물질의 관념 혹은 초월적 개념, 그리고 감각과 물질의 시뮬레이션, 재생산, 강화 또는 증대의 개념이다. 컴퓨터는 건축에서 어떤 역할을 하는가? 컴퓨터는 우선 시뮬레이션과 계산의 장으로서, 정보와 교환의 네트워크로서 기능한다. 컴퓨터의 건축적 활용에 어떤 독특한 점이 있는가? 컴퓨터 기술은 원칙적으로 보다 관습적인 형식으로 이루어지는 그림이나 설계와 전혀 다르지 않은, 체험적이거나 움직일 수 있는 공간(인공지능학적 계획과 디자인의 공간)의 시각적 시뮬레이션의 특별한 양식을 함축하고 있는가? 컴퓨터 기술은 그것이 가져오는 공간의 움직임과 활성화, 거주의 시뮬레이션으로 인해 특별한 것인가? 그것은 다중적인 예측(구조적·재정적·수학적·기호논리학적 예측)을 가능하게 하는가? 이러한 특별한 양식과 용법은 디자인의 경험을 시각적으로 강화하는 한편 소통 시간을 빠르게 단축함으로써 디자인, 마케팅, 고객의 섬세한 주문, 전문가와의 상호관계라는 근본적인 구조를 고스란히 유지하는 것처럼 보인다. 컴퓨터 시뮬레이션 공간과 잠재성의 재개념화는 그 결과나 함의가 조심스럽게 고려되지 않는다면 커다란 동요를 낳을지도 모른다.

컴퓨터 기술은 디자인, 설계, 그리고 영상의 영역에서만 기능하기보다 장치의 하나로 건물 자체와 점점 더 통합되고 있다. 컴퓨터는 단순히 건축가, 디자이너, 또는 설계자가 마음대로 사용할 수 있는 장치나 도구, 최신의 기술로 (즉, 기계나 도구가 사용되는 목적을 뒤집을 방법이 없는 기계로서) 간주되기보다는, 롤랑 바르트의 말처럼 대상 그 자체를 변화시킬 우려가 있다. 계산 공간, 보다 일반적으로는 기입 공간의 잠재성은 적어도 무엇이 공간(그리고 시간) 속에 있어야 하는지에 대한 우리의 이해 방식을 부분적으로 바꾸고 있다. 인터넷은 정보 저장과 검색과 소통 구조의 시간을 단축하고 강화할 뿐만 아니라, 정보와 소통의 본질과 사회적 상호작용과 그들이 요구하는 운동의 형태들을 붕괴시키거나 교체하도록 위협한다. 그것은 공간적 관계를 시간적 관계로(주체의 지리적 탈구는 인터넷상에서 소통의 즉각성과 동시적인 소통의 탈구를 통해 보상된다), 공동체 관계를 단독의 사회성으로(인터넷은 심지어 사용자와 컴퓨터가 인터넷으로 연결되어 있을 때조차도 사용자와 컴퓨터 사이에 직접적인 연결이 매개되어 있다) 치환하도록 위협한다.

컴퓨터 화면은 사이버공간과 실제 공간을 분리하고, 정신적 거주 공간과 신체성의 물질적 공간을 분리하는 확실한 장벽(분명한 장벽)으로 기능할 수 있을까? 만약 그 경계가 거울같이 매끄러운 화면보다 더 투과성이 있는 것이라면 어떻게 될까? 만약 물질이 정보로 전환되거나 정보가 물질로 재형상화되거나 재현되는 곳이 더 이상 분명하지 않다면, 어떻게 될까? 나는 지금 여기서 인공생명이라는 아직 조야하지만 새롭게 주목받고 있는 학문의 함의에 대해 생각하고 있다. 그것은 생물학적 모형과 수리물리학의 융합에서 출현했으며, 건축의 적용 영역과 마찬가지로, 살아 있는 세계 공간(이 경우에는 진화의 공간)을 시뮬레이트하려는 것이다.

가상적 집은 어떤 것일까? 혹은 논점을 이런 방식으로 공식화하는 것이 이미 문제인가? 이 질문은 우리가 하나의 특징이나 세부를 건드리면서, 실제 환경의 한계 안에서 가상적 집을 디자인하거나 지을 수 있다는 것을 의미한다. 이때 환경 전체 ——실재 그 자체—— 는 시간, 역사성, 그리고 미래에 열려 있는 한 언제나 이미 잠재적이라는 것에 대한 이해 없이, 무미건조한 실재 안에 잠재성을 부여한다. "가상적 집을 설계할 수 있을까?"보다는 "어떻게 하면 건물과 실재 자체의 잠재성을 나타내는 것과 같은 방식으로 설계할 수 있을까?"라고 하는 것이 더 적절한 질문이다.

건축에서 잠재성을 파악하는 데에는 두 가지 다른 방법이 있는 것으로 보인다. ① 컴퓨터의 사용을 통해 개발된 완전히 새로운 기술, 어쨌거나 건물이 작동하는 방식에 통합되어 들어갈 수 있고 또 그렇게 되어야 하는 기술(보안 체계, 전력 체계, 심지어 수도 체계도 지금은 수동적인 일이라기보다는 쉽게 프로그램화할 수 있는 것이다)로 보는 것이다. 그리고 ② 공간을 보고, 거주하고, 디자인하는 완전히 새로운 방식으로 보는 것이다. 첫번째 개념은 잠재성의 공간, 사이버공간을 우리가 떠나는 걸 선택할 수 있고 기계에 접근 코드를 입력하면 자의로 들어갈 수 있는, 수용가능하고 분리 가능한 장으로 이해하는 것과 관련된다(이것이 인터넷과 그와 연관된 하드웨어와 소프트웨어가 팔리는 방식이다. 즉 새로운 수요와 기술 생산보다는 현존하는 기술의 강화로서 말이다). 두번째는 실재, 끼워 넣음의 관계, 잠재적인 것과 실재적인 것을 서로 포개 넣기, (아마도 차이의 다른 이름으로) 상호 관련을 재개념화하는 것과 관련된다.

가상현실이라기보다는 오히려 잠재성이라는 개념은 건축에 무엇을 제공해 주는가? 결정되지 않은 아이디어, 불특정한 미래, 열린 결말, 현재와 과거에 대한 미래성의 우월함, 시뮬레이션(실재 또는 원본의 반복, 재현, 혹은 재생산—복사물이지만 그것은 그 자체의 특별한 즐거움과 미학적 기쁨을 가진다)이 아닌 (시간적인) 치환의 약속, 단순한 연장이 아닌 끝없는 개방성의 약속을 제공해 준다. 열린 결말이라는 개념, 기능이나 텔로스(telos)의 미결정성, 형식의 개방은 기술 용어에서뿐만 아니라 보다 시급하게(기술 발전은 가끔 완전히 다른 속도를 갖는 것처럼 보이기 때문이다) 잠재성, 미래성(반작용, 계속해서 다시 쓰기, 다시 거주하기, 그 자체로 결코 충분하지 않는 현재의 재투자)의 개념과 더불어 생존 가능하며 미학적으로 결합될 수 있는 용어로 다시 재고될 필요가 있다(세번째 가설: 실재가 잠재성에 의해 지속적으로 [재]거주하고, 재투자되며, 재발명되는 한에서만 우리는 실재 속에 살아갈 수 있을 뿐이다).

가상적 집이라는 까다로운 질문으로 다시 돌아가 보자. 가상적 집은 어쨌거나 그 디자인이 원하는 장치나 기술적 특징을 통합하고 있는 집일 것 같다. (빌 게이츠의 집에 포함된 메가 디지털화로부터 요즘은 많은 집과 사무실에 흔히 갖추어져 있는 보다 평범한 감시체계에 이르기까지의 범위에서) 기술화의 정도가 잠재성에 개방된 정도의 분명한 지표를 보여 주는 것은 아니다. 만약 잠재성이 실재에 존재한다면('가상현실'이라는 모순어법이 의미하는 것처럼), 이는 실재가 사실상 언제나 미래에 개방되어 있으며, 지금 현재 실행되고 있는 것 이상의 가능성에 열려 있기 때문이다. 가상현실이 건축에 제기하는 도전은 기술의 문제로 환원될 수 없다. 만약 이런 일이 일어난다면 "이런 X(건물, 컴퓨터 체계, 시뮬레이션의 양상, 욕망의 구조)는 어떻게 달리 기능할 수 있으며, 차이에 열려 있을 수 있는가?"라는 질문은 생략된다. 그리고 이것은 잠재적인 것이 실재에 계속해서 제기하는 중요한 질문, 즉 실재는 어떻게 스스로를 확장하는가라는 질문이다. 잠재적인 것은 실재에 어떤 위협도 주지 않는다. 왜냐하면 그것은 실재를 생산하고 강화하는 양식이기 때문이다. 말하자면 그것은 잠재성과의 협상에 의한, 그리고 협상을 통한 실재의 증대, 보충, 그리고 변형이다.

잠재성은 기술적 혁신의 영역에 한정되지 않는다. 아마도 건축적인 형태와 추정의 가장 관습적인 것이, 내가 잠재적인 것이 실재에 미치는 영향, 반향, 그리고 풍부함으로 이해하고 있는 것을 가장 잘 보여 준다.

그것은 벽이다. 한 가지 이상의 방식으로 기능하며, 현재의 기능뿐 아니라 다른 기능도 마찬가지로 수행하는 벽, 상자, 창문, 구석의 가능성은 이미 실재 속에 있는 잠재성의 독창성이자 혁신의 부분이다. 임시변통적이고 단편적인 변형, 관습적인 기능 이외의 공간 사용, 다른 것으로 될 가능성, 즉 되기(becoming)의 가능성은 모든 미래성에 대해서와 마찬가지로 건조(建造)환경[13]에도 기꺼이 주어져야 한다.

■ 김경미 옮김

---

13 자연환경을 제외한 모든 환경. ——옮긴이

6장 | 사이: 건축과 문화에서의 자연

사이(In-Between)

자기 자신의 장소는 없이 다른 장소들과 관계 맺는 장소, 위치, 관계에 대해서, 즉 사이의 위치에 대해 숙고한다는 것은 무슨 뜻일까? 사이는 이상한 공간이다. 플라톤이 『티마이오스』에서 모든 물질적 존재의 조건으로 제시한 코라 공간과 유사하다. 플라톤의 코라는 그 자신의 실체나 정체성 없이 이데아적인 것과 물질적인 것 사이 어딘가에 있다. 물질적인 것이 아니면서 질료를 존재하게 하는 그릇 혹은 양육자다. 이데아적인 것이 아니면서 이데아가 질료적 형태가 되도록 양육한다. 사이라는 위치는 기본적인 정체성이 없다. 형태, 주어진 것, 본질이 없다. 하지만 그것은 모든 정체성, 모든 물질, 모든 실체를 촉진하고 존재하도록 허용한다. 그것은 그 자체로 이상한 되기(becoming)이다. 플라톤 철학에서는 아주 신비하게 모든 존재자들의 조건이며 존재(Being)의 매개다.

---

* 이 글은 1997년 10월 코넬대학교의 학술대회 '정체성 구성하기: 건축과 문화 사이'(Constructing Identity: Between Architecture and Culture)에서 발표한 글이다.

동일성들뿐 아니라 동일성들을 마모하고 제한하는 것을 이해하는 데 중요한 위치, 동일성을 가능하게 하면서 동시에 불가능하게 하는 그 이상하고 흥미로운 자리 놓임에 대해 생각하도록 자극받는 것은 달콤한 아이러니다. 사이의 공간은 공간이 아닌 공간, 그 자체의 경계선이 없는 공간이다. 그 자신을, 그 형태를, 바깥으로부터 취하고 받는 공간이다. 그 바깥은 **그것의** 바깥이 아니다(그러면 그것은 하나의 형태를 가지고 있다는 의미가 될 것이다). 그 바깥은 단지 하나의 다른 것(an other)의 바깥이 아니라(그러면 사이를 공간이 아닌 대상의 역할로 축소시키는 것이 될 것이다), 다른 것들(others)의 바깥, 그것들의 분명한 관계가 의도하지는 않았으나 사이로 구축되는 공간을 규정하는 다른 것들의 바깥이다.

사이 공간은 사회적·문화적·자연적 변모의 장소다. 단지 움직임과 재배치에 편리한 공간이 아니라 실제로 유일한 공간이다. 그것은 동일성들 주변의 공간, 동일성들 사이의 공간이다. 되기, 즉 미래성에의 개방성이 응집성과 통일성을 보유하려는 보수적인 추진력을 벗어날 수 있는 유일한 공간이다. 나의 논의는 시간성과 동일성에 대한 포스트휴머니스트적 이해라고 묘사될 수 있는 것의 함의를 공간과 시간뿐 아니라 정치학·운동·변화를 보는 것과 관련된 이해, 개인이나 집단 의지의 내면성과 의도와 동일성의 용어로가 아니라 동일성들과 요소들 사이의 관계들의 변모와 재배치의 용어로 명시적으로 다루고자 한다. 미래성에의 개방성은 모든 예술, 과학, 인문학이 대면하는 도전이다. 개방성의 정도는 정치적 제휴와 지향성을 나타내는 지표다. 우리가 건축학적이고 문화적인 정체성들, 즉 도시, 도시적 지역, 건물, 집들의 정체성과 더불어, 남자와 여자, 서로 다른 인종과 계급, 서로 다른 종교, 성, 정치적 제휴의 정체성들을 문제 삼지 않는다면, 이런 미래에의 개방성, 예측이 아닌 혁신을 통해 전개되는 시간의 약속은 환영받기보다 침묵될 것이다.

　'사이'가 특권적 개념이 된 것은 얼마 되지 않은 일이다. 지난 세기 이후에서나 겨우 그것은 하나의 공간 혹은 실증성으로, 다른 상호작용의 잉여 혹은 불가피한 결과 이상의 어떤 것으로 이해되었다. '사이에 있음'의 최초의 위대한 사상가는 아마도 베르그송인 듯하다. 그에게는 되기의 문제, 움직임의 호(弧)가 가장 중요한 틀이다. 고정된 정체성들 사이의 관계, 외적으로만 경계 지어지는 통일체들이나 사물들 사이의 관계를 인식하는 대신, 사이가 유일한 움직임·발전·되기의 공간이다. 사이가 규정하는 공간은 어떤 잠재성의 공간, 그것을 구성하는 동일성의 작동을 교란하려고 늘 위협하는 잠재력의 공간이다. 사이, 결정되어 있지 않음 혹은 결정할 수 없음의 모델이 현대 철학자들의 글쓰기를 지배한다. 들뢰즈, 데리다, 미셸 세르, 이리가레 등에게 그 말은 다른 이름들로 다루어진다. 차이, 반복, 되풀이, 간격 등이 그것들 중 몇 개다. 사물들 사이에 있는 공간은 사물들이 해체되는 공간, 옆과 주변의 공간이다. 전복과 논쟁의 공간, 모든 동일성의 한계선의 가장자리들이다. 말하자면 그것은 그것을 구성하는 동일성들을 묶는 공간이면서 푸는 공간이다.

　이런 이유로 사이는 많은 여성주의 담론과 포스트모던 담론이 찬양하는 비옥한 메타포가 되어 왔다. 비록 그렇게 묘사된 적은 거의 없지만 그러하다. 사이는 서양의 지식을 지배하는 그 많은 이분법과 이원론이 논쟁되는 바로 그 터다. 남근중심주의뿐 아니라 자민족중심주의와 유럽중심주의, 그리고 더 일반적인 차이 지우기를 규정하는 대립적 구조의 바로 그 형식이 논쟁되는 터이다. 실재를 이원화하는 것, 자아 동일성의 논리를 확정하는 재현적 구조——**배중률**(excluded middle)로 알려진 것——를 부과하는 것은 인식론의 차원에서 권력관계를 증식하는 탁

월한 전략들 중 하나다. 엄격한 대립들, 배타적으로 서로를 소진시키는 대립들(A와 ~A)의 구조 안에서, A와 ~A를 나누는 인식할 수 없는 선, 사선이 배제된 중간이다. 그들 사이의 타협이 가능한 유일한 공간이다. 움직일 수 있는 유일한 공간, 이분법적 특권을 구축한 자기 규정적인 용어, 그리하여 이분법적 구조 그 자체의 궤도에 서서히 틈을 내어 그 안으로 구멍을 낼 수 있는 유일한 입지다. 예를 들어, 이리가레는 이분법들의 논리가 두 개의 용어로 되어 있는 것이 아니라 겉으로 보기에만 두 개의 용어처럼 보이는 것들을 포함하고 있음을 보여 준다. 남근중심주의는 두 성을 정의하는 중립적인 혹은 보편적인 용어를 사용한다. 이 구조 안에는 하나의 용어인 **남자**가 있고, 경멸되는 또 하나의 독립적인 용어인 **여자**가 있는 것이 아니라 단 하나의 용어만 있다. 다른 하나는 그것이 아닌 것, 그것의 타자 혹은 대립으로 정의된다. 이리가레는 이러한 논리 안에서 여성이 그렇게 지워진다고 주장한다. 여성들을 위한 공간은 없다. 여성들의 자리를 취하는 것은 남성의 환상적 대응물, 그에게서 축출되고 타자화된 여성이라는 유령, 즉 시뮬라크라이다. 이 구조 안에는 여성은 없다. 다만 남성성을 완성시키고 보조하고 특권화하는 여성의 공식만 있다. 자민족중심주의나 유럽중심주의의 구조에서도 늘 자기 자신의 이미지로 타자를 **정의하는** 스스로 동일한 혹은 주권적인 주체로부터 독립적으로 존재하는 타자는 없다.

사이는 타자가 어떤 것의 타자에서 자신의 되기로 전환하게 하고, 다른 견지에서 다른 관계의 재구성을 고무하고 가능하게 한다. 그래서 사이는 정치, 문화, 건축에 의해 공유된다. 그것들이 모두 동일성의 논리 안에서 움직이지만 동시에 전복, 잠복, 혹은 되기의 **잉여들**이다. 그것이 없이는 미래가 불가능한, 새로운 것을 발생시키고 환영하는 공간, 기관,

구조들인 한 그러하다. 사이는 병치와 실험에 의해 형성되고, 재편성이나 새로운 배치에 의해 형성되며, 스스로를 새로운 것으로 열도록 위협하고, 그것을 구성하는 정체성들에서의 변모를 촉진한다. 우리는 이 사이가 미래성, 움직임, 속도의 터라고 말할 수 있다. 그것은 철저하게 공간적이며 시간적이다. 공간과 시간과 그것들의 얽힘의 핵심 바로 그것이다. 그래서 사이는 건축 전반의 기획에는 적대적이다.

들뢰즈는 분명 스스로 자신이 가장 그러하다고 주장하는 사이 이론가다. 그는 그것을 중간의 용어로 설명한다. 그의 공식적 견해는 중간으로부터 전개된다. 계보학이나 목적론이 아닌 움직임과 힘의 관계망에 의해 연계들을 만든다. 나는 이제 우리 자신을 사이에 위치시키라고 요청받는 문화와 건축의 동일성들에 대한 다툼을 살펴보기 위해 몇몇 들뢰즈적 개념들을 살펴보려 한다. 들뢰즈의 철학적 작업은 '동일성 구축하기'라는 이상 자체를 우리가 문제 삼는 것을 허용한다. 그런 동일성이 필요하다, 혹은 바람직하다는 가정 자체를 넘어 동일성들과 문화들의 지속적인 안녕을 문제 삼게 한다. 그의 글은 어떤 동일성도 늘 동일성을 넘어가고 변모시키는 힘, 과정, 연계, 운동들로 파열된다고 주장한다. 그것들은 개체들(인간 혹은 비인간)을 서로 연계시키고, 의식이 예상하지 않고 동일성이 연계하지 않는 그런 방식들로 개체들을 세계들에 연계시킨다. 들뢰즈, 이리가레, 데리다, 더 일반적으로는 포스트모던 혹은 포스트휴먼 담론들의 작업에서 동일성을 조건화하면서 동시에 마모하는 이 잉여의 문제는 일반적으로 **차이**의 문제로 간주된다. 차이의 개념은 되기, 미래성, 사이성의 문제를 구성하는 다른 방식이다. 그래서 현재의 사상과 건축 둘 다를 지배하는 존재, 동일성, 그리고 자아 현전의 개념을 문제화하는 방식이 된다(들뢰즈, 데리다, 이리가레 모두 차이가 공간과 시간의 개념화에 환원할 수 없는 관계를 '가지고 있다'고 명시한 것은 중요하다. 차이는 단지 동일성의 붕괴 혹은 순환이 아니다. 그것은 공간과 시간을 분열된 것, 변모 가능한 것, 상호침투적인 것, 어떤 고정된 공식화를 넘어선 것, 더 이상 선험적인 것이나 과학의 보편주의가 보장하지 못하는 것으로 만든다).

자연: 건축과 문화의 되기

이분법 구조들이 널리 퍼져 있다는 것은 종속된 용어가 비가시적이며 무시되고 있다는 것, 그것이 근본적으로 자율적이고 내포적인 용어라는 사실이 지워지고 있다는 것을 인정하지 않으려 한다는 것을 의미한다. 이분법적 구조는 특권적인 용어를 쌍의 유일한 용어로 정의할 뿐 아니라, 그 부정적 용어를 무한으로 풀어 놓아서 그것을 정의상 모양 없는 것, 특권적인 용어의 회로에서 넘쳐 나가거나 추방되는 모든 것을 받는 그릇으로 만든다. 하지만, 궁극적으로 그리고 정의상, 용어들을 단단히 고정시키려는 와중에도, 고정되고 안정된 권력관계를 위해 투쟁하는 와중에도, 자신들을 변하지 않는 주어진 것으로 제시하는 과정에도, 이분법들은 늘 미묘한 재타협과 재정의의 과정에 놓여 있다. 그것은 그것의 논리가 나타내려고 하는 것보다 더 그 영역과 역사가 상당히 탄력적이다. 이분법적 구조가 그대로 유지되는 동안에도 그러하다. 건축에서 이 대립항적 짝에 가장 관계 있는 것은 형식과 내용, 터와 디자인, 계획과 건축, 장식과 구조다. 문화연구에서 가장 적절한 짝들은 자연과 문화, 통시성과 공시성, 내재와 초월, 같음과 다름이다. 경쟁하는 학파들과 입장들은 이러한 용어들 중 이것이나 저것, 예를 들어 자연 혹은 문화를 주장한다. 혹은 타자의 논리에 따라 용어들 중 하나의 요소를 통합하는 것을 제안한다. 예를 들어 자연 친화적인 문화, 자연과 조화를 이루는 문화 같은 것을 제안한다. 하지만 그것 역시 이분법적 구조 자체는 문제시하지 않고 충분히 기능하도록 내버려 둔다. 이러한 대립적 범주들이 어찌해서든 고정적이라거나 미묘한 전환 혹은 재배치에서 면제되어 있다고 가정하는 것은 잘못일 것이다. 예를 들어, **자연**은 문화연구와 건축학에서 무시되거나 경멸되는 용어로 간주되는 경향이 있지만, 얼마 전까지도 그것은 특권적인 용어로 기능했다. 자연은 그것의 타자인 **문화**, 대립쌍에서 특권적이고 규정하는 용어인 문화와 자리를 바꾼다. 자연은 이제 문화적인 것에서 남겨진 잉여 혹은 문화적인 것에 동화될 수 없는 것으로 간주된다. 이제 문화라고 간주되는 것에 대립적인 것으로 정의되는 것이 자연이다. 자연은 문화가 없는 것, 문화에서 남겨진 잉여, 문화의 쓰레기다.

많은 여성주의 담론과 포스트모던 담론들은 바로 이것, 자연적인 것이라는 범주의 확고한 거부처럼 보이는 것에 기반을 두어 왔다. 문화와 사회적인 것이 지적 분석의 특권적 대상으로 지위가 올라간 것은, 부분적으로는 인문학에서 자연적인 것을 경멸하고 축출한 결과이며, 부분적으로는 자연과학들이 탐색하는 '자연' 대상물에 가지고 있는 듯한 통제력이 증가한 것처럼 보인 결과다. 문화와 건축 담론에서 자연은 수동적이고 움직임이 없는, 비역사적인 짐으로 인식된다. 건축에서는 터의 특수성의 부담 혹은 건축 재료들의 자연적 한계로, 문화적인 것으로부터 낭만화된 은신처나 피난처, 그 자신이 회복력 있게 포함하는 '바깥'에 대한 문화적 발명으로 간주된다. 아이러니컬하게도 이것은 건축에서처럼 철학과 문화연구에서도 사실이다. 이 모든 것들이 자연적인 것과 문화적인 것 사이의 대립을 더 견고하게 하였다. 자연적인 것을 문화의 은폐된 산물이나 결과로 다시 쓰고, 문화적인 것을 자연의 생산 혹은 기입으로 다시 쓰면서 그렇게 했다. 이러한 전략은 아마도 인종, 계급, 성의 관계를 설명하는 담론에서 자연적인 것에 주어졌던 특권을 정치적으로 전복하는 방식으로 시작되었을지 모르지만, 지금은 자연적인 것은 부적절함의 범주로, 상징적인 것과 상상적인 것 즉 문화의 틀로 제한되고 기입되고 생산되는 실재, 지속적으로 축소되는 실재로 성공적으로 추방되었다. 자연은 문화의 이미지에서 극복되어야 하는 것, 초월되어야 하는 것, 재기입되어야 하는 것, 그리하여 토대나 물질로 금지되어야 하는 것, 거부하여 축출되어야 하는 것, 실증성이나 추동력이 거부되는 것들을 담는 그릇이 되었다. 어떤 의미에서는 도시적인 것, 건축적인 것, 그리고 문화적인 것들이 병치되고 우연히 만나는 '사이' 혹은 그 앞 공간에 떨어지는 것이 자연이다. 자연은 이러한 용어들의 타자다. 그것들 사이의 공간이다. 그것들의 가능성의 조건이며 자기 극복의 추동력이다.

나는 고정되어 있고 정적인 자연을 긍정하는 데 관심이 있는 것이 아니다. 고정적이고 결정론적인 자연주의의 한계들은 지난 20여 년 동안 분명해졌다. 대신 내가 관심 있는 것은, 자연적인 것의 위치를 재고해서 그것을 인정하고 그것에 개방성을 주어 문화 자체의 시작 바로 그것을 설명할 수 있도록 하는 것이다. 자연은 다윈과 진화론, 니체와 들뢰즈와 시몽동 등이 자연에 부여한 풍요롭고 생산적인 개방성으로 이해되어야 한다. 이들은 자연을 힘으로, 생산으로, 임의적인 것과 우발적인 것에 대한 탐닉으로, 뜻밖의 것에 대한 지속적인 개방으로, 실체나 동일성의 관계들인 만큼이나 불일치와 공명과 조화의 관계들로 보았다. 자연, 자연적인 것은 고정된 기원, 주어진 한계, 예정된 목적으로보다는 추동력과 힘의 터와 장소로, 유연한 물질성의 토대로 보아야 한다. 그것의 유연성과 개방성은 문화적 삶의 풍요로운 가변성 **그리고** 문화적 삶을 지속적으로 풍요롭게 하는 문화적 삶의 다양한 전복들을 설명한다. 자연적인 것은 근본적으로 역사에, 변모에, 혹은 되기에 열려 있는 것으로 이해되어야 한다. 문화처럼 열려 있는 것으로, 사회적·심리적·문화적 삶의 범위처럼 혁신적이고 시간적이며 역사적인 것으로 이해되어야 한다. 자연적인 것은 몸의 영역, 물질성의 영역이다. 그렇다고 몸과 물질성이 문화의 바깥이라고 시사하는 것은 아니다. 이 몸은 자연적이다. 하지만 이렇게 말한다고 절대로 그것을 제한하는 것은 아니다. 자연은 모든 몸들의 근원이다. 작은 것이든, 중간 크기든, 거대한 것이든. 몸들은 문화가 자연에 진 빚이다. 자연이 만들고 자신의 것으로 개조해야 하는 물질, 속성, 에너지, 힘들이다.

　　동일성을 이해하는 데 더 적절한 담론들이 자연 연구들 중에서 가장 비활성적인 듯한 지리학과 결정학(結晶學, crystallography)에서 나오고 있다는 것은 의미심장하다. 이 연구들은 들뢰즈와 가타리의 작업, 특히 『천 개의 고원』에 많은 영향을 주었다. 최근의 많은 작업은 개체화의 과정을 동일성과 실체의 용어가 아닌 일련의 '준안정적인 균형 상태'의 용어로, 그리하여 환원할 수 없는 '되기 과정'의 용어로 고려한다. 시몽동은 움직임의 의미를 개체화 혹은 존재 그 자체의 내적 조건으로 보았다는 점에서 베르그송보다 한 발자국 더 나아가는 데 성공했다고 볼 수 있다. 시몽동에게 개체화는 일련의 과정들, 근본적인 탈중심화와 일련의 자기 넘어서기 과정들이다(결정crystal이라는 비유기적 차원에서도 그러하다).

내가 개진하려는 존재자의 개념은, 그렇다면 다음과 같다. 즉 그의 동일성에 통일된 단일성, 그 안에서 어떤 변모도 가능하지 않은 안정된 상태의 것을 소유하지 않는다. 아니 오히려 존재자는 형질이 변화되는 통일성이다. 즉 그것은 그 자신의 단계를 벗어나 넘어설 수 있다. 그것은——어떤 곳에서나——그것의 중심과의 관계 속에서 그 자신의 경계들을 깨뜨린다. 우리가 하나의 관계 혹은 원리들이 이중적이라고 가정하는 것은 실제로는 그 존재자의 펼쳐짐이다. 그것은 하나의 통일성 이상의 것이며 하나의 동일성 이상의 것이다. 되기가 그 존재자의 차원이다. 이미 그리고 기원적으로 주어지고, 실체적인 존재자에 영향을 주는 연속적인 사건들 이후에 그것에 일어나는 어떤 것이 아니다. 개체화는 존재자의 의미화를 소진시킬 개체화의 모델로서가 아니라 그의 되기로 파악되어야 한다. …… 개체화를 설명하기 위해 실체들의 존재를 미리 가정하는 대신, 나는 그 반대로 개체화의 다른 체제들을 물질, 삶, 정신, 그리고 사회 같은 다른 영역들을 위한 기반을 제공하는 것으로 취하려 한다.[1]

내가 문화와 건축에 대한 어떤 이해에도 자연이 중심이라고 주장하는 그만큼, 나는 또한 몸의 중심성을 주장한다. 인간의 몸과 비인간의 몸, 살아 있는 몸과 비유기적인 몸들이 건축과 문화를 연결하고 그리고 분리하는 사이에 대한 이해를 공식화하고 재형성하는 데 중심적이라고

---

1 Gilbert Simondon, trans. Mark Cohen and Sanford Kwinter, "The Genesis of the Individual", eds. Jonathan Crary and Sanford Kwinter, *Incorporations*, New York: Zone Books, 1992, pp.311~312.

주장한다. 건축적인 것과 문화적인 것 둘 다의 영역을 구성하는 것은 바로 그러한 몸들의 상호작용과 배치와 규제다. 나는 다른 곳에서 몸들과 도시들의 상호 얽힘에 대해, 그것들의 정의와 상호 생산의 관계들에 대해 쓴 적이 있다.[2] 여기서 나는 어떤 동일성의 개념도, 건축의 기획과 문화적 계몽의 기획이 일치한다는 어떤 개념도 불가능한 것으로 만드는 것에 더 면밀하게 초점을 맞추고자 한다. 나는 자연, 즉 시간 속의 물질성, 유일한 목적지가 미래성이자 개방성이며 끝없는 분기인 물질성을, 안정성·동일성·진보에 대한 예술과 문화의 열망을 무화하는 것으로 보고자 한다(예술과 문화는 건축이라는 독특한 형태 안에서 함께 온다).

자연은 문화의 재료이며, 그래서 건축의 재료다. 이 말이 문화와 건축이 자연적인 것에 불과하다고 말하는 것은 아니다. 문화와 건축은 자연적인 것을 모든 양식의 조작에 끝없이 열고 서로 얽히게 하고 분기한 결과다. 건축에 의해 자연을 열린 결말로 완성하고, 풍경이 건축적 다시 쓰기에 근본적으로 개방된 결과다. 건축은 날것 그대로의 인터페이스를 구성한다. 문화적인 것과 자연적인 것 사이에/사이로서 그것의 임무는 여러 가지 중에서 스스로를 저항으로 제시하는 자연과 스스로를 한계로 표상하는 문화 사이의 타협이다. 요약하면, 건축이 타협시켜야 하는 것은, 한편으로는 터의 인식과 재형성, 건축 소재들의 조직과 구성, 이런 '자원들'을 위해 문제를 인정하거나 제기하는 디자인의 개발(여기서 자연은 언제나 준비된 '상비군'으로 기능하는 경향이 있다), 다른 한편으로는 건축적 구성을 위임하고 그에 거주하는 문화적·경제적 사정들이다. 건

---

2 Elizabeth Grosz, "Bodies/Cities", *Space, Time and Perversion: Essays on the Politics of Bodies*, New York: Routledge, 1995.

축은 지질학적이고 지리학적인 형성을 모색하고 다시 만드는 일종의 탐색이다. 그 과정에서 건축은 미학적이고 경제적이고 기업적이며 공학적인 것들의 복합적인 요구에 따라 규제된다. 건축적 디자인과 실천을 자극하는 문화적 요소들, 경쟁적인 혹은 집단적인 과정의 구성, 모든 건축 구조에 부과되는 경제적 제약들, 건축가들의 미학적·지적 훈련은 오랫동안 분석되어 왔다. 건축적 담론과 실천이 어떻게 특정한 자연 개념 안에 투자되고 그것에 몰두하는지에 대한 탐색은 별로 없다.

건축은 그래서 흔히 자연이라고 인식되지 않는 자연에 경계를 접하고 있다. 우리가 문화적 맥락 안에서의 건축의 입지에 대해 집중하면 할수록, 우리는 그것이 동시에 의존하는 바로 그 특이한 자연을 잘 보이지 않게 만든다. 그것은 내포적이거나 외면적인 복합성 둘 다에, 수적인 나눔과 응집 둘 다에 똑같이 열려 있는 자연이다. 결정론의 힘에 몰리는 것만큼 예측할 수 없는 것에 똑같이 열려 있는 운동들에, 독특하고 반복되지 않는 특이성의 순간들과 실험적 변모들에 열려 있는 것처럼, 반복성의 지루한 기준에 종속되어 있는 움직임들에 똑같이 열려 있는 자연이다. 건축은 이중의 자연에 의존한다. 상비된 비축물로 이용되고 재기입되는 물질로서의 자연, 하지만 동시에 늘 한계들의 파기와 변모인 자연, 그래서 비축물이나 자원의 수동성을 넘어서는 자연, 되기나 진화로서의 자연에 의존한다.

이런 자연 개념은 단순히 실재의 저항과 대면하는 건축의 한계 조건, 공학과 이용과 건설의 한계 조건이 아니다. 그것은 또한 문화의 한계와 경계선을 규정한다. 사회질서와 인접해 있다고 이해되는 문화, 자연적인 것의 생산적 과잉으로 이해되는 문화의 경계선을 규정한다. 이러한 문화, 움직임 없는 자연과 대극적 대립으로서의 문화 역시 자연의 끝없는 변화와 가지치기에 의존한다. 이 자연을 구성하는 법들은 판정 혹은 규범의 의미에서의 법이라기보다는 원칙, 진로방향, 운동, 궤도, 예측할 수 없는 미래에 대한 개방 양식들이라는 의미의 법들로 이루어진 자연이다. 문화와 경제적 관계의 통계적 지도들이 동물과 유기물 진화의 통계적 구조들을 가깝게 따라가는 것은 우연이 아니다. 그리고 사회적이고 자연적인 인구에 대한 컴퓨터 시뮬레이션이 아주 상당한 정도의 정확성을 가지고 있는 것은 우연이 아니다.[3] 문화적인 것 ——사적이고 사회적인 정체성과 그것들의 변모의 영역 ——은 역사와 우발성에 대한 개방성 안에서만, 생물학적인 진화의 연장의 일부이면서 그것으로 기능하는 문화적 진화에 수반되는 개방성을 통해서만 기능할 수 있다. 진화는 진화다. 그리고 그것의 개방성은 그렇게 기능한다. 그것이 문화적이건 자연적이건 그러하다.

권력과 사이

권력은 다양한 방식으로 이해되어 왔다. 강제력이나 법, 다수 혹은 가장 강한 자에 의한 지배나 금지력 혹은 확산력으로 이해되어 왔다. 후기의 계보학적 글쓰기에서 푸코는, 권력이 강제와 억제의 양식으로 기능하는 것은 미세한 연계들, 모세관적 관계들, 기본적으로 생산적이고 힘을 주는 긍정적 관계들의 수립을 통해서만 가능하다는 것을 보여 주었다. 어

---

3 컴퓨터 시뮬레이션의 역할과 '인공 사회들'(artificial societies)이라고 부르는 것에 대한 최근 논의에 대해서는 Nigel Gilbert and Rosaria Conte eds., *Artificial Societies: The Computer Simulation of Social Life*, London: University College London Press, 1995를 보라.

떤 의미에서 권력에 대한 푸코의 연구는 권력을 되기와 차이에, 진화와 미래성에 연결시키는, 권력에 대한 설명의 정점 혹은 해설로 볼 수 있다 (그가 그의 글에서 다윈을 전혀 언급하지 않았다는 것은 의미심장하다). 권력은 번성하게 하는 것이다. 특정한 시나리오에서 그것의 번성은 길의 방해물을 극복하거나 흡수하는 능력, 그것들을 자기 극복의 일부로 사용하는 능력과 닿아 있다. 권력은, 짧게 말하면, 그것의 내재적 개방성에 대면하여 미래를 확보하려는 힘이다. 권력과 미래성의 관계는 다음과 같은 의미에서 역설적이다. 권력은 미래의 경향과 방향을 아주 철저히 예상할 필요를 인정하지만 동시에, 그럼에도 불구하고 그것이 확보할 수 없는 미래, 어떤 순간에는 그것의 나아감을 역전시킬지 모르는 그러한 미래의 힘과 잡아당김에 자신을 던져야 한다는 점에서 역설적이다.

문화와 건축은 권력관계가 스스로를 작동시키는 영역의 일부다. 다른 사회적 활동보다 더 권력의 영역인 것은 아니지만, 건축도 그 안에 놓여 있어야 하는 문화적 생산의 영역은 권력의 다양한 제휴에 관하여 중립적이지 않다. 문화적이고 건축학적인 형태들이 더 응고적이고 공식적이며 예상 가능하면 할수록, 그것들은 더욱더 과거의 일면을 보존하고 미래를 그것의 반복의 형태로 축소시키려고 한다. 인정(recognition)은, 헤겔 이후 급진 정치학의 수사에서 차지하는 자리에도 불구하고, 보존하려는 힘, 즉 새로운 것, 결코 인식되어 본 적이 없는 것을 이미 인식된 것에 묶는 힘이다. 역사는 그 자체로 지배적 사회집단과 범주들이 작동한 기록이다. 비록 그것이 대안적인 힘과 운동들의 흔적들을, 그것의 힘이 아직 오지 않은 혹은 영원히 오지 않을지 모르는 잠재성들을 포함하고 있다 하더라도 그러하다. 이러한 억압되고 숨겨진, 반쯤만 말해진 사건들의 역사——헤겔적 지양(Hegelian sublation)[4]에서 뒤에 남겨진 것들(이러한 의미에서 헤겔은 다윈의 안티테제다!) ── 는 정전적 역사들에 적합한 그런 언어로 편안하게 준비된 상태에서 쓰일 수 없다. 문화의 역사, 그리고 그 안에서 건축의 역사는, 다른 발전 속도로 현실화되고 실현된 힘들, 그 자체로 권력 투하의 기능들이 이러한 힘들의 작동이다.

건축과 문화가 겹치는 영역들, 정체성들 ── 주체·성별·인종·계급으로서의 개인들의 정체성들뿐 아니라 (정치적·전문적·스타일적) 운동들과 집단들의 정체성들 ── 을 응고시키는 영역들은 동시에 정체성들을 혼란시키고 스스로를 극복하는 길로 들어서는 터이기도 하다. 들뢰즈의 용어로 말하자면, "모든 사물들 안에는 분절 혹은 선분화의 선들, 지층들과 영토들이 있고, 또한 탈주의 선들, 탈영토화와 탈지층화의 운동들도 있다".[5] 요약하면 어떤 주관적이고 상징적이며 심리적인 응집, 즉 문화적이건 건축적이건 안정된 정체성이 요구하고 그것을 위해 생산되는 응집이 가능한 정도까지(그것은 자연주의들이 인정하고자 하는 것보다는 상당히 덜 안정적이다), 이런 안정화된 응고된 힘들은 다른 방향으로 재활성화되고 재생될 수 있다. 이것은 역사를 폐기하거나 현재가 과거와 역사에 지고 있는 빚을 인정하지 않으려는 것이 아니다. 단지 과거에조차 고정성과 주어진 것(所與, givenness)의 지위를 부여하는 것을 거절하는 것이다. 과거는 언제나 미래가 그것으로 무엇을 만드는가에 달려 있다.

---

4 헤겔의 변증법에서 지양(止揚, Aufhebung)은 하위 단계의 모순이 서로를 부정하면서 높은 단계로 종합될 때, 이전 단계의 질적 내용이 전적으로 부정되지 않고 그 안의 적극적인 요소가 새로운 단계 내부에 보존되는 것을 의미한다. 헤겔적 의미의 지양은 보존과 부정 두 측면을 동시에 포함한다. ── 옮긴이

5 Deleuze and Guattari, *A Thousand Plateaus*, p.3.

건축의 역사는 문화의 역사만큼이나 형식·소재·실천·배열들의 예상할 수 없는 열림이다. 그것은 한때는 주어진 것으로 혹은 의문의 여지가 없는 것으로 간주되었던 규범들의, 이상들의, 그리고 목적들의 흩뿌림이고, 그래서 변형이고 일탈이다. 권력관계들은 되풀이나 미래성의 법에 종속된다. 그것들은 스스로를 반복하며 시간이 지나면서 응고되는 정도에 따라 응집력 있게 기능하고 남아 있다. 지속적으로 변화하는 세부들 가운데서도 기본적인 동일성은 유보하고 있다. 권력관계들은 물질처럼 그리고 삶처럼 무질서한 폭발들과 격변들과 혼란들과 재조직과 비약적인 도약도 행사하는 낭비적 구조다. 그것들이 어떤 동일성을 유지하는 한, 그것들은 또한 지속적으로 자신을 변모시킨다. 그럼에도 불구하고 그 사이에 자기 자신의 이미지로 그 자신의 이해관계에 따라 미래를 고정시키고 멈추게 하고 제약하는 목적에 매달려 있다.

건축적 그리고 문화적 삶의 역사적 순간들을 특징지어 온 기술적 자기 파기를 규정하는 미래성의 힘은 (마치 컴퓨터 기술들이 개념 잡기, 디자인하기, 건축 단계에서 건축적 실천들뿐 아니라 개인상호적·사회적·문화적 관계들에 어떠한 영향을 미치는가에 대한 끝없는 성찰에서 나타나는 것처럼) 현대 문화연구도 건축 담론들도 인정하지 못하는 자연적인 것에 대한 의존이며 빚이다. 왜냐하면 바로 이러한 자연 ——땅, 물질, 상비된 비축물이나 자원으로서의 자연이 아닌 ——의 힘이 우리가 문화적·사회적·정신적 삶을 이해하는 데 가장 중요하기 때문이다. 이러한 삶은 바로 건축학적으로, 미학적으로, 윤리적으로 그리고 정치적으로 살아 내고 침잠하는 삶이다. 자기 극복, 임의적인 것, 우발적인 것, 예상하지 못했던 것, 변이를 가지는 자연 안의 그것 ——즉, 공간과 시간에, 확장과 되기에, 물질이 환원할 수 없이 잠기는 것 ——은 너무 오랫동안 문화적이고 사회적인 공간에 대한 우리의 생각에서 삭제되어 있었다. 자연은 인간의 활동이나 문화적 활동에 토대도 제약도 제공하지 않는다. 자연은 문화적 삶에 거주하여 그것을 역동적으로 만들고, 그것을 성장시키고, 미래로 향하는 이 운동을 고정시키고 응고시키려는 권력 형태들의 욕망에도 불구하고 자신의 방향을 재설정할 수 있게 하는 것이다. 예술과 사회적·정치적 삶의 요소들처럼, 건축의 가장 역동적인 요소들은 미지의 것에 대한 전율 자체를 즐기고자 한다. 이러한 역동적 ──혹은 우리가 (과학적 의미에서보다는 예술적 의미에서 더) 실험적이라고 말해야 하는── 힘들이 바로 문화와 모든 문화적 생산을 살아 있게 하는 힘이다.

■ 이경란 옮김

3부
___

미래 공간들

7장 | 공간의 미래: 발명의 건축을 위하여

철학

철학은 건축의 담론과 그 실천(디자인과 비용 분석과 부지 구획과 가옥)에 무엇을 줄 수 있을까? 건축은 철학의 담론과 그 실천(사유와 논변과 문제의식의 설정과 구성적 질문)에 무엇을 줄 수 있을까? 철학과 건축이 겹치는 부분의 적합한 쟁점들은 무엇일까? 또는 철학과 건축이 서로 생산적인 방식으로 상대방에게 도움이 될 수 있는 연관은 무엇일까? 더 적절하게 말해서, 철학과 건축의 자기 이해에서 무엇이 맹점일까? 그리고 어떻게 자신을 확인받고 외부의 승인을 얻는 것에 그치지 않고, 상대방에 비해 자신의 우월성이나 우선성을 가정하지 않고, 또 서로 간의 관계가 직접적인 효용이나 번역 중 하나가 되어야 한다고 가정하지 않으면서도 다르게 되기를 통해 서로 상대방에 이용될 수 있을까? 단 하나의 매우 가는 가닥이 이 두 전문 분야를 묶어 준다. 그것은 새로움 또는 잠재성·

---

* 이 글은 Cynthia C. Davidson ed., *Anyhow*, Cambridge: MIT Press, 1998에 먼저 발표되었다.

잠복성(latency) 또는 되기라는 생각이다. 이는 서로 간의 도움과 겹침과 차이로부터 두 전문 분야 모두 안에서 주목을 받고 생산적으로 발전한 생각이다. 이 잠재적인 것이란 생각은 철학 안에서 발전하지는 못했지만 최소한 플라톤 시대부터 널리 퍼진 개념이었다. 이 잠재적인 것이란 생각은 건축과 철학 둘 다에 대해 (결과는 다르지만) 그 둘이 공간과 시간과 운동과 미래성과 되기에 관해 세웠던 매우 근본적인 가정들을 바꾸지 않으면 안 될 일련의 질문들을 불러일으킨다.

　　건축은 그 자체로 공간을 다루는 일종의 예술 내지 과학 내지 역학으로 여겨지는 경향이 있어 왔다. 건축은 사실상 공간의 조직화와 변화에 대한 가장 원대하고 가장 체계적이며 가장 강력한 양식이었다. 건축의 사유와 생산의 재료인 공간 자체는 시간 내지 시간성 내지 지속의 양식을 필요로 한다. 사실상 공간은 언제나 적어도 두 가지 시간, 또는 아마 두 가지 종류의 시간과 연관되어 있음에 틀림없다. 첫번째 시간은 공간 자체가 출현하는 시간이며, 공간 및 시간에 앞선 시간이며, 시간-공간 연속체에 대한 그 어떤 과학적 이해에 앞서서 공간 자체와 시간 자체의 조직화 내지 출현을 가능하게 하는 시간화/공간화이다.[1] 이것은 차이의 시간-공간이다. 이것은 차연(差延, différance)의 시간-공간이다 (데리다는 차연을 정확히 시간의 공간화와 공간의 시간화로 논의했다). 이것은 또한 들뢰즈의 용어로 스스로 차이를 만들어 내는 차이화/미분화

---

1 그런 연속체, 즉 현대 과학의 시공간은 언제나 더 원초적인 시간과 공간의 이해로부터 유도된다. 바로 이것이 앙리 베르그송이 『지속과 동시성』에서 알베르트 아인슈타인을 비판한 핵심이다. Henri Bergson, *Duration and Simultaneity*, trans. Leon Jacobson, Manchester: Clinamen Books, 1999. 그러나 이렇게 더 원초적인 시간과 공간에 접근하는 것이 베르그송이 제시한 것처럼 경험에 의해 주어지는지는 나에게 분명하지 않다.

(différentiation/différenciation)의 시간-공간이다. 이는 생명과 이해와 과학의 시간과 공간에 앞서는 전제조건이 된다.[2]

가령 데리다는 어떤 것이든 존재하는 것에 자기 동일성과 자기 현전을 부정하는 간격을 삽입하는 것이 차연을 구성한다고 주장했다.[3] 이 간격은 명료한 공간도 아니고 명료한 시간도 아니며, 그 둘 사이의 일종의 새어 나옴이자 그 둘이 서로에게로 이행하는 것이다. 이 간격이 어떤 존재를 공간 안에서 그리고 시간 안에서 그 자체를 넘어서도록 촉발하는 것이다. 공간도 시간도 그 자체로 이 간격에 '앞서서' 존재할 수 없다. 이 간격은 역설적으로 그 자체와 그 자체 아닌 것 둘 다가 되기 위해 세계 속으로 존재를 확장한다.

간격은 현재가 현재 자체이기 위해 현재가 아닌 것으로부터 현재를 분리시켜야 한다. 구별해야 한다. 현재로서 현재를 구성하는 이 간격은 같은 표지에 의하여 그 자체 안의 현재와 현재 자체를 분리해야 한다. 그럼으로써 또한 현재의 토대 위에 있다고 여겨지는 모든 것, 즉 우리

---

2 들뢰즈는 프랑스어로 발음이 같은 두 용어 'différentiation/différenciation'를 병치하여 사용한다. 차이화(différentiation)는 형상 또는 이데아의 잠재적 내용이 결정되는 것을 의미하며, 미분화(différenciation)는 형상 또는 이데아의 내용이 다양한 요소들이고 부분들로 현실화하는 것을 의미한다.──옮긴이

3 데리다가 도입한 차연(差延, différance)이라는 용어는 프랑스어의 차이(差異, différence)와 발음이 같지만, 의미상으로 시간적인 간격까지 포함하는 개념이다. 아인슈타인의 상대성이론에서는 시간과 공간이 분리되어 있는 것이 아니라 4차원 시공간 연속체로 통일되어 있다고 보는데, 4차원 시공간 연속체에서 불변하는 것은 4차원 간격(interval)이다. 이는 공간적 거리의 제곱과 시간의 제곱의 차(difference)로 정의된다. 데리다는 상대성이론에서의 간격에 대한 논의를 시간과 공간의 철학으로 끌어올리기 위해 '간격'이 차연을 구성한다고 말한다.──옮긴이

의 형이상학 언어로 말하면 모든 존재, 그리고 특개(特個)적 실체 또는 주체를 현재에 따라 분리한다. 이 간격은 그 자체를 구성함으로써, 그리고 그 자체를 동적으로 나눔으로써 **공간화**라고 부를 수 있는 것, 즉 시간의 공간 되기 내지 공간의 시간 되기(**시간화**)가 된다. 그리고 내가 원형적 글쓰기, 원형적 흔적, 또는 차연이라고 부르는 것은 …… 바로 현재의 이러한 구성, …… 즉 '본원적'이고 환원할 수 없으면서도 단순하지 않은 표식의 종합 또는 파지와 예지[4]의 흔적이다. 그것은 공간화인 동시에 시간화이다.[5]

건축의 시간과 공간, 그리고 이 문제와 관련하여 철학의 시간과 공간은 이 원초적인 격차(differential)이며, 운동이며, 아직 배열되거나 계산되거나 숙달되거나 영유되지 않은 시간과 공간의 차이 만들기의 아지랑이다. 이 시간 이전의 시간, 간격의 시간, 비시간의 시간은 공간이 그 자체로 출현할 수 있게 하며, 공간이 불가피하게 내몰리는 것, 공간의 '운명'이다.

두번째 종류의 시간이 있다. 이는 역사의 시간이며, 역사성의 시간이며, 반성의 시간이며, 지식의 시간이다. 이는 우리가 역사성이라는 개념, 순서가 있는 진행이라는 개념, 분할이라는 개념, 시간과 공간의 연속

---

4 파지(把持, retention)와 예지(豫持, protention)는 에드문트 후설(Edmund Husserl)의 『내적 시간의식의 현상학』(*Zur Phänomenologie des inneren*)에서 제안된 개념으로서, 이미 있는 것을 아는 것과 앞으로 올 것을 아는 것으로, 파지는 과거의식이며 예지는 미래의식이다. 그러나 이것은 재기억(Wiedererinnerung)이나 기대(Erwartung)와 구별된다. 파지와 예지가 현전에 대한 의식인 반면, 재기억과 기대는 재현에 대한 의식이기 때문이다. —옮긴이

5 Jacques Derrida, "Différance", *Margins of Philosophy*, trans. Alan Bass, Chicago: University of Chicago Press, 1982, p.13.

성이라는 개념을 통해 건축의 역사와 철학의 역사에서 익숙해져 있는 시간이다. 건축은 역사가 제기하는 질문들을 통해, 그리고 그 역사와 기념비적임을 향한 방향성의 파괴에 대한 응답을 통해 시간과 시간성을 대면하는 경향이 있었다. 몇 가지 주목할 만한 예외가 있긴 하지만 건축은 지속을 통해서가 아니라 역사를 통해서 시간을 생각해 왔다. 즉 보존되어야 할 것으로, 그것을 초월하거나 동결시킴으로써 시간을 어떻게든지 잠정적으로 극복하는 것이었다.

　　여기에서 나는 첫번째 의미의 시간의 중요성에 더 관심을 기울이고 있다. 나는 이것을 잠재적인 것 및 잠재성이라는 개념을 통해 제시할 것이다. 그 개념은 시간 **이전의** 시간뿐 아니라 시간 **이후의** 시간을 필요로 하는 개념이다. 그 개념은 과거에 매인 시간과 역사와 역사성에 매인 시간뿐 아니라 (아마 주로) 미래에 매인 시간을 필요로 하는 개념이다. 그럼으로써 현재의 특권에 저항하는 양식을 마련하고 현재와 그의 상관물, 즉 정체성과 지향을 공간과 시간 위에 유지시키는 억압을 마련하는 것이다. 시간 이전의 시간과 시간 이후의 시간은 창발의 궤적이며, 펼침의 궤적이며, 침식의 궤적이며, 새로운 것의 시간-공간이며, 생각되지 않은 것의 시간-공간이며, 현행성을 통해 망라되지 않은 과거의 잠재성이며, 현재를 통해 망라하거나 기대할 수 없는 미래의 잠재성이다. 이 과거는 현재와 층을 이루고 공명하면서 현재가 주어진 것 내지 불가피한 것(the given)의 안정성을 갖지 못하게 만든다. 지속을 비균질성의 양식으로서뿐 아니라 연속의 양식이 될 수 있게 하는 것이 바로 과거이다. 데리다와 들뢰즈 둘 다 매우 다른 방식으로 차이가 공간의 양식화에서의 벡터로서 작용하는 이 중심적인 역할을 제시하고 있다.

　　나는 미래성, 되기, 미분화와 연결된 잠재성이라는 개념을 분명하게 하기 위해 내가 이해하기에 특히 덜 표현된 철학적 양식을 명료히 하고자 한다. 이것은 철학뿐 아니라 건축도 함께 가지고 있는데, 이를 '발명의 논리'라고 부를 수 있다. 이는 아리스토텔레스적인 정체성의 논리, 반성의 논리, 이성의 논리, 자기 충족의 논리와 대비되는 것이다. 발명의 논리는 아직 제대로 해명되지 않은 상태이다. 그러한 논리만이 철학적 사유의 반성적 범주와 경험적인 프로젝트, 여기에서는 건축의 프로젝트의 실천적 요건 사이를 중재할 수 있다. 자기 충족적인 삼단논법에서는 타당하게 구성된 전제들로부터 결론이 논리적으로 따라 나온다. 이와 달리 발명의 논리는 반드시 확장적이며, 분기적이며, 정략적이다. 발명의 논리는 테크닉과 마찬가지인 전제들을 만들어 내지 않으며, 문제풀이와 마찬가지인 결론들을 만들어 내지 않으며, 결과와 마찬가지인 논증을 만들어 내지 않는다. 그러한 논리는 규제적 논리(즉, 타당한 논증과 타당하지 않은 논증을 구별하는 논리)가 될 수 없고, 언제나 서술적 논리(이것을 하라, 그런 뒤에 이것을 하고, 그런 뒤에 이것을 하라는 식의 논리)가 된다.

들뢰즈에 따르면, 철학은 문제를 해결하는 양식인 동시에 다양성을 생각하거나 이론화하는 양식이다. 건축도 마찬가지로 문제해결과 다양성에 매여 있다. 다만 건축이 다루는 다양성은 단순히 개념적이거나 단순히 물질적인 것은 아니다. 들뢰즈에게 있어, 철학은 실재를 섭렵하고 규칙을 세우고 원리를 이해하는 양식이 아니다. 오히려 철학은 응고이며, 현행적인 것과 잠재적인 것의 정렬이다. 이는 현행적인 것이 어떻게 잠재적인 것으로부터의 구별을 통해 양분을 얻고 자라나는가의 문제이며, 역으로 어떻게 잠재적인 것이 그 자체로부터 발산하고 언제나 잠재성을 향하고 잠재성 속에 흡수됨으로써 결국 현행적인 것을 점점 늘리고 줄이는가의 문제이다. 건축은 철학과 마찬가지로(그 점에서는 생물학과 물리학의 관계와 마찬가지로) 그 자신의 잠재성 위에 항구적으로 인접하도록 불가피하게 강제된다. 이는 그 자신의 실천이 개입하고 생산하고 한없이 증가하는 불확실성과 내재성의 고리이다. 모든 전문 분야마다 현재 지배적인 것으로부터 어떻게 새로움과 다름과 벌어짐을 보장할 수 있는지, 그리고 잠재적인 것을 어떻게 다시 고찰해야 하는지에 대해 스스로를 열어 두어야 한다.

잠재적인 것이라는 개념은 무엇을 의미할까? 여기에서 나는 단 하나의 개념만을 상세하게 다룰 시간(아니 그것은 공간이다!)밖에 없다. 그것은 곧 들뢰즈의 베르그송 읽기이며, 잠재적인 것에 대한 베르그송의 이해와 잠재적 이미지가 현실적인 것으로 회귀하는 것이다. 들뢰즈는 베르그송이 되기의 사상가, 지속의 사상가, 다양성의 사상가, 잠재성의 사상가라고 주장한다. 베르그송은 공간과 공간성에 대한 자신의 이해에 대비하여 지속이라는 자신의 개념을 발전시켰다. 지속에 대한 이러한 이해, 그리고 그것이 수행하는 시간성의 고정성에서 벗어나는 것은 적어도 예술, 혹은 공간의 과학에 대해 간접적인 함의를 갖는다. 예술은 발명의 논리를 통해 공간과 공간성을 유사한 방식으로 탈선시키고 변형시킨다.

적어도 이 점에 관한 한 베르그송을 잇고 있는 들뢰즈에 따르면, 공간은 일종의 다양성으로 이해해야 한다. 이 다양성은 외부성, 동시성, 연속성 내지 중복성, 정도의 차이, 양적 미분화 같은 주된 특징들을 결합한다. 공간은 불연속이며, 무한히 분할 가능하며, 정적이며, 언제나 현행적이다. 요컨대 공간은 실재적이고 비교할 수 있으며 계산할 수 있는 사물들·물질들·동일자들·실체들·존재자들의 주변이다. 공간은 과학과 현실적인 것의 자연스러운 집이다. 그곳에는 종류의 분화가 아니라 정도의 미분화가 있다.

> 공간은 정의상 우리 바깥에 있다. …… 공간은 우리가 그것을 나누지
> 않은 채 남겨 놓을 때조차도 여전히 존속하는 것으로 보인다. 우리는
> 공간이 기다릴 수 있으며 우리 상상의 새로운 노력이 공간을 나눌 수도
> 있음을 안다. 또한 공간은 공간이기를 멈추지 않기 때문에, 공간은 언
> 제나 중복됨을 의미하며, 따라서 가능한 분할을 의미한다. 추상공간은
> 사실상 무한한 분할 가능성의 정신적인 도표에 지나지 않는다.[6]

이와 달리, 지속은 연속과 비균질성과 종류의 차이와 질적 미분화의 다양성이다. 지속은 연속적이며 잠재적이다. 물론 지속은 분할 가능하지만 분할이라는 행위를 통해 변형된다. 실제로 베르그송의 연구의 상당 부분이 시간을 분할하는 것의 함의를 탐구하고 있으며, 그 중 더 심각한 것으로 모든 운동을 띄엄띄엄 떨어진 순간적 단위로 동결시키는 것이 포함되어 있다. 지속은 분할 없이 완벽하게 존속할 수 있으며, 분할은 언제나 외부로부터 지속에 부여된다. 지속은 그 연속성을 통해 균질적이고 매끄럽고 선형적인 것이 아니다. 오히려 지속은 '망설임'과 갈래치기와 펼침과 창발의 양식이다.

---

6 Henri Bergson, *Matter and Memory*, trans. Nancy Margaret Paul and William Scott
Palmer, New York: Zone Books, 1988, p.206 [프랑스어판 원본: Henri Bergson, *Matière
et mémoire*, Paris: PUF, 1985, pp.231~232. 한국어판: 앙리 베르그송, 『물질과 기억』, 박종원 옮
김, 아카넷, 2005, 344~345쪽. 이하 이 책에서의 인용 출처는 프랑스어판의 쪽수를 적고 괄호 안
에 영어판 쪽수를 적은 뒤, 한국어판의 쪽수를 병기한다. 예를 들어 Bergson, *Matière et mémoire*,
pp.231~232(206), 344~345쪽 ── 옮긴이].

만일 공간과 시간을 띄엄띄엄 떨어진 현상으로, 즉 그 다양한 특질과 속성에서 분리되고 사실상 반대되는 현상으로 표상한다면, 공간을 끌어내는 이 원초적인 시간화의 과정이 무시될 뿐 아니라, 지속과 시간성의 개념이 존재하게 만드는 원초적인 공간화의 과정이 출현하지 못한다. 베르그송 자신은, 드물게 그러긴 했지만, 이 점을 지적하면서 공간에 대한 자신의 이해를 정당화하고 다듬어 나간다. 공간 자체가 꼭 정량화의 공간이어야 한다거나 그럴 수밖에 없는 것은 아니다. 오히려 공간은 과학, 특히 결정론적이며 예측 가능한 라플라스(Pierre-Simon Laplace)의 모형에 따르는 과학을 수행하기 위한 특정의 양식이다. 그 결과 공간은 공간의 수학화와 순서화로 이어지며, 이것을 공간 자체의 바로 그 본성으로 보이게 만든다. 어떤 의미에서 베르그송은 하나가 다른 것으로 되기, 즉 그들 사이의 직접적인 전복의 관계에 주목하고 있다. 그러면서 그는 공간을 시간의 수축으로, 그리고 시간을 공간의 확장 내지 지연으로 개념화하고 있다.

공간은 공간을 뒤집고 변형해 버리는 잘못된 개념과 가정들과 습관과 반성되지 않은 제스처 속에 빠져 있다. 건축은 공간조작의 예술이자 과학으로서 다른 전문 분야나 실천에서처럼 이 점에 대해 함의를 갖는 것임에 틀림없다. 베르그송에 따르면, 어떤 사고의 습관이 공간과 물체 내지 공간과 연장 사이의 관계를 전복해 버리며, 그럼으로써 마치 공간이 물체보다 먼저 있는 것처럼 보이게 만든다. 사실 공간은 물체와 연장과 운동을 **통해** 생성되는데도 말이다.

구체적인 연장성, 다시 말해서 지각할 수 있는 질의 다양성은 공간 안에 있는 것이 아니다. 오히려 우리가 연장성 속으로 밀어붙이는 것이 바로 공간이다. 공간은 실재의 운동이 위치되는(posit) 토대가 아니다. 오히려 공간을 그 자체 아래에 탈위치시키는(deposit) 것이 바로 실재의 운동이다. 그러나 우리의 상상은 무엇보다도 표현의 편리함과 물질적인 생명의 절박감에 사로잡혀 있어서 용어의 자연스러운 질서를 전도하기를 더 좋아한다. …… 따라서 운동을 단지 거리의 변이로만 보게 되며, 공간은 운동에 앞서서 있는 것으로 가정된다. 그러면 균질적이고 무한히 분할할 수 있는 공간 속에서 우리는 (상상을 통해) 궤적을 그리고 점들을 고정시킨다. 그런 뒤에는 궤적에 운동을 적용함으로써 우리는 운동이 우리가 그렸던 선처럼, 즉 거기에서 질을 제거해 버린 선처럼 분할할 수 있음을 보게 된다.[7]

공간 자체, 즉 이러한 상상의 규칙의 바깥에 있는 공간은 멈춰 있거나, 고정되어 있거나, 무한히 확장할 수 있거나, 무한히 나눌 수 있거나, 구체적이거나, 확장되어 있거나, 연속적이거나, 균질적인 것이 아니다. 그러나 아마 우리는 일상의 생활을 지속하기 위해 이러한 용어들로 생각해야 할 것이다(그리고 건축은 아마 다른 어느 것보다 이러한 공간의 이해에 더 많이 집중되어 있다). 공간은 시간과 마찬가지로 창발과 침식이며, 질서 있는 것과 통제된 것과 멈춰 있는 것을 향해 있는 것이 아니라 사건을 향해, 운동이나 작용을 향해 있다. 만일 우리가 베르그송이 암시한 것처럼 "운동을 공간 속에 닫아 버린다면" 공간을 양화 속에 닫아 버리는 것이며, 그럼으로써 다시는 공간을 질의 용어, 차이와 불연속의 용어로 생각할 수 없게 된다. 우리는 공간들을 생각하지 않고 기껏해야 국

---

7 Bergson, *Matière et mémoire*, p.245(217), 363쪽.

지화에 대한 표시로 '장소들'이라는 말을 되뇔 수 있을 뿐이다. 공간은 이런 종류의 복수화를 거부하는 것처럼 보인다. 공간은 그 자체로 연속적이며 특이하며 무한하다. 공간은 그 자체로 기성물로, 고정성 속에 주어지는 것으로, 그 형태 속에 고정된 것으로 나타난다. 그렇다면 아인슈타인 이후의 존재론에서 상식이 되었듯이 시간이 공간의 네번째 차원으로 이해된다면, 공간은 공간과 시간 모두를 파악하는 양식이다.

베르그송이 하나의 공간 또는 공간들이 그 속에서 펼쳐지는 운동과 작용들에 민감할 것을 요구한다는 점이 중요하다. 베르그송은 공간을 시간에 대한 거리 또는 공간이라는 과학의 용어로 보는 대신에 (상세하게 발전시킨 것은 아니지만) 그와 다른 이해를 지시한다. 거기에서 공간은 특정한 운동들과 특정한 공간들을 통해서 창발하며, 거기에서 운동은 공간을 펼치고 현실화한다. 들뢰즈는 다음과 같이 설명한다.

공간은 결과적으로 물질이거나 연장이지만 물질의 '도식'(schema)이다. 즉 확장의 운동이 종국에 이르게 될 극한의 표현, 다시 말해 모든 가능한 확장들의 외부 껍질이다. 이런 의미에서 공간 안에 있는 것은 물질도 아니고 확장성도 아니다. 오히려 그 반대이다. 우리가 그 물질이 천 가지 방식으로 확장되거나 연장된다고 생각한다면, 우리는 또한 모든 종류의 상이한 확장성들이 존재하며 모두가 관계되면서도 여전히 제한되며 그것이 끝나게 되는 것은 오로지 우리 자신의 공간의 틀을 뒤섞을 때뿐이라고 말해야 한다.[8]

---

8 Deleuze, *Bergsonism*, p.87.

이런 종류의 공간은 더 이상 정적이고, 무한히 연장되고, 매끄럽고, 규칙적이고, 격자와 좌표와 기하학적 분할을 따르는 것으로 볼 수 없으며, 그 속에서 무슨 일이 일어나는지와 무관하게 본래대로 손대지 않고 남겨 둘 수 있는 종류의 공간으로 볼 수 없다. 공간의 시간성을 개방해 둠으로써 공간은 변화와 재구성을 따르게 되며, 특수해지고 개별화된다. 베르그송이 제안하듯이, 직접적이고 체험된 경험의 공간으로 돌아가야 하는 것인지는 분명하지 않다. 한편에서 보면, 세기말에 우리의 체험된 경험은 베르그송의 시대에는 문자 그대로 전혀 상상할 수 없는 공간들과 연관된다. 또한 경험의 직접성도 그 자체로는 공간 거주의 사회적 양식에 맡겨져 있다. 다른 편에서 보면, 직접적 경험이 가장 강도 높게 인공적이고 제조된 운동과 공간만큼이나 잠재성과 강도의 증식점인지는 분명하지 않다.

드물기는 하지만, 베르그송은 공간을 다른 방식으로 생각할 수 있는 가능성을 주장하기도 한다. 공간을 지속과 이원적으로 대립하는 것이 아닌 것으로 보자는 것이다. 공간을 현행성의 순수한 매체가 되는 것으로 보는 대신에 공간이 잠재성들의 놀이를 위한 마당이라고 상상할 수도 있다는 것이다.

구체적인 연장, 즉 연속되고 다양화되고 동시에 조직된 연장에 관해 우리는 그것이 그것을 지탱하는 비정형의 관성적 공간에 매여 있어야 하는 이유를 알 수 없다. 그 공간이란, 우리가 무한정 나누는 공간, 그 속에서 도형들을 임의로 깎아 낼 수 있는 공간, 그 속에서 운동 자체가 …… 수없이 많은 순간적인 위치들로만 나타나는 공간이다. 왜냐하면 과거와 현재의 일관성을 확신할 수 있는 것이 아무것도 없기 때문

이다. 그렇다면 어떤 척도에서는 연장성(extensity)에서 벗어나지 않고
서도 공간을 초월할 수도 있을 것이다. 여기에서 우리는 정말로 직접적
인 것으로 회귀하게 된다. 왜냐하면 우리는 실제로 연장성을 지각하는
(perceive) 반면, 공간은 단지 인지될(conceive) 뿐이기 때문이다. 공간
은 일종의 정신적 도표이다.[9]

베르그송의 제안에 따르면, 우리가 물질 밑에 깔려 있거나 그 밑에
펼쳐져 있는 공간, 물질의 위치의 무심한 좌표들로 작용하는 공간, 물질
과 운동의 효과로서의 기능을 갖는 공간이 아닌 다른 공간의 개념을 다
시 창조할 수 있다고, 아니 그러한 개념으로 되돌아갈 수 있다고 한다.
그것은 존재하는 공간, 신이 준 공간, 수치적 분할의 데카르트적 공간이
아니다. 그것은 펼침의 공간이다. 그것은 시간이 그렇듯이 운동의 궤적
으로 정의되며, 그럼으로써 되기(즉 그 자체가 아닌 다른 것으로 되기, 이
제까지 그러했던 것과 다른 것으로 되기)에 열려 있는 공간이다. 되기라는
말은 그 자체가 아닌 것으로, 그것이 그래 왔던 것이 아닌 것으로 된다는
의미이다.

만일 우리가 철학적 실재론과 관념론이 공유하고 있는 이 공통 가설의
바탕으로 되돌아가려 한다면, 그 공통 전제가 균질한 공간을 일종의 무
관심한 사무실처럼 여기는 것으로 이루어져 있음을 알게 된다. 공간은
단순히 물질적 실재를 떠받치고 있거나, 아니면 지각들에게 지각들 자
체를 좌표화하는 수단을 마련해 주는 기능을 (여전히 순전히 사변적으

---

9 Bergson, *Matière et mémoire*, p.208(187), 312~313쪽.

로) 가질 뿐이라고 가정된다. 따라서 실재론의 모호함은 관념론의 모호함과 마찬가지로 그 둘 다에서 우리의 의식적 지각과 의식적 지각의 조건들이 행위가 아니라 순수한 지식을 향하는 것으로 전제되어 있다는 사실에서 비롯된다. 그러나 이제 이 균질한 공간이 물질적인 사물들이나 우리가 그에 대해 가질 수 있는 순수한 지식에 논리적으로 앞서는 것이 아니라 오히려 뒤에 온다고 가정해 보자. 연장성이 공간보다 앞선다고 가정해 보자. 균질한 공간이 우리의 행위 오직 그것에만 관련된다고 가정해 보자. 이는 물질적 연속성에 대한 지배력을 갖기 위해, 또한 우리의 활동과 필요의 계획에 따라 물질적 연속성을 분해하기 위해, 우리가 물질적 연속성 아래에 펼쳐 놓는 무한히 미세한 그물망과도 같다. 그렇게 가정하면 우리의 가설은 과학과 조화를 이룰 수 있게 하는 이점을 가지고 있다. 이는 각 사물이 다른 모든 사물들에 영향을 주며, 결과적으로 어떤 의미에서는 연장된 것 전체를 차지한다는 것을 말해 준다.[10]

베르그송이 지속과 일치시키고 있는 것과 똑같은 되기의 속성들은 이제 공간성을 동반하는 것으로 볼 수 있다. 이는 마치 과거 전체가 다양한 정도들로 현재의 각 순간으로 오그라드는 것과도 같다. 다시 말해서 현재가 그 자체를 넘어서 연장되어 있는 잠재성들을 짊어지고 있는 것과도 같다. 잠재적 과거라는 밸러스트(ballast)[11]는 비포함적이고 무한히 갈라지는 현재로부터 예측 불능의 미래를 충분히 몰아댈 수 있다. 따라서 공간과 공간성 전체도 위치의 특정성으로 오그라든다. 어느 공간을

---

10 *Ibid*., p.260(231), 382~383쪽.
11 선박의 균형을 유지하기 위해 바닥에 싣는 중량물. ——옮긴이

차지한다는 것은 잠재적인 공간성 전체를 담고 있다. 다시 말해서 시간과 공간 속에서 물질에 가해지는 나의 작용과 물질이 나에게 작용하는 것의 무한한 가능성이다. 어떤 순간을 기억하는 것은 그 자신을 과거 속으로 내던지는 것이며, 사건들이 일어난 곳에서 사건들을 찾는 것이다. 시간 속에서, 과거 속에서. 다른 공간을 경험하는 것은 그 자신을 공간성 속에 내던지는 것이며, 모든 공간과 더불어 공간화하는 것이다. 기억한 다는 것(자신을 과거 속에 놓는 것), 다시 위치시키는 것(자신을 어딘가 다른 곳에 던지는 것)은 시간 전체와 공간 전체를 차지하는 것이며, 심지어 지속과 위치가 언제나 특정적이며, 언제나 운동과 작용을 통해 정의된다는 것을 인정하는 것이다. 이는 공간을 그 형식이 내용에 의해 주어지는 매체, 용기, 수동적 그릇으로 개념화하기를 거부하는 것이다. 그 대신 공간을 되기의 순간, 열림과 증식의 순간, 한 공간으로부터 다른 공간으로의 이동, 시간에 따라 달라지는 변화의 공간으로 보는 것이다.

과학이 공간을 위치 짓던 포함(containment)이라는 관념을 교정하기 위해 베르그송이 제안했던 것 같은 과학 이전의 직접성으로 되돌아가는 대신에, 지속을 통해 공간의 힘을 다시 빼앗기 위해, 그리고 공간과 시간 대신 되기를 회복하기 위해, 나는 다른 접근을 제안할 것이다. 시간이 선형적이거나 연속적인 것도 아니고 순환적이거나 회귀적인 것도 아니라 미결정·펼쳐짐·계열적·배증적·복잡함·비균질이라면, 공간도 중립적인 것도 아니고 특이하고 균질한 것도 아니라 다른 공간으로 열려 있는 것으로, 과정들이나 사건들에 동반하는 것만큼이나 그것들을 조절하지 않는 것으로 다시 구성해야 한다. 베르그송이 주장하듯이, 우리가 그런 공간(또는 시간)을 **경험하거나** 살아 봐야 할 필요는 없다. 이것은 가능하지도 않고 필요하지도 않아 보인다. 더 적절하게 지성적인, 그러나 모든 실용적인 것을 넘어선 모형이 필요하다. 그 모형을 통해 우리는 잠재적 시간이 잠재적 공간이 되는 증식의 최대 경로를 이해하고 이를 활발하게 모색할 수 있다. 이 모형들은 이제 정당화와 근본 이유가 덧붙여진 채 우리가 우리의 삶을 이전처럼 살 수 있게 해주는 단순한 자기 도취의 양식이 아니다. 오히려 이 모형들은 우리가 발명의 논리와 실험하기를 따라 이해하고 보고 생각하고 다르게 짓는 데 도움이 될 것이다.

지각하기

잠재적인 것이 어떻게 공간 개념을 풍부하게 하고 그럼으로써 건축 프로젝트의 개념을 풍부하게 하는지 이해하려면, 잠재적인 것이 지속에서, 그리고 특히 과거를 그 잠재성의 상태로서의 현재로 집어넣기에서 하는 역할을 경유하며 조금 에둘러 갈 필요가 있을 것이다. 이는 곧 공간성을 잠재성으로 생각하게 하는 중심 개념이나 중심 용어를 제시하는 것이리라.

  베르그송은 지각(perception)과 기억(memory), 즉 현재와 과거에 대한 우리의 접근양식을 조작적 또는 실용적인 용어로 정의하고자 한다. 현재는 작용하는 것인 반면, 과거는 더 이상 작용하지 않거나 그 작용이 기껏해야 잠재적인 것으로 이해될 수 있다.[12] 지각은 여명의 작용, 발생기의 작용, 가능성 속의 작용(action-in-potential)과 연결되어야 한다. 지각은 활성적인 만큼 현실적이며, 따라서 임박한 미래에 주로 관계된다. 이와 반대로 기억을 사라져 가는 지각으로, 공통장소가 그렇듯이,

---

12 Bergson, *Matière et mémoire*, p.71(68), 120쪽.

과거 속으로 후퇴해 버린 지각으로 여기는 대신, 기억을 관념작용적이며 비활성적이며 잠재적인 것으로 여겨야 한다. "과거는 관념에 지나지 않으며, 현재는 관념 운동적이다."[13] 현재의 지각과 과거의 회상은 단순히 정도의 차이(하나가 다른 것의 약해진, 감소된 판본)가 아니라 종류의 차이이다. 지각은 실재를 향해, 공간과 물체와 물질과 미래를 향해 우리를 몰아대는(propel) 반면, 기억은 의식을 향해, 지속을 향해, 과거를 향해 우리를 재촉하는(impel) 것이다.[14] 지각이 우리를 작용으로 재촉하고 그럼으로써 물체로 재촉한다면, 그런 만큼 물체는 그에 대한 내 몸의 가능한 작용을 반영한다.

현재는 행동하며 살아 있는 것이다. 현재는 현행 속의 직접적인 미래를 예견하도록 기능한다. 현재는 임박한 작용의 형식이다. 과거는 더 이상 작용하지 않는 것이다. 어떤 의미에서 과거는 그림자와 같은 사라져 가는 존재로 살아간다. 여전히 그러하다. 그것이 실재이다. 과거는 여전히 회상의 형식으로 접근할 수 있다. 이는 습관기억 속의, 아니면 이미지기억 속의 추동 메커니즘이다. 베르그송이 보기에, 과거가 현재의 조건인 것과 똑같은 방식으로 습관기억과 이미지기억은 지각의 조건이다. 과거 자체는 무능력하지만, 과거를 현재의 지각과 연결한다면 또 다른

---

13 Bergson, *Matière et mémoire*, p.71 (68), 120쪽.

14 *Ibid.*, p.180 (162), 275쪽의 그림을 볼 것(오른쪽 그림). 원뿔 SAB는 기억 전체를 여러 수축의 정도에 따라 나타낸다. 밑면 AB는 과거에 놓여 있으며 현재와 연결될 수 없는 반면, 점 S는 나의 지속되는 현재를 가리킨다. 평면 P는 우주에 대한 나의 현실적인 현재 표상이다. S는 지각 운동 기능의 자취이다. 단면 AB, A′B′, A″B″는 많든 적든 응축된 기억의 반복이다. 기억이 더 확장되고 더 상세해질수록 기억이 현재 행위에 접근하는 것은 더 적어진다.

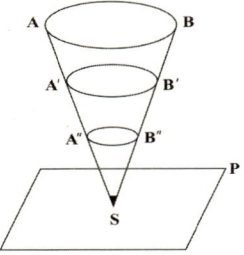

지각의 현행 자극이 경로 속에 편입될 가능성을 갖게 된다. 이런 점에서 현재는 순수하게 자기 포함적이지 않다. 현재는 과거를 전제 조건으로 삼으며 직접적인 미래를 향해 있다. 우리의 지각은 사물에 대한 우리의 잠재적 행위의 척도이다. 현재는 지각과 현행을 향해 있으며, 그 상호작용의 문턱이며 따라서 지속의 장소이다. 현재는 내가 내 몸에 대해 갖는 의식으로 이루어져 있다. 기억, 과거는 내 몸과 연결되어 있거나 내 몸과 맞닿아 있지 않다. 이 논변의 목표에서 가장 중요한 것은 현재는 현실적인 것의 영역 속에서 기능하기 때문에 과거는 잠재적인 것의 영역 속에서 기능한다는 것이다.

과거는 재현하는 데 도움을 주는 우리에게 유용한 기억 이미지와 동일시할 수 없다. 오히려 과거는 그 자체로 기억 속에서 현실화할 수 있는 씨앗이다. 기억은 현재가 과거로 접근하는 양식이다. 과거는 시간 속에 보존되는 반면, 기억 이미지 즉 과거의 이미지나 원소들은 현재의 이해에 따라 선택될 수 있다. 지각이 물체가 있는 곳, 즉 나 자신의 외부와 공간 속으로 물체를 향하게 하는 것과 꼭 마찬가지로, 그리고 내가 변용(affection, 들뢰즈는 이것으로 강도를 나타내고자 했다)을 변용이 일어나는 곳, 즉 내 몸 안에서[15] 지각하는 것과 꼭 마찬가지로, 나는 기억이 가라앉아(subside) 내재하는(subsist) 과거의 영역 속에 내 자신을 놓아둠으로써만 회상하거나 기억할 수 있다. 따라서 역설적으로 기억과 과거는 **우리 안에** 있는 것이 아니다. 이는 지각이 **우리 안에** 있지 않은 것과 마찬가지이다. 지각은 우리 자신의 바깥, 즉 물체가 있는 곳에서(즉 공간 속에서) 일어난다. 기억은 과거가 있는 곳으로(즉 지속 속으로) 데려간다.

---

15 *Ibid.*, p.63(57), 109쪽.

들뢰즈 독해에 따르자면, 베르그송은 한 걸음 더 나아가 주체성 또는 생명은 오직 시간일 뿐이며, 생명이 이 주체성 안에 참여하는 것은 생명이 지속 속에 젖어 들어 있는 한이라고까지 말한다.[16]

베르그송은 현재와 과거에 대한 우리의 개념화에 관련된 모든 일련의 가정들을 문제시하는 것으로 보인다. 우리는, 현재가 힘이 빠져 버리면 어떻게든 기억의 형태로 저장되어 과거 속으로 미끄러져 간다고 믿는 경향이 있다. 그러면 과거는 다른 현재로 대치되는 것이다. 베르그송은 이런 가정에 반대한다. 베르그송은 새로운 현재는 낡은 현재를 결코 대치할 수 없다고 주장한다. 낡은 현재가 여전히 현재인 동안에는 지나가는 것이 아니기 때문이다. 과거에 뒤이어 현재가 따라온다는 더 일상적인 주장 대신에 과거와 현재의 **동시성**이라는 베르그송의 가설이 나타난다. 과거는 과거가 이전에 현재였던 그 현재와 동시존재(contemporaneous)이다. 과거와 현재는 같은 시간에 존재하며 일어난다. 과거가 현재와 공존하지 않았다면 결코 존재할 수 없었을 것이다.

과거와 현재는 두 연속적인 순간을 지칭하지 않는다. 과거와 현재는 공

---

16 이 사례는 베르그송의 저작들이 이미 이상하리만치 포스트모던적이고, 확실히 놀랄 만큼 포스트휴먼적인 특징을 지니고 있음을 보여 주며, 심지어 휴머니즘을 가장 옹호하는 것으로 여겨지는 저작들에서조차 그러하다. 사실상 지금 베르그송의 저작을 폄하할 때 대개 단순하다고 특징을 짓는 것과 달리, 베르그송 자신은 흔들림과 조용한 기묘함과 복잡성을 보인다. 이 점이 들뢰즈의 비주류적인 독해로 이어진 것 같다. "베르그송은 올바른 인간의 지혜와 균형이 철학 덕분이라고 말하는 철학자들 중 하나가 아니다. 우리에게 인간이 아닌 것과 인간을 넘어서는 것(우리 자신보다 열등하거나 우월한 지속)으로의 길을 열어 줌, 그리고 인간 조건을 넘어서는 길을 열어 줌, 바로 이것이 곧 철학의 의미이다. 즉 우리의 조건이 우리가 나쁘게 분석된 합성물들 속에서 살고 있으며 우리 자신이 나쁘게 분석된 합성물이라고 힐난하는 점에서 그러하다"(Deleuze, *Bergsonism*, p.28).

존하는 두 원소를 지칭한다. 하나가 지나가기를 멈춘 현재라면, 다른 하나는 존재하기를 멈추지만 모든 현재들이 거기를 거쳐 가는 과거이다. …… 과거는 현재를 따라가지 않는다. 반대로 과거는 그것 없이는 현재가 지나갈 수 없는 순수한 조건으로서 현재에 앞서 있다. 다르게 말하면 모든 현재는 과거로서 그 자신에 되돌아간다.[17]

베르그송은 만일 과거에 대한 접근이 현재와 현재의 지나감을 통해서뿐이라면 과거에 송두리째 접근할 수 없을 것이라고 주장한다. 우리가 과거에 접근하는 유일한 길은 잠재성 속으로의 도약을 통해서이다. 과거 자체로의 이동을 통해서, 과거가 우리 밖에 있음을 봄으로써, 과거가 우리 속에 있는 것이 아니라 우리가 과거 속에 있음을 봄으로써. 과거는 존재하지만 잠복성 또는 잠재성의 상태 속에 있다. 우리가 회상, 즉 기억 이미지를 가지려면 우리는 우리 자신을 과거 속에 두어야 한다. 우리가 이렇게 하는 것은 두 가지 이동 내지 단계를 통해서이다. 먼저 우리는 우리 자신을 일반적인 과거 속에 둔다. 일반적인 과거는 현재의 직접성으로부터의 분리를 통해서만 일어난다. 다음으로 우리는 과거의 특정한 영역 속에 우리를 둔다. 베르그송은 과거를 일련의 평면 혹은 선분으로 인지한다. 각 평면들은 다소 축소된 형태로 과거 전체를 재현한다. 우리가 한 조의 기억들로부터 다른 조의 기억들로 이동하는 것은 잠재적

---

17 Deleuze, *Bergsonism*, p.59 ["과거와 현재는 이어지는 두 계기를 지칭하는 것이 아니라 공존하는 두 요소를 지칭한다. 그 하나는 현재인데 그것은 끊임없이 지나가고, 다른 하나는 과거인데 그것은 끊임없이 존재하며 그것을 통해 모든 현재가 지나간다. 바로 이런 의미에서 순수 과거가, 일종의 '과거 일반'이 존재한다. 과거는 현재를 뒤따르지 않고 오히려 반대로 그것 없이는 현재가 지나갈 수 없는 순수 조건이라고 상정된다. 바꿔 말해, 각각의 현재는 과거로서의 자기 자신으로 복귀한다"(들뢰즈, 『베르그송주의』, 79쪽). ──옮긴이].

시간 속으로의 도약을 통해서이다. 우리는 특정 기억들에 접근하기 위해 과거 일반의 환경으로 뛰어올라야 한다. 현재는 무한히 축소된 과거의 순간으로 이해될 수 있다. 이는 과거가 몸체와 가장 직접적으로 교차하는 점이다. 현재가 지나갈 수 있는 것은 바로 이런 이유 때문이다.

각 선분은 고유한 특징을 지닌다. 그러나 각 선분은 그 안에 과거 전체를 담고 있다. 여러 층위에서 도출된 기억은 특이한 점 주위에서 뭉칠 수도 있다. 베르그송은 이를 "밝게 빛나는 기억의 점들"이라 불렀다. 이는 기억이 넓어져 가는 정도만큼 배증된다.[18] 우리가 찾고 있는 회상에 따라 우리는 특정한 선분에서 뛰어오른다. 다른 선분으로 옮겨 가기 위해서는 다시 뛰어올라야 한다. "찾고 있는 회상이 아무런 응답도 하지 않는다면, 그리고 회상 이미지 속에서 스스로를 드러내지 않는다면, 설령 다시 뛰어오르기 위해 현재로 되돌아와야 한다고 하더라도, 우리는 주어진 영역 속으로 뛰어올라야 한다."[19] 들뢰즈가 보기에 이것은 우리와 이미지의 다른 체계들 사이의 관계를 베르그송이 어떻게 이해하고 있는지를 보여 주는 전형이다.

이와 유사한 구조를 통해서 비로소 우리는 우리 자신을 현재에서 분리하여 언어적 발화를 이해하거나 개념적 연결을 만들 수 있다. 시간 이미지의 구조는 언어 이미지의 구조와 사유 이미지의 구조를 담고 있다. 우리 자신을 언어 전체 속에 내맡김으로써만, 의미 일반의 영역 속에 내맡김으로써만, 비로소 우리는 어떤 발화를 이해할 수 있게 된다. 개념의 영역 속으로 도약해야만 비로소 문제를 이해할 수 있게 된다.[20] 이 세

---

18 Bergson, *Matière et mémoire*, p.190(171), 288쪽.
19 Deleuze, *Bergsonism*, p.99.

가지 도약은 과거와 언어와 사유의 다른 농도 속으로 파고든다. 그 안에 전체를 다른 정도로 담고 있는 것이다.

베르그송의 역설적인 논의에는 현재의 각 순간과 과거 전체의 동시성 내지 공존과 더불어 또 다른 함의가 있다. 각 순간은 잠재적 과거를 나른다. 각 현재는 과거 전체를 지나 흘러가야 한다. 이것이 과거 일반이라는 말의 의미이다. 과거는 현재가 멈춘 뒤에 오는 것이 아니다. 현재가 과거로 되거나, 어쨌든 과거로 이동하는 것도 아니다. 오히려 현재의 조건이 되는 것이 과거이다. 이전의 존재를 통해서 비로소 현재가 있게 된다. 베르그송은 연계가 일어난다는 것을 부정하려 하지는 않는다. 한 현재가(그리고 한 과거가) 다른 것을 대치하는 것이다. 그러나 그러한 현실적 연계는 과거와 현재의 잠재적 공존 때문에, 즉 현재의 각 순간(그리고 과거의 각 수준 내지 선분)에 과거 전체가 잠재적으로 공존하기 때문에 비로소 일어날 수 있다. 따라서 각 선분 사이의 반복관계가 있어서 그를 통해 각 선분의 축소 내지 팽창의 정도가 다른 것의 잠재적 반복이 되어야 한다. 그 다른 것은 동일하지 않지만 한 판본이다. 선분을 미분화하는 축소나 팽창의 정도는 차이 속의 반복의 양식을 구성한다.

들뢰즈 독해에 따르면, 베르그송은 과거와 현재에 관하여 더 상식

---

20 "이 시간 이미지는 자연스럽게 언어 이미지와 사유 이미지로 연장된다. 과거와 시간의 관계는 지각과 언어의 관계 그리고 관념과 사유의 관계와 같다. 언어의 과거로서 지각은 그 전(前) 존재의 형식이다. 이는 우리가 문장의 이미지를 이해하기 위해, 단어들과 우리가 듣는 음소의 이미지를 구별하기 위해 우리 자신을 즉시 위치시키는 것이다. 따라서 그것은 공존하는 원들, 막들, 영역들 안에서 조직화된다. 그 사이에서 우리는 혼란한 방식으로 파악된 생생한(actual) 음성 신호에 따라 선택하게 된다. 마찬가지로 우리는 우리 자신을 애초에 관념 속에 놓는다. 우리는 현행적 추구에 해당하는 이미지를 형성하기 위해 그 원들 중 하나로 뛰어든다"(*Ibid.*, pp.99~100).

적이고 일상적인 이해에 반하는 일련의 역설들을 체계적으로 발전시키고 있다.

① 도약의 역설: 도약 속에서 우리는 과거의 존재론적 요소 속에 즉시 우리 자신을 둔다. ② 존재의 역설: 현재와 과거 사이에 종류상의 차이가 있다. ③ 공존의 역설: 과거가 그래 왔던 현재를 뒤따라오는 것이 아니라 현재와 공존한다. ④ 심리적 반복의 역설: 각 현재와 공존하는 것은 수축과 이완(détente)의 여러 수준에 있는 과거 전체이다.

이러한 베르그송의 역설들이 역설적인 것은 지속이 공간의 모형이 될 때이다. 이 역설들은 모두 기억에 대한 더 평범한 이론들의 비판이다. 평범한 이론들은 다음과 같이 말한다.

① 우리는 현재로 과거를 재구성할 수 있다. ② 우리는 하나에서 다른 것으로 점차 거쳐 갈 수 있다. ③ ······ 과거와 현재는 이전과 이후로 구별된다. ④ ······ 마음(mind)의 작업은 (수준의 변화나 진정한 도약이나 체계의 재작업을 통해서가 아니라) 요소들을 덧붙임으로써 수행된다.[21]

베르그송은 그렇게 하지 않았지만, 공간성의 자기 포함(self-containment)과 고정성도 마찬가지로 논의할 수 있을 것으로 보인다. 지속은 그 개념적 내용의 부분으로 다음과 같은 생각을 담고 있다.
① 불공평, 비균질, 축소와 팽창의 상태, 시간은 상세한 정교화의 상

---

21 Deleuze, *Bergsonism*, pp.61~62.

태 또는 응축된 배치의 상태 속에 존재한다.

② 차이, 특정성, 다양성: 모든 운동은 각자의 지속을 갖는다. 각 사건은 각각의 펼침을 갖는다. 지속들은 단순하게 외떨어져 있는 것이 아니라 다른 지속들과 교차하며(내 행위의 지속이 내가 그것을 가지고 작업하는 물체들과 물질들의 지속과 상호작용할 수 있다), 또한 일종의 거대지속에 참여하기 마련이다. 그 거대지속은 비교할 수 있고 서로 맞물린 지속들과 되기들의 그물망 속에 나타나는 세계지속이다.

③ 동시성, 현재 속의 과거의 공존, 과거의 현행화로서의 현재의 예상(달리 말해서 두 종류의 시간의 공존, 즉 한편으로 고착되고 잠재적인 시간과 다른 한편으로 동적이고 현행적인 시간의 공존). 이 두 종류의 지속은 그들 사이의 차이로 환원될 수 없다. 과거는 과거가 이전에 현재였던 그 현재와 동시존재이다.

④ 연계, 과거·현재·미래의 복합성. 각각은 필연적으로 다른 것들의 기능과 연관된다. 이는 결정론(이는 실상 미래의 존재를 지워 버리며 과거의 유효성만이 가능하게 만든다)을 통해서가 아니라 과거로부터 현재로의 발산, 현재로부터 미래로의 발산, 현재의 직접성이 없는 과거와 미래의 맞물림(그 둘 다가 그 자체로 현재를 통해 창발하지 않은 채 잠재적이며 생산적이다)을 통해서이다.

여전히 다음과 같은 의문들이 남는다. 이 이상하고 역설적인 지속의 정식화가 어떤 공간적 대응물에도 적용될까? 우리가 공간을 인지하고 실제로 체험하는 방식이 이와 유사하게 현전과 습관적 자명성을 어지럽히고 제거할 수 있을까? 나의 원래 질문으로 되돌아간다면, 잠재적 공간이란 어떤 것일까? 그런 개념화의 귀결은 무엇인가? 어떻게 사고할 수 있는가? 어떻게 구성하고 체험하고 실천할 수 있는가?

나는 앞에서 발명의 논리가 필요함을 말했다. 논리적 확실성, 보편적 타당성, 시간과 공간의 특수함과 무관하게 절차의 규칙을 제시할 수 있는 능력을 요청하는 대신 발명의 논리는 창의력, 실험하기, 참신성, 특정화, 특수함을 중심 요소로 삼아야 함을 요청한다. 발명의 논리는 확실해지려고 하는 것이 아니라 오히려 부추기고 유도하고 번식하려고 할 것이다. 그런 논리는, 무모순성과 일관성과 규칙성의 문제들로 향하기보다는 유일성의 직관에, 각 상황을 그 특정한 긴급성에 따라 직면하는 것에, 혁신만큼이나 실패에도 열려 있음에 초점을 맞출 것이다. 내가 아리스토텔레스의 논리를 그런 창조의 논리로 대치할 것을 제안하는 것은 아니다. 나는 그 두 논리가 각각 잘 작동하며 그 특수한 권역에서 적절하다는 점을 인정하자고 제안할 따름이다. 그런 '발명의 논리'는 언제나 건축을 지배해 왔다. 질문은 다음과 같다. 이 논리를 분절하기 위해 가장 좋은 용어는 무엇인가? 달리 말해서, 단순하게 외면으로부터 이론적 틀을 꺼내거나 떠맡기는 것이 아니라 어떻게 그 건축적 실천으로부터 그 **고유의** 이론을 추출할 것인가? 이것은 건축 그 자체의 (이론적) 잠복성, 그 잠재성에 관해 탐구하는 것이다.

내가 제시할 수 있는 것은 잠재성 그리고 그것이 공간을 다시 생각하고 어쩌면 다시 창조하는 데 갖는 함의를 더 일반적으로 이해하는 것뿐이다. 나에게는 두 가지 생각이 있다. 하나는 공간을 되기와 지속을 통해 다시 생각하기에 관한 것이며, 다른 하나는 잠재적인 것이 건축의 이론과 실천에 어떤 함의를 지니는가 하는 것이다.

공간을 분화와 발산의 과정들에 대한 개방성이라는 용어로 재개념화하기 위한 몇 가지 가능성을 살펴보자. 가능해 보이는 것은 베르그송이 지속에 부여한 특질들 중 다수가(아니면 적어도 몇 가지는) 공간성을 고려하는 데에도 적절할 것이라는 점이다. 특히 원초적 경험 속의 시공간이 수학화에 앞서 공간을 지속의 운동과 연결시킨다는 점에서 그러하다. 지속이 지니는 독특한 속성들이 공간성에 대해서도 대응 부분을 갖지 않을까 한다. 가령 지속이 응축과 팽창의 상태 속에 존재한다면, 균일하지 않은 강도에 따라 존재한다면, 점점 더 상세하게 세련화하거나 아니면 단순히 세기의 '빛나는 점'으로만 기능하는 것이라면, 그렇다면 아마 공간도 균일하고 균질하고 연속적이고 무한히 똑같은 것으로 여겨질 필요가 없을 것이다. 아마 공간도 강도나 압축이나 탄성의 궤적을 갖고 있을 것이다. 아마 공간은 더 이상 연속적인 매질로 볼 필요가 없을지도 모른다. 아마 공간은 덩어리져 있고 특정한 강도를 가지며 국소화되어 있고 영역화되어 있는 것으로 볼 수도 있을 것이다. 여기에서 나는 단순히 배경이나 경관에 대해 말하고 있는 것이 아니라 특정 영역에 깔려 있는 근원적 혹은 존재론적 공간에 대해서도 말하고 있는 것이다. 내가 단순히 아인슈타인의 시공간에 대한 통찰을 확증하고 있는 것도 아니다. 아인슈타인의 통찰에서는 시간의 팽창과 공간의 수축 사이에 여전히 매끄럽고 수학적인 배열의 관계가 있다. 공간 그 자체의 바로 그 배치가 비균질적일 수도 있다. 이는 마치 지속의 운동이나 배치가 다양한 것과 마찬가지이다. 달리 말하자면, 아마 **물질성**(materiality)이 그 내용을 가지고 공간 위에 있는 것이 아니라 공간 자체에 물질성이 있는 것인지도 모른다.

이것은 공간이 비균질적이라면 공간 자체가 배증적이고 미분적이고 특정적임을 의미한다. 그 자체의 연장성의 양식을 갖는 특정한 위치와 장소와 영역이 있다. 강도와 마찬가지로 연장적인 것(extensive)은 언제나 점으로부터 뻗어 나가며, 공간적으로 '여기', 즉 공간적인 현재가 된다. 공간적 현재는 그 자신의 영역을 규정하지만 이 영역성은 다른 여기들의 영역성과도 교차하며, 세계의 지속과 마찬가지로 더 큰 공간, 즉 세계의 공간이나 심지어 우주 공간에도 이어진다. 이는 어떤 식으로도 다른 공간들 사이의 구체적인 차이들을 제한하거나 과소평가하지 않는다. 우주론적인 공간은 그 안에서 장소들이나 영역들이 중립화의 양식으로 위치하게 되는 그런 우두머리 공간이나 최고의 공간이 아니다. 오히려 우주론적인 공간은 그 자체로 잡동사니와 균일하지 않은 것으로 여겨질 수 있을 것이다.

두 유형의 시간이, 즉 잠재적인 시간(과거)과 현실적인 시간(현재)이 공존한다면, 그리고 그 공존이 서로가 작동하는 데에 필연적이라면, 그렇다면 아마 현재와 과거의 시간적 동시성이라는 역설적인 베르그송의 관념을 통해 시간적 연속성의 기준을 이렇게 놓는 공간적 상관관계가 있을 것이다. 분명히 공간적 관계는 흔쾌히 동시성의 관계를 인정한다. 공간은 동시적인 관계나 공(共)연장적인 관계를 가능하게 하는 것이다. 공간성을 **계열**(succession)의 배증적 관계의 공존이라는 용어로 살펴보는 것은 아마 더 이상한 일일 것이다. 여기에서 계열은 공간들 속에 공간들이 겹겹이 있는 공간이며, 다른 것 속에 접혀 들어가 있는 공간들이며, 현재 즉 '여기'의 잠재성으로 작동할 수 있는 공간들이다. 여기에서 잠재적인 공간의 개념이 결정적인 중요성을 가질 것이다. 만일 과거와 현재와 미래가 언제나 서로 얽혀 있고 또한 발산과 분기(分岐)를 통해서만 서로를 만든다면, 아마 수치나 기하학이 아니라 가까움과 멂의 관계, 근접함과 얽힘의 관계, 매우 가까이와 매우 멀리의 상호함축이라는 용어로 공간성을 고찰하는 방법이 있을 것이다.

이 가능성을 통해 우리는 다시 한번 잠재성과 그 특수한 공간적 공명이라는 성가신 의문으로 되돌아간다. 우리는 물론 잠재적인 것이 무엇인지 직접적으로 특정할 수 없다. 그것이 잠재적인 만큼, 즉 그것이 잠재적으로 **존재**하는 만큼 그것은 현행적으로 존재하기 때문이다. 현행화의 과정에서 잠재적인 것은 현행적인 것으로 다시 나타나기 위해 원래의 그 자신을 지워 버린다. 그렇게 함으로써 현행적인 것은 그 자신의 잠재성을 만들어 낸다. 기껏해야 잠재적인 것이 무엇을 만들어 낼 수 있는지, 그리고 그것이 생성하는 효과나 차이가 무엇이 될 수 있을지 특정할 수 있을 뿐이다. 우리는 들뢰즈가 잠재적인 것(the virtual)과 가능한 것(the possible)을 어떻게 구별하고 있는지 돌이켜 볼 필요가 있다. 그는 가능한 것은 실재적인 것(the real)의 상관물 또는 대응물이라고 주장한다. 가능한 것과 실재적인 것 사이에는 두 가지 구별되는 연관이 있다. 즉 실재적인 것은 가능한 것을 닮아 있으며 또한 실재적인 것은 가능한 것의 한계이다. 가능한 것, 아니 적어도 그것들 중 하나는 수행된 실재이다. 실재적인 것은 단순히 이 비물질적인 가능함이 물질적인 형식으로 변한 것이다. 실재적인 것은 가능한 것과의 정합의 양식 중 하나이며, 그 계획 또는 청사진이다. 또는 마찬가지로 가능한 것은 단순히 실재적인 것의 과거로 돌이켜 생각된다. 대조적으로, 잠재적인 것은 실재적인 것이 아니라 현행적인 것에 대립된다(사실 잠재적인 것은 현행적인 것이 없는 실재이다). 현행적인 것은 어떤 식으로도 잠재적인 것을 닮아 있지 않으며, 잠재적인 것으로부터 제한하거나 선택하지 않는다. 현행적인 것은 "차이 또는 발산 그리고 …… 창조"를 통해 잠재적인 것과 연결된다.

현행화의 과정에서 주된 것은 차이이다. 우리가 시작점으로 삼는 잠재적인 것과 우리의 도착점인 현행적인 것 사이의 차이, 그리고 또한 그

에 따라 현행화가 일어나는 보조선들 사이의 차이이다. 요컨대, 잠재성
의 특징은 차이화함으로써 그리고 그 자체로 분화하도록 강요받음으
로써 그런 식으로 존재하게 된다.[22]

따라서 잠재적인 것은 현행적인 것이 발산하고 스스로 분화하며 분
할과 분열을 통해 진전하기를 **요구한다**. 그럼으로써 이 잠재적인 것을
예측할 수 없거나 그 안에 담겨 있지 않은 다른 것으로 변형시키게 될
현행화의 양식으로 서서히 나아가게 된다. 달리 말하면, 잠재성은 진화
적으로 작동한다. 즉 잠재성은 여전히 잠재적인 재료('유전자'나 씨앗들)
에 의해 예측할 수 없는, 그러면서도 어쨌든 그것을 통해 생성되는 새로
움의 생산을 통해 작동한다. 잠재적인 것은 생산성의 범위이며, 계획이
나 청사진과는 다른 방식으로 작동하는 것의 범위이며, 계획과 지향을
초과하여 작동한다. 이것은 잠재적인 것이 가능적인 것보다 우월하게
가지는 새로운 것의 섬광이다. 즉 예측할 수 없는 도약을 통해 혁신을 생
성할 수 있는 능력이며, 현행적인 것이 그 자신보다 더한 것이 되는 능력
이며, 늘 작동해 오던 방식과 다른 것이 되는 능력이다. 경향이나 잠재성
으로 내몰리면서도 물질, 사물, 운동과 과정들, 그리고 장애물과 만남을
통해 현행화할 수 있는 것은 미분화이다. 그것을 통해 그 잠재성과는 다
른 것, 언제나 새롭고 특이하고 유일한 것을 만들어 낼 수 있게 된다.[23]

---

22 Deleuze, *Bergsonism*, p.97.

23 콘스탄틴 V. 바운다스는 이것을 다음과 같이 잘 말하고 있다. "잠재성은 원래의 통일성과
양립 가능성 속에 담겨 있던 경향들을 현행화하기 시작하면서 괴리를 만들어 낸다. 미분화
는 균질하게 하나의 방향으로 된 계열 속에서 어느 한 현행하는 항과 다른 한 현행하는 항
사이에서 일어나는 것이 아니라, 잠재적인 항과 여러 분기하는 계열들의 탈주선을 따라 그
것을 현실화하는 비균질항 사이에서 일어난다"(Constantin V. Boundas, "Bergson-Deleuze:

그렇다면 어떻게 공간이 늘 작동해 오던 방식과 다르게 작동할 수 있을까? 그렇지 않다면, 깃들여 있는 것의 가능성들은 무엇일까? 그렇지 않다면, 연장되고 있는 것의 가능성들은 어떨까? 가까움과 멂의 살아 있는 관계는 어떨까?

■ 김재영 옮김

An Ontology of the Virtual", ed. Paul Patton, *Deleuze: A Critical Reader*, Oxford: Blackwell Books, 1996, pp.81~106).

8장 | 체현된 유토피아: 건축의 시간

한 도시가 파괴되지 않고서 어찌 철학을 시작할 수 있겠는가?
—— 플라톤, 『국가』

나의 역사 안에서 실현된 것은 그것이 무엇이었는지를 한정하는 과거가 아
니다. 왜냐하면 이는 더 이상 존재하지 않기 때문이다. 혹은 내가 무엇인가
안에 존재해 온 온전한 현재도 아니다. 그것은 되기의 과정 안에 있는 나를
위해 내가 무엇이 될 것인가 하는 '이미 와 있는 미래'(future anterior)이다.
—— 라캉, 『에크리』

체현된 유토피아라는 주제는 역설이나 아포리아를 연구해 볼 기회를
제공하는데, 이는 언제나 자신의 체계를 넘어서는 시스템, 여기서는 이
성의 시스템들의 운동을 의미하며, 동시에 그 이상향을 자신의 영향
권 안으로 끌어들이는 것을 제한하거나 조정하는 것이 불가능한 억제

---

* 이 글의 초안은 1997년 시카고대학교의 학술대회 '체현된 유토피아'(Embodied Utopias)에
  서 발표되었다.

(containment)의 양식을 의미하기 때문에 내가 가장 좋아하는 주제이다. '체현된 유토피아'라는 문구 자체가 단어들의 관계가 가지는 긴장과 불편함 사이를 배회한다. 특히 역설적 관계 안에서 가장 정확하게 표현하는바, 이 긴장은 언제나 범주·용어·가정을 다시 생각하고, 그 용어들이 사유되는 내부에서 아마도 과장되어 버린 구조에 복잡성을 더하기 위한, 가장 강력한 동기를 부여한다. 유토피아란 환상적으로 얻을 수 있는 정치적·개인적 이상들의 공간, 이상화된 미래에의 투사이다. 그러나 체현이란, 유토피아 내부에 결코 그 공간을 가질 수 없는 용어다. '체현된 유토피아'라는 어구가 과연 모순어법인지 아닌지는 분명하지 않다. 그저 난 유토피아와 체현 사이의 생산적인(그리고 아마 불가능할지도 모르는) 관계, 즉 건축 담론과 실천을 포스트모던 여성주의의 정치적·이론적 관심과 연결하는 방식으로 살펴보고 싶다. 내가 믿는바, 여성주의적·정치적·건축적·물질적 이해의 융합은 서구 사상사에서 생략되곤 했던 한 초점으로 수렴될 것이다. 비록 건축이 직접적 주제는 아닐지라도 나의 주제임을 증명하는 시간이 될 것이다.

유토피아적인 것

유토피아에 대한 담론들은 서양 철학의 출현 이래 계속 있어 왔다. 아리스토텔레스의 『정치학』의 전조가 되었던, 플라톤의 『국가』와 『법률』은, 정치적 조직의 이상적 형태를 중심으로 구조화된 유토피아 담론을 서양 세계에 가져오게 될, 더 현대적인 형태의 유토피아 담론에 토대를 제공한다. 플라톤의 이상적인 사회, 정치적 조직체의 구성에 있어 가장 중요하면서도 상당히 역설적인 점은, 그가 **폴리스** 즉 도시국가는 철인에 의해 통치되어야 하며 이성에 의해 강요된 질서의 지배하에 기능해야 한다고 이해하였다는 것이다. 질서 정연한 신체와 마찬가지로, 도시국가는 이성의 통치, 지혜의 체제 아래서 가장 적절하게 기능한다. 질서 있는 **폴리스**는 질서 있는 신체처럼 오직 순수이성의 명령과 영원의 명상에 따라야만 가장 조화롭게 작동하기 때문이라는 것이 플라톤의 기본 주장이다. 공화국의 통치자인 수호자는 이성과 진리의 열망에 있어 가장 잘 훈련받은 사람일 필요가 있으며, 그의 도덕적 특성 또한 세상에서 검증받아야 했다. 수호자들의 이론적이고 추상적인 이성은 세상의 구체적 실천을 통해 실험되어야만 한다. "완벽한 도시도 법률도, 그리고 또한 완벽한 개인도 이 철학자들 이전에는 존재한 바 없다. 아주 소수인 이들은 사악하지 않으며 지금은 무용지물이라고 말들 하지만, 그들이 원하건 아니건 간에 우연히 도시를 책임지도록 강요되며 도시는 이들에게 복종해야만 한다."[1]

플라톤이 이론화한 철학적 과두제에 비해 유토피아의 보다 '현대적'인 판형으로 눈에 띄는 것은 1516년 출간된 토머스 모어(Thomas More)의 책『유토피아』이다. 모어 자신이 설명했듯이, 이 책은 복잡하고 양가적인 16세기를 배경으로 한 "가장 좋은 공화국 헌법에 대한 논문"이다.[2] 유토피아는 조용한 바다로 둘러싸여 격리되고 어느 정도 자기 충족적인 공동체, 공간, 경제로 이루어진 섬의 이름이다. 위험하고 바위가 많은 항구에 의해 보호되어 있어서 배가 안전하게 내부로 들어오기 위

---

1 Plato, *The Republic*, trans. G. M. Gude, Indianapolis: Hackett Publishing, 1974, 499b, p.155.
2 Thomas More, *Utopia*, Cambridge: Cambridge University Press, 1975, Book 1, p.16.

해서는 길 안내를 받아야 하기 때문에 외부인, 특히 침입자의 접근이 어렵다. 섬을 둘러싸고 있는 바다는 좁은 물줄기를 따라 안쪽에 위치한, 조용하고 바람 한 점 없는 공간인 호수와 항구로 만들어졌고 험한 바위에 의해 둘러싸여 보호받고 있다. 섬 안쪽의 항구는 그 외부의 내재화된 거울상처럼 이를 둘러싸고 있는 바다의 내부 버전이다. 이 조용하고 조화로운 통합은 유토피아의 기후나 위치, 지리뿐만이 아니라 정치조직, 엄격한 자기 규제에의 헌신, 재화의 평등한 분배, 그리고 겸손·근면·덕목에의 헌신에서도 드러난다. 유토피아의 지형은 정치조직을 보완한다. 조용한 항구가 바다의 평정을 반영한다면, 바다는 정치적 조화의 상징이다. 비록 끔찍한 대가——모든 사회계약 이론가들의 특성인 듯 보이는 개인적 자유에 대한 강도 높은 제약——를 지불하지만, 유토피아인들은 공공복지(commonwealth)의 최상형태 안에서 살아간다.

　　오랫동안 복잡하고 역설적인 작품으로 인식되어 왔던 모어의 책은 플라톤의 저작처럼 합리적으로 조직된 사회를 상정하고 있다. 이 사회는 근본적으로 평등한 조직이며,[3] 사유재산보다는 공동체적 재산에, 개인적이고 사적인 이익보다는 집단적인 개념에 기초한 사회이다. 많은 면에서 현대 복지국가를 예견하는 이런 이상적인 공화국은 또한 필연적으로 엄격하게 권위주의적이고, 위계적이며, 제약적이다. 그 어느 누구도 집 없는 사람이 없고, 굶는 사람이나 실직자가 없고, 금·은·보석이나

---

3 모어는 만인의 평등성, 물질적 재물에 대한 만인의 평등한 접근성, 그리고 사유재산의 거부를 주장하는 한편, 노예나 종속하인, 구속되어 있거나 시민이 아닌 사람들에 대해서도 언급한다. 모든 자유주의적이고 평등주의적인 이론가들의 경우와 마찬가지로, 모어의 평등성은 비시민, 사회적으로 배제되고 불평등한 이들의 인식되지 않고 지불되지 않은 노동 덕분에 가능해진다. "노예들은 이곳[도시 경계 밖]에서 도살작업이나 청소작업을 하며, 시민은 그런 일을 하도록 허용되지 않는다"(More, *Utopia*, Book 2, p.57).

다른 재화들도 일상생활에서의 사용 이상의 가치를 가지지 않는 곳(예를 들어 금은 요강으로 사용된다!), 이 공화국에서 모두는 자신의 필요를 채울 자유를 가지지만, 그러나 한편으로 그들은 무엇을 할 수 있으며 무엇을 하도록 권장되는지에 있어 엄격하게 규제를 당한다. 개인적 자유는 상당히 제약적이다. 개인은 자신들의 욕망을 만족시킬 자유가 없다. 공적 회합 밖에서의 정치적 논쟁은 심각한 범죄 행위이다. 여행을 하기 위해서는 경찰의 허락을 받아야 하며, 심지어 거주지 밖에서 산책이라도 하려면 아버지와 배우자의 허락을 받아야 하는 곳이다. 그러나 『유토피아』 1, 2부의 허구적 해설자인 모어는 이 이상적인 문화의 덕목을 극찬하는 한편, 의아하게도 유토피아의 관습과 법률이 불합리하고 우스꽝스러워서 상당 부분에 동의하지 않음을 말하며 2권을 끝맺었다. 물론 그외의 다른 관습과 법률은 유럽에 수입할 가치가 있다고 인정하기는 했지만 말이다.

여기서 중요한 점은, 모어를 해설한 많은 이들에게 흥미를 일으켰던 질문인즉, 왜 모어는 이토록 결점투성이의 이상을 고안했는가 하는 점이다. 다른 보다 분명한 대안들——완벽한 공공복지의 이상화된 재현이라든가, 아니면 나쁜 사례에 대한 풍자라든가——이 더 쉬운 선택이었을 텐데, 왜 이상적이지 않은, 아니 오히려 모호한 이상을 고안했을까? 왜 정치적 이상의 생산물들의 필요조건과 결과를 설명하는 사실주의와 타협해서 문학적이고 상상력 있는 프로젝트를 위험에 빠뜨린 걸까?

이 딜레마는 이상적인 유토피아라는 바로 그 이름 안에 요약되어 있다. 모어의 신조어인 이 용어는 언어학적으로 중의적인, 그리스어 어원으로부터 온 두 가지 다른 융합의 결과이다. '아니다'(not)를 뜻하는 부사 'ou'와 장소를 뜻하는 명사 'topos'. 그러나 한편으로 모어는 또 다른 그리스어 조합으로 말장난을 하여 'eutopia', 즉 '행복', '행운' 혹은 '좋은' 장소라는 뜻을 지어냈다. 많은 해설가들은 이 말장난이 완벽한 사회를 설명하는 이상적·허구적 상태는 장소를 가지지 않음을, 즉 상상 안에서를 제외하고는 장소 없음을 나타낸다고 말한다. 나는 '좋은 장소는 장소 없음'이라는 이 동음이의어의 말장난을 다르게 읽고 싶다. 즉 '장소 없음이 좋은 장소'라고 말이다. 유토피아는 공간이나 장소라는 개념을 넘어선다. 왜냐하면 아이러니하게도 이상적이라는 것은 전혀 위상학적으로 고려될 수 없기 때문이다. 유토피아는 공간성의 논리를 확정할 수 없다. 따라서 이상적인 것은, 건축이 만들어진 공간과 장소의 규범과 통제의 영역인 한, 그리고 그 영역이나 범위가 지리학적이고 지리적이며 장소 구체적이고(site-specific) 위치 지향적인(location-oriented) 것으로 남아 있는 한, 건축을 넘어선다고 이해 가능, 아니 주장 가능하다. 건축은 오직 일시적 차원 안에서만, 무엇보다 미래의 일시적 양태 안에서만 이해될 수 있는 완벽이나 이상을 향한 운동, 즉 유토피아의 근본적 운동과는 맞닿아 있지 않다.

비록 이상 사회를 나타내는 각자 개별 그림은 정치 이데올로기에 따라 상당히 다양하다 해도, 플라톤, 모어, 그리고 잠재적으로 모든 다른 유토피아 사상가들이 공유하는 것은 이것이다. 유토피아적인 것은 하나의 **공간**, 주로 닫히고 고립된 공간, 즉 장벽이 처진 도시, 고립된 섬, 정치적으로 그리고 농업 생산에 있어 자급자족하는 조직, 따라서 하나의 공공복지적 정치조직체로 인식된다. 그 공간은 비록 다른 주나 지역과 공존하고 교환하기도 하지만, 자기 규제적이고 자율적이다. 유토피아는 단연코 위상학적 양식으로, 분명한 등고선과 지세지형을 가지는 장소로 그려진다. 마거릿 휘트포드(Margaret Whitford)가 지적하듯이, 유토피아적인 것은 끊임없이 디스토피아적인 것, 부정적으로 기능하는 유토피아로 다가간다.[4] 아토피아적인 것(the atopic)은 유토피아적인 것의 내향적 타자이며 유령적으로 디스토피아적인 부수물로서, 장소가 아니라 오히려 비장소(non-place), 그래서 역시 항상 'ou-topic'한 미결정적인 장소, 그럼에도 불구하고 장소이며 공간이다.[5]

---

4 "유토피아는 계몽의 상반적 유산이 가장 극명한 용어로 나타나는 공간이다. 유토피아는 비록 계몽사상에서 발명된 것은 아니지만, 분명 18세기에 번성하였고 수많은 사회주의자들과 사회주의적 여성주의 유토피아가 번성하였던 19세기에도 지속되었다. …… 그러나 20세기에 와서 이상 사회나 공동체를 실행하는 문제는 너무나 자명해져서 보다 특징적이고 잘 알려진 형태의 장르는 디스토피아적인 것들, 예브게니 자먀틴의 『우리들』, 올더스 헉슬리의 『멋진 신세계』, 조지 오웰의 『1984』와 같은 것들이 되었다"(Margaret Whitford, *Luce Irigaray: Philosophy in the Feminine*, London: Routledge, 1991, p.18).

5 미셸 르 되프(Michèle Le Dœuff)는 '아토피아적인 것'에 대해 약간 다른 이해를 제시한다. 르 되프는 그 용어의 불확정성과 애매성에는 동의하면서도 '아토피아적인 것'을 아직 알려지지 않은 청중에게 연결하길 원한다. 즉, 유토피아적인 담론을 아토피아적 담론과 구별하는 것은 그것이 제시하는 모드의 애매성이다.

"아토포스는 장소가 없는 것을 의미한다, 그러나 또한 기이하고 과장되고 이상한 것이기도 하다. 아토피아적인 것은 독자에게 즉각적으로 단 하나의 의미를 제시할 수 없는 텍스트이다. …… 한 작품이 이미 그 작품을 수용할 수 있는 독자나 지지자 집단을 찾을 수 없을 때, 그 작품은 아토피아적이 된다. 다시 말해 그 작품은 작가만의 단독성을 나타낸다. 텍스트는 저자 자신의 것이다(그리고 그는 나아가 그 작품을 단일한 음성으로 회수하고 자신의 텍스트의 반복을 수행함으로써 작품의 미스테리를 주장한다). 그리고 그 작품은 오직 일련의 중재자를 대가로 하여서만 공감 가능하다"(Michèle Le Dœuff, "The Polysemy of Atopian Discourse", *The Philosophical Imaginary*, trans. Colin Gordon, Stanford: Stanford University Press, 1989, pp.54~55).

르 되프의 강조점은 단지 의미론적이고 분류적일 뿐만 아니라, 플라톤, 모어, 베이컨, 루소, 그리고 다른 이들이 유토피아적이라기보다는 오히려 아토피아적으로 간주되어야만 한다는 것이다. 유토피아적 사고의 한 사례로 그녀는 맑스와 엥겔스를 인용하는데, 왜냐하면 그들의 자기 정당화적 글쓰기의 구조가 부적절해 보였기 때문이다. "맑스와 엥겔스는 『공산당 선언』의 사용을 위한 지침서를 제공할 필요가 없다. 이미 이를 주장한 집단인 공산주의동맹의 활동가들에 의해서 공유되는바 그 정치적 의미는 자명하다. 더욱이 맑스와 엥겔스는 자신들을 그 책의 저자로 밝히는 것이 아니라 대변인으로 밝히고 있다. 이 모든 요소들이 함께 간다"(*Ibid.*, p.55). 나는 르 되프가 제시한바, 자신만의 다의성을 가지려 시도하는 텍스트들

장소와 공간에 대한 이러한 강조는 분명 유토피아적인 것이 건축가뿐만 아니라 정치이론가, 예술가, 그리고 소설가를 위한 상상력과 발명의 지점이었던 이유이다. 건축물이나 도시 정치 형태에 대한 묘사는 플라톤과 아리스토텔레스, 그리고 모어의 이상적인 정치규범에 대한 설명에서 뚜렷이 발견된다. 그러나 디스토피아적인 것으로 미끄러져 들어가는 것 또한 왜 유토피아적인 비전을 가졌던 사람들의 건축적 상상이 대부분 건축물의 직접적 규제, 즉 직접적으로 혹은 중립적으로 정치적 환경 혹은 자연환경에 대한 주체의 통제를 촉진하는 것으로서의 건축이나 정치적 고형성의 건축을 생산하는지를 설명한다. 건축이 이론화되고 실천되는 방식에 시간과 지속의 차원이 영향을 주기 전까지는, 유토피아적인 것은 그 이중적인 불가능성과 필요성을 가지고 건축적 성취 바깥에, 그리고 그 영향을 넘어 남아 있을 것이다. 유토피아적인 것은 계획되고 건설될 수 있는 것이 아니다. 그것은 어떤 양식이나 실현을 요청하는 추상적인 가능성임을 함축하기 때문이다. 이는 잠재성(virtuality)을 가능성(possibility)으로, 즉 수행된 구조를 역동적이고 유기적으로 발전하는 구조로 오인한 결과이다. 유토피아를 일시성의 양식으로, 따라서 되기의 양식으로 보지 못한 결과가 추상적 계획에 따라 기획되고 디자인되고 세워진 두 개의 대규모 '인공' 도시, 캔버라와 브라질리아에서 목격된다. 유토피아적 디자인을 대표한다고 말하기 힘든, 그러나 둘 다 시

과 그렇지 않은 텍스트들 사이의 구분에 동의함에도 불구하고, 여기서 내 목적을 위해 다른 구분을 제시할 필요성을 느낀다. 즉, 이상적 미래의 구체적 이미지들을 제공하는 담론들(플라톤부터 맑스까지 그리고 오늘날의 여성주의까지)과 비록 우리의 현재에 바람직한 미래를 방향 짓기는 하지만 구체적 특성을 제시하길 거부하고 오직 그것이 담을 수 없는 요소들을 명시하는 담론들(니체, 들뢰즈, 이리가레) 사이에는 중요한 차이가 존재한다.

민과 정치 센터를 지지하는 공동체로서 기획된 이 두 도시는 결과적으로 정부의 공간으로 기능하게 되었다. 다시 말해, 이 두 도시는 그 실현에 있어서 철학적 유토피아를 지배하는 추상적이고 합리적인 계획에 가장 가까웠다. 그러나 역설적으로 이 두 도시는 거의 시작부터 극단적으로 '실용적'이지만 상당 부분 생명력이 없는, 그러니까 유기적 성장과 놀라움을 위한 능력에 있어서는 제한된 건축물로 알려져 왔다.

건축이 보다 나은 미래를 건설할 수 있을까? 설계되고 계획된 발전(미래가 근본적으로 과거와 같거나 과거의 정형적 버전을 증대시키는 시간)과는 다른 차원의 시간 개념에 접근하지 않고서 어떻게 건축이 보다 나은 미래를 건설할 수 있을까? 만약 건축이 오직 공간 안에만 머문다면 유토피아적 건축이란 어떤 것이겠는가? 다시 말해, 어떻게 하면 이론과 실천으로서의 건축이 정치 안에서, 그리고 그 무엇보다 우선적으로 시간과 지속의 운동인 비예측적 되기 안에서 자신의 자리를 찾을 수 있을까? 공간적 조직의 예술이요 과학인 건축이 어찌하면 그 영역을 넘어 있는 일시적 운동들을 향해 스스로를 열 수 있을까?

미래

유토피아가 '장소가 없는 좋은 장소'라면, 만약 유토피아가 본성상 사회적·정치적 규제의 이상적 양식과 규제되는 개인들에 의해 만들어지는 대가 사이의 미약한 협상이라면, 유토피아는 분명히 공간과 권력의 정치·사회 조직을 포함할 뿐만 아니라——플라톤과 모어가 파악했고 상세하게 설명했던바——또한 그들의 글 안에서 주목받았던, 주목받지 않았다면 흔적으로 남겨진 두 요소를 포함한다. 첫째, 되기로서의 시간 개넘(잠재적인 것으로서의 유토피아, 과거의 잠재성과 미래의 미결정성의 혼합물로서의 유토피아, 잠재성으로 인식되는 비활성적 과거와 아직 존재하지 않는 미래 사이의 연결 양식으로서의 유토피아). 그리고 둘째, 유토피아적인, 정치적인, 그리고 임시적인 성찰의 대상인 신체의 개념. 요컨대 유토피아적인 것은 몇 가지 벡터로 이루어진 역장(力場) 안에서 자라난다. 그 '신비로운 흡인자들'은 세 과정 혹은 시스템을 통해 삼각구조를 이룬다. ① 신체들의 힘과 에너지: 신체는 구체적인 방식 또는 요구되는 방식에 따라 기능하기 위해서 어떤 물질적·사회적·문화적 배치를 필요로 한다. 다시 말해, 구조화되고 습관화된 양식을 통해 신체는 정치규제의 특정 양식을 만들고 유지한다. ② 시간의 이끌어 냄 혹은 임페투스(impetus)[6]: 이는 미래가 과거와 현재보다 우선함을 당연시하고, 우리가 현재에서 추구하는 기획과 조직, 발전을 고정시키고 보장하려는 그 무엇과도 타협하거나 방관하지 못하도록 위협한다. ③ 규율과 조직: 문학적이든, 환상적이든, 혹은 실용적이든 간에, 지방과 도시 거주 공간의 규율과 조직.

　이 삼각구조는 이 세 요소들 중 하나를 빠뜨리거나 삭제시키는, 보통은 시간과 되기가 삭제되는 빈번한 움직임으로 인해 덜 복잡하게 되어 버린다. 그러나 국가와 이상적 정치체 내부의 시간성, 즉 유토피아인들의 미래가 말해지지 않은 채 남아 있다는 것은 중요하다. 유토피아는 변증법 자체가 그러하듯 보통은 시간의 종말, 역사의 종말, 과거 문제들

---

6 임페투스는 물체의 운동을 가능하게 해주는 숨은 힘의 덩어리를 말한다. 물리학에서는 '물체의 운동을 나타내는 값의 일종으로 운동량의 원시적 개념'이지만, 철학에서 차용하여 사용되는 개념은 모든 종류의 강압운동에 내재하는 물체의 추동력으로 이해된다.——옮긴이

이 모두 해결되는 순간인 양 환상화된다. 유토피아적인 조직은 현재 가지고 있는 기술의 완벽성을 가지고 앞으로 올 문제들도 해결할 수 있는 기계로 인식된다. 이상화된 사회의 이미지에는 시간이 멈추고, 플라톤이 인지했듯이 무시간성이 지배한다. 프랜시스 베이컨의 『신(新)아틀란티스』로부터 볼테르, 루소의 『신(新)엘로이즈』, 『사회계약론』 같은 18세기 사회계약론의 일반적인 프로젝트와 헤겔의 『정신현상학』에 이르기까지 다양한 유토피아적 비전의 과잉을 살펴보면, 이상 사회는 완벽한 사회로서 되기가 그치고 문제들이 극복된, 조용하고 영속적인 규율을 가진 사회를 대표함을 보게 된다. 미래의 그림이면서도 유토피아적인 것은 근본적으로 **미래가 없는** 곳이며, 그 안의 조직은 미래가 가장 긴급한 관심이기를 그치도록 조정하는 그런 장소이다. 이런 식의 유토피아는 푸코가 '사건'이라고 부른 것, 아직 준비되지 않았고 예견 불가능한, 단일적이고, 독특한, 그리고 변혁적인 새로운 무엇의 도래를 통제하는 판타지를 실천하는 공간으로 기능한다. 정말이지 이런 식의 유토피아는 새로움이라는 아이디어에 정확히 반대되며, 혹은 완벽하고 통제된 사회로서의 유토피아라는 환상이 우리를 확신시키는 것으로 진행되는 결과를 낳게 된다.[7] 유토피아는 그 기능이 정확하게 보다 나은 미래, 계획하고 준비하는 것의 필요성, 그리고 알려지지 않은 미래에 직면하여 합리적 성찰의 필요성에 확신을 제공하는, 보다 발전된 메커니즘이나 절차로 이해될 수 있다.

과거나 현재에 만들어진 공상과학소설과 영화 안에서 그려지는 모

---

7 Michel Foucault, "The Discourse on Language", *The Archaeology of Knowledge*, New York: Harper Colophon, 1972 [『지식의 고고학』, 이정우 옮김, 민음사, 1992] 참조.

든 유토피아적 비전은 시간을 멈추게 하려는, 시간의 운동을 공간의 배치로 바꾸고, 미래를 (제한되고 보통은 자기 충족적인) 현재적 이상의 모델로 생산하려는 욕망을 공유한다. 미셸 르 되프가 말하듯이 이는 왜 그토록 많은 유토피아적 저작들이 실제로는 이중적 저작으로 되어 있는지를 설명한다. 이 저작들은 자기 규제적인 유토피아와 허구적 설명의 구성물 혹은 혼합물인데, 허구적 설명은 보통 보다 사색적이고 환상적인 설명 뒤에 집필된 저작으로서 이론적 부록을 통해 설명되고 정당화된다. 유토피아 담론사를 볼 때 알 수 있는 것은 처음부터 허구적인 것을 수정하거나 변혁하려는 적절한 시도나 이론적이고 당위적인 요소들을 허구적인 것과 통합시키려는 시도 없이, 허구적인 것을 이론적인 것과 동반하는 경향이 있다는 것이다. 르 되프는 플라톤의 『국가』가 가진 이론적 성향에 그의 『법률』을 대치시킨다. 그리고 『유토피아』 2권은 1권을 구성하고 있는 동시대 영국의 사유재산과 장물(theft)에 대한 긴 분석과 짝을 이루어야 한다. 같은 식으로 루소의 『사회계약론』은 『코르시카 헌법 초안』과, 요하네스 케플러의 과학소설 『꿈』(*Somnium*)은 그의 이론적 논문인 『신(新)천문학』과 짝을 이룬다. 르 되프의 다소 엉뚱하지만 널리 알려진 '이론과 비전의 짝짓기'는, 요컨대 이론적이고 분석적인 쪽은, 부분적으로는 비전을 그리는 저작이 그 의미를 고정시키고 확실하게 읽히게 하려는 시도의 애매성, 그녀 표현으로는 '다의적인 특성'을 보유하고자 집필되었다는 것이다.

요컨대 요점은 만약 『유토피아』가 두번째 부분으로만 구성되었다면, 독해의 다원성 요소는 불가능했을 것이다. 그러나 1권은 다른 것을 희생하여 2권의 정치적 의미의 정전적 독해와 특권을 견고히 한다. 1권이

본질적으로 영국의 사회 · 정치조직에 대한 비판, 사유재산과 영국 형벌 시스템에 대한 거부인 것처럼, 2권은 **본질적으로** 가장 최상으로 가능한 공화국에 대한 묘사이다. 1권을 씀으로써, 모어는 스스로 그의 첫 책을 해독하는 원칙을 제공한다.[8]

다시 말해, 유토피아적 저작의 이론적 짝짓기의 기능은 애매성을 담아내고, 그 저작이 어찌 읽힐 것인가를 조정하고, 그 이상이 보호하고 확신시키는 바로 그 미래를 조정하려는 것이다. 보다 나은 미래를 투사하려는 충동이 형태를 취하는 바로 그 순간에, 이론적 구성물은 그것이 호소하는바, 즉 시간의 정돈되지 않은, 정착되지 않은 단일성, 일시적 흐름이 유토피아적이거나 아니면 다른 어떤 것이든 주어진 이미지나 과정보다 앞섬을 말한다. 보통 유토피아적인 모델들은 현재의 정치적 문제를 끝내고 미래에 더 이상 문제를 풀어내는 역할이 필요 없는 사회를 향한 프로젝트로서 그 이상화된 비전을 확고히 하면서도 동시에 역설적으로 이를 평가절하하기 때문에 복사된 이론적 정당화를 요구한다. 유토피아에는 미래가 없다. 미래는 이미 그 현재와 함께 도래해 있기 때문이다(이것이 유토피아가 장소가 없는 이유이며, 더욱 역설적으로 시간을 가지지 않는 이유이다. 유토피아적인 것은 시간 바깥에 있다).

시간 개념이 함축하고 있는 것에 대해 상세하게 언급할 시간(혹은 공간)이 없지만, 다른 곳에서 지속 개념과 잠재성, 그리고 건축의 장에 대해 쓴 바 있기 때문에, 여기에서는 가장 뚜렷한 요소들 몇 가지를 정리할 수 있을 것 같다.

---

8 Le Dœuff, "The Polysemy of Atopian Discourse", pp.48~49.

① 시간, 혹은 보다 정확하게 지속은 항상 일회적이고, 특수하며, 반복 불가능하다. 지속에 관해 가장 유명한 이론가인 베르그송은 지속은 단일적이면서도 동시에 다중성을 가진다고 말했다. 각각의 지속은 하나의 연속, 단일하고 분절되지 않는 움직임을 형성한다. 그러나 모든 지속들은 일반화되고 보편화된 지속에 참여한다는 의미에서 수많은 동시적 지속이 존재하는데, 이는 이 지속들이 동시적이라고 묘사하는 것을 가능케 한다. 지속은 연속성의 조건일 뿐 아니라 동시성의 바로 그 조건이다. 한 사건은 오직 한 번만 일어난다. 그 사건은 고유한 특성을 지니며, 결코 다시 일어날 일은 없을 것이다. 심지어 반복에서조차 말이다. 그러나 그 사건은 그 리듬이 역시 구체적이고 독특한 다른 많은 사건들과 병행하여, 그리고 동시에 발생한다. 때문에 지속은 질적 차이의 환경이다.

② 지속의 분절(division) ── 이는 시간이 하나의 선분, 즉 셀 수 있고 전후로 나누어지며, 수적 대상으로 만들어지고, 아날로그적 연속성을 디지털 혹은 별개의 단위로 간주하는 하나의 선분으로 개념화될 때마다 발생하는데 ── 은 그 성질을 변화시킨다. 다시 말해, 이를 공간성의 양식으로 환원한다. 베르그송이 주장하기를 만약 공간이 양적 차이, 정도의 차이의 장이라면, 시간을 직선상의 재현으로 파악하는 것은 종류의 차이들을 정도의 차이(많은 철학적 환상과 역설의 자료, 특히 가장 잘 알려진 제논의 역설)로 축소시키거나 아예 그 차이들을 없애 버린다.

③ 지속 안에 가장 중요한 종류의 차이들 중 하나는 (보통은 정도의 차이로 오해되는데) 과거와 현재의 구분이다. 과거와 현재는 현재의 두 양태, 즉 과거는 현재에 앞서거나 전에 있는 현재, 무대조명을 제거한 현재가 아니다. 오히려 과거와 현재는 근본적으로 함께 공존한다. 과거와 현재는 동시성 안에서 작동한다. 베르그송은 모든 과거가 현재의 각 순

간마다 계약된 형태로 남아 있다고 설명한다. 과거는 현행적인 현재가 그 안에서 함께 병행하는 잠재성이다. 과거는 **시간 안에**(in time) 살아 있다. 만약 과거가 이미 과거가 되어 버린 현재와 공존하지 못하고 그래서 모든 현재와 공존하지 못한다면 과거는 결코 존재할 수 없을 것이다.[9]

만약 우리가 오직 현재와 현재의 지나감을 통해서만 과거를 접한다면 우리는 과거를 접할 수 없을 것이다. 과거를 향해 유일하게 접근하는 것은 잠재성으로의 도약, 과거 그 자체 속으로의 움직임을 통해서이다. 베르그송에 따르면 과거는 우리 바깥에 있으며, 과거가 우리 안에 위치해 있기보다는 우리가 그 안에 있을 수 있는 것이다. 과거는 존재한다. 그러나 과거는 오직 잠재성의 상태로 존재한다. 우리가 회상이나 기억 이미지를 가져야 한다면 우리는 과거 안에 우리를 위치 지어야만 한다.

④ 만약 현재가 그 실존이 잠재적 과거에 의해서 흔들리는 현행성 (actuality)이라면, 미래 역시 현행성을 가지지 않는 시간의 차원 혹은 양태로 남아 있다. 미래 역시 잠재성으로, 현재에 의해 제한받지 않는, 그러나 과거를 통과하며 미리 형상화된, 제시된 잠재성으로 남아 있다. 미래는 과거와 현재가 조정할 수 없는 것이다. 미래는 되기의 열려 있음이며 이는 존재하는 것으로부터의 일탈을 가능케 한다. 즉, 과거가 미래를 결정하는 힘을 행사하는 것이 아니라(결정론은 미래를 현재로 축소시킨다!), 미래가 과거인 잠재성을 덧쓰고 재건설한다는 의미이다. 과거는

---

9 베르그송의 과거 개념에 대해서는 7장 「공간의 미래」에서 다룬 나의 주장을 보라. 들뢰즈가 제시했듯이 "과거와 현재는 두 개의 연속적 순간들을 나타내지 않는다. 오히려 이 두 요소는 공존한다. 하나는 지나가는 것을 멈추지 않는 현재이며, 다른 하나는 모든 현재들이 통과하는 것이지만 존재하기를 멈추지 아니하는 과거이다. …… 과거는 현재를 따라가지 않는다. 반대로 과거는 그것 없이는 지나가지 않을 순수한 조건으로서 현재에 의해 예상된다. 다른 말로, 모든 현재는 과거로서 그 자체로 돌아간다"(Deleuze, *Bergsonism*, p.59).

모든 미래의 조건이며 다가오는 미래는 과거로부터 온 연속적인 잠재성의 하나일 뿐이다. 과거는 무한한 미래의 조건이며 지속은 미래에 임페투스를 부여하는 과거와 미래를 연결시키는 흐름이다.

이러한 시간의 개념이 유토피아적인 것과 체현된 유토피아라는 개념을 위해 의미하는 바는 무엇일까? 유토피아적인 것은 결코 미래의 투사가 아니다. 보통 이렇게 이해되지만, 오히려 유토피아적인 것은 마치 그것이 미래인 양 하는 과거 혹은 현재의 투사이다. 유토피아적인 것은 사실 현재가 직접적으로 조정할 수 없는 미래를 관통하여 과거로부터 온 미결정적인 움직임의 결빙이다. 유토피아 담론은 이러한 과거와 미래 사이의 미결정성, 그리고 미래의, 미래를 향한 운동을 조정하는 자리를 재현하지 못하는 현재의 실패를 보상해 준다. 유토피아적 양식 그 자체는 미래를 가지지 않는 미래, 그 안에서 시간은 적절한 요인으로 존재하기를 멈추는 미래, 그래서 그 안에 운동과 변화, 그리고 되기는 불가능성으로 남아 있게 되는 미래를 추구한다.[10]

신체들

신체는 유토피아적인 것과 어떻게 맞물려 있을까? 어떤 의미에서 유토피아적인 것이 체현된 것으로 이해될 수 있는 것일까? 여기서 나는 두

---

10 이 무시간성은 모어가 플라톤과 공유하는 것이다. "그렇게 나는 최소한의 법으로도 잘 통치되는 유토피아인들의 놀라우리만치 현명하고 신성한 제도들에 대해 성찰했다. 그들 사이에서 덕목은 보상을 받고 모든 것은 평등하게 나누며 모든 사람들은 풍요롭게 살았다. 나는 이들을 수많은 다른 나라들, 즉 모두가 끊임없이 새로운 법령들을 만들어 내지만 만족할 만큼의 일상사를 통제하지 못하는 수많은 다른 나라들과 대조시켰다"(More, *Utopia*, Book 1, p.38) [기초적인 번역은 2007년 출간된 주경철의 을유문화사 번역본을 따랐다──옮긴이].

가지 상반된 운동을 말하고 싶다. 하나는 플라톤으로부터 모어, 그리고 오늘날의 유토피아 담론자들에게서 유토피아적이라는 아이디어는 언제나 경영과 규율, 보살핌 그리고 신체의 질서화라는 의미에서 이상적인 사회를 개념화하는 것이라는 점이다. 모두 철저하게 체현된 사회조직을 그리고 있다. 반면에, 유토피아적인 비전 안에 성별이나 인종 등 주체의 특이성과 다양한 가치들을 인정할 위치를 생산하기 위한 공간이나 미래는 없다. 그 어떤 유토피아도 주체나 그들의 유토피아적인 비전의 다양성을 설명하기 위해, 즉 이상화된 비전 스스로가 현재를 지배하는 구체적인 위치들의 성찰인 방식으로 짜이지 않았다.

모든 철학적 유토피아들은 신체의 문제를 다루어 왔다. 개인의 신체와 집단적 신체 사이의 잠재적인 관계성을 이상화하였고, 그 어느 유토피아 사상도 비육체적이거나 탈신체적인 상태를 옹호한 적은 없었다. 결국 사회조직을 구성하는 것은 무엇보다 실천, 습관, 의례, 제도를 생산함으로써 신체들을 생산하고 규율하고 경영하는 것이다. 문제는 지난 3,000여 년간 공포되었던 다양한 비전의 유토피아적 사상이 신체에의 관심을 결여하고 있다는 것이 아니다. 오히려 성별 간 관계성의 문제조차도 이상적 공동체의 역사적 재현에서 주요한 역할을 해온 것으로 보인다는 점이 중요하다.

예를 들어, 『국가』5권의 잘 알려진 구절들에서 플라톤은 도시국가가 가장 잘 기능하도록 보장하는 성별 사이의 이상적인 조정에 대해 상세히 설명한 바 있다. 플라톤은 한 남자를 다른 남자들로부터 구별시키는 능력이나 자질의 개인차가 존재하듯이, 여성의 능력에 있어서도 개인차가 존재한다고 주장했다. 최상의 남자들과 같이 최상의 여자들 역시 수호자 계급이 되도록 교육받고 공화국의 통치자가 안 될 이유는 없다는 것이다. "여성 수호자를 가지는 문제에 있어 우리는 어떤 교육은 남자들을 사로잡기 위해 고안하고, 또 다른 교육은 여자들을 가르치기 위해 만들면 안 된다. 특히 그들은 그 기원에 있어 같은 본성을 가지기 때문이다."[11] 더 나아가, 플라톤은 결혼과 성적 일부일처제를 근절시켜야만 하며 조정되고 통제되는 성관계와 집단적 양육이 공화국 내에 제도화되어야 한다고 주장했다. "여성들은 남성들에게 공동의 아내가 되어야만 한다. 그들 중 누구도 사적으로 한 남자와 살아서는 안 된다. 아이들 역시 공동으로 양육되어서 어느 부모도 누가 제 자식인지 알아볼 수 없어야 하고 자녀들도 누가 제 부모인지 몰라야만 한다."[12]

성적 관계의 상태와 여성과 자녀의 위치에 대한 동일한 관심이 모어 저작 내에서도 중요하게 다루어진다. 여성은 남자들과 동등하게 일하고 있기 때문에, 유토피아는 풍요롭다. 유토피아 내에서는 유럽의 두 배가 되는 인력이 노동하므로, 하루 노동시간은 고작 여섯 시간이다. 그러나 결혼, 이혼, 그리고 성관계를 지배하는 규칙들은 상당히 엄격하여서, 아주 협소하고 평생 지속되며 신뢰관계에 기초한 일부일처제를 양산한다. 모어는 유럽인들이 보기에는 유토피아의 결혼 풍속이 이상할 수도 있으나, 보다 직접적이고 정직한 풍속이라고 설명하였다.

결혼 상대를 고를 때 그들은 대단히 엄숙하고도 진지하게 그들의 관습을 따르는데 이것은 우리에게는 정말로 어리석고 부조리해 보입니다. 과부든 처녀든 장래의 신부가 될 사람은 책임감 있고 존경할 만한 여성

---

11 Plato, *The Republic*, 456e.
12 *Ibid.*, 456d.

보호자의 인도 아래 신랑에게 나체로 선을 보입니다. 마찬가지로 존경할 만한 남성 보호자가 신랑을 신부에게 나체로 선을 보입니다. 우리는 이 관습에 대해 비웃고 이것이 부조리하다고 이야기했습니다. 하지만 그들은 오히려 다른 나라 사람들의 우행에 대해 조롱하는 것이었습니다. 적은 돈을 들여서 망아지를 살 때도 사람들은 의심을 품고서 잘 살펴봅니다. 망아지는 거의 벌거벗은 상태인데도 안장과 모포를 벗겨 내서 혹시 그 말에 상처가 있지는 않은지 잘 보고 나서야 사려고 합니다. 그런데 일생 동안 기쁨 아니면 고통을 초래할 배우자를 고르면서 신체의 모든 부위를 천으로 가리다니 참 부주의하지 뭡니까. ……

이토록 주의를 기울이는 또 다른 이유는 이 나라야말로 일부일처제를 시행하는 유일한 곳이기 때문입니다. 사별하지 않는 한 이들의 결혼은 깨지는 법이 없습니다. 물론 간통이나 참을 수 없이 힘겨운 일이 일어난 경우에는 이혼을 허락합니다.[13]

유토피아에 관해 저술한 주요한 작가들은 그들의 저작에서 상당 부분을 할애해 다양한 방식으로 결혼권이나 의무, 그리고 여성, 남성, 어린이의 성적·사회적 책임과 권리에 대해 상당히 평등하게 ──다른 면에서는 분명이 위계적이지만── 그려 내는 작업에 몰두한다. 그 모든 작업의 이면에는 국가의 근본적인 일치, 단일성, 중립성, 그리고 유사보편성(노예나 종은 제외)이 가정(假定)으로 자리 잡고 있다. 공동체는, 비록 그 역할에 있어 남녀의 차이가 있을 수는 있더라도, 그들을 동등하게 보호하고 그들에게 사회적으로 인증된 지위를 제공한다. 그러나 체현의 문

---

13 More, *Utopia*, Book 2, pp.82~83.

제가 성별 간 관계성과 그들의 적절한 역할에 대한 법적 판결 면에서 상당히 자세하게 논의되고 있음에도, 성차의 문제는 충분히 제기되지 않았다. 이러한 질문 대신에, 명백하게 중립적이나 눈에 뜨이게 가부장적이고 형제적인(fraternal) 사회질서 내에서 여성의 위치를 논의하는데, 이 논의는 남자들이 생각하기에 성적으로 중립적인 것에 따라 고안된 구조 내에 여성을 위치 짓는 것에 불과하다. 한 남자가 말을 살 때 보는 것처럼 그렇게, 약혼한 커플은 결혼 전에 서로의 알몸을 볼 권리가 있다는 모어의 법령에서 분명히 보이는 기이함은 분명 이를 잘 설명한다! 평등주의는 지배집단에게 부합되는 권리를 여성에게까지 확장하고, 혹 다른 문화적 소수자에게까지도 확장한다. 그러나 원래 제외되거나 제한되도록 고안되었던 집단과 관련하여 그러한 권리들의 본성에 대해 다시 생각해 보는 것은 포함되지 **않는다**. 플라톤은 그가 이미 남성을 위해 추론해 온 같은 권리를 여성에게 확장시켰을 뿐이다. 모어의 저작에서도 이는 역시 사실이다. 아니 오히려 더욱 현저하게 보인다. 여성은 법, 경제, 그리고 법률이 요구하는 권리에 있어서 남성과 같다. 그러나 그 권리가 남성에게 편리한 지점에서는 남성들의 보충물로 남을 뿐이다![14]

이리가레의 용어로 성별 간 관계성은 오직 성차에 대한 **무관심**의 관계에 종속되어 왔을 뿐이다. 거기에는 **이중적 성 대칭**(dual sexual symmetry)의 개념, 즉 보편 선에 대한 여성의 개념은 남자들이 생각해

---

14 요리와 식사 배정에 대한 모어의 묘사를 참조하라. "식사를 계획하고 음식을 준비하고 요리하는 것은 오직 여성에 의해서만 수행된다. 각 가정은 순번제로 돌아간다. …… 남자들은 벽에 등을 기대앉고, 여자들은 밖에 앉는다. 혹시 임신과 같이 경우에 따라 급작스런 멀미나 고통이 올 경우 그녀가 다른 사람들을 방해하지 않고 일어나서 간호사에게 갈 수 있도록 하기 위해서이다"(*Ibid.*, p.58).

온 것과는 다를 수 있다는 이해가 없다.[15]

성차는 아직 발생하지 않은 것이라는 이리가레의 주장은 여러 면에서 체현된 유토피아의 주제에 적합할 것이다. 성차는 미래의 한 지점을 박아 놓는다. 성차는 아직 존재하지 않고, 결코 존재한 바 없었을 수도 있다. 서양사에서, 적어도 플라톤 이래 문화·지식·문명의 이상은 확고하게 성차에 대한 **무관심**을 실천해 왔기에, 여성의 관심은 남성의 관심에 병행하거나 아니면 보충적인 것으로 이해되어 왔다. 오늘날 우리가 알고 있듯이, 그리고 포스트가부장적 유토피아의 비전을 말하는 많은 여성주의자들이 제기하듯이, 서양사에서 이제까지의 성은 오직 한 모델, 단일하고 보편적인 중립성만을 지녔다. 기껏해야 평등한 참여 정도가 그려졌다. 그러나 **적어도** 두 관점, 두 이해, 두 시각, 두 이상, 두 지식유형의 실존을 수반하는 성차라는 아이디어는 이제껏 고려된 바 없다. 어떤 의미에서 이는 유토피아적인 것을 초월하는데, 왜냐하면 유토피아적인 것은 항상 단일하고 보편적인 이상의 현재적 투사, 자신의 양식이 중립화되어 있음을 보지 못하는 현재적 투사였기 때문이다. 성차는 마치 유토피아적인 것처럼 '이미 와 있는 미래'(future anterior)라는 범주이다. 이는 이리가레가 저작에서 즐겨 사용하는바, 비워 낸 채로의 미래를 열어 놓고 묻는 오직 하나의 시제이다. 이는 내가 이미 내비쳐 온 것이지만, 결코 성차가 유토피아적인 이상이라는 말은 아니다.[16]

---

15 Luce Irigaray, *Speculum of the Other Woman*, trans. Gillian C. Gill, Ithaca: Cornell University Press, 1985; Luce Irigaray, *This Sex Which Is Not One*, trans. Catherine Porter and Carolyn Burke, Ithaca: Cornell University Press, 1985 참조.

16 이는 마거릿 휘트포드가 이리가레를 독해하며 한 주장이다(Whitford, *Luce Irigaray*, pp.18~20).

오히려 반대로, 성차는 지금의 문제들을 포착하는 현재적 방식의 하나이기 때문에 대안적 지식, 방법론, 범주를 생산하는 노력으로서의 성차에 대한 저작들은 아직 시작하지 않았다는 말이다. 이는 이상 사회, 혹은 성차 간의 이상적 관계성에 대한 비전과 내러티브, 혹은 계획이 **차이를 만드는** 작업을 수행할 수 없는 한에서만 유토피아적인 것을 초월한다. 이는 전적으로 경이의 질서, 새로운 것과의 대면이다. 이리가레는 이 성차가 무엇으로 구성되는지, 어떻게 작동되는지에 대해 설명하지 않음으로 인해 본질주의나 유토피아주의라는 피곤한 책임으로부터 면제되었다. 이리가레는 여성주의를 위한 미래가 예견되거나 예상되기보다는 오히려 만들어지고 있다고 생각한다. "현재의 시점에서 미래에 대해 생각하는 것은 분명 미래를 미리 프로그래밍하는 것이 아니다. 오히려 미래를 현존 속으로 가져오려고 하는 것이다."[17]

그렇다면 우리는 체현된 유토피아라는 개념을 어떻게 이해할 수 있을까? 체현을 생각하는 유토피아란 어떤 것일까? 그리고 이는 건축의 관심들과 어떤 관련이 있을까? 여기에서 나는 오직 몇 가지 제안을 할 뿐이다.

① 건축 자체는 이상(ideals)이나 현재, 또는 미래 문제에 대한 이상적 해결을 구축하고, 수행하고, 규정하려고 추구하는 일을 되도록 하지 말아야 한다. 진정 유토피아적 비전이 우리를 향하게 하는 목표지향성은 유토피아적 비전이 시간의 역할을 이해하지 않기 때문에 발전의 개념을 무시한 것이다. 현재의 정치적·사회적 문제들을 해결하는 것이 — 이를 건축가가 계획하고 건설하는 수고 가운데 고려하는 것은 좋

---

17 *Ibid.*, p.14에서 인용한 이리가레의 말.

은 일이겠으나——건축이나 정치의 목적이나 목표가 되어서는 안 된다. 오히려 건축의 급진적 역할은 건축적 실험과 발명의 지속적 필요성을 인식하는 것, 그리고 실험적 실천으로서 건축과 지식의 역할을 인정하는 것에서 가장 잘 표현된다. 철학, 건축 그리고 과학은 답이나 해결책을 생산하는 학문이 아니라 문제를 제기하는 분야이다. 그 질문은 결코 그들이 추구하는 해결책을 양산하지 않으며 오히려 더욱 창의적인 질문의 생산으로 이끈다. 생명 그 자체와 함께인 것처럼, 건축은 거주공간과 나란히 함께 움직인다. 이는 지속적인 타협의 과정이다. 건축은, 어떻게 다른 이들과 함께 살아가고 거주하는 공간을 만드는가 하는 질문에 대한 고도로 잠정적인 '해결책'이다. 이는 생명이 신체에 제기하는 문제들, 즉 모든 질문과 해결이 그러하듯, 주체들 자체가 시간과 되기의 운동에 제기하는 공간적 문제 제기 중 하나와 타협하는 것이다.

②정치는 예상하지 못한 것들에 대한 청사진, 계획, 준비를 묻는 데 너무나 많이 헌신한다. 물론 계획을 고안하고, 청사진을 만들고, 예상되는 미래 건축에 대한 상세한 것들을 설명하는 것은 건축의 기능 중 하나이지만, 이러한 계획의 정밀성과 확정성이 정치조직과 재조직을 위해 요청되는 종류의 계획과 혼동되어서는 안 된다. 개념에 있어서는 구체적일 수 있지만, 그 적용에 있어서는 항상 미확정적인 것으로 입증된다. 미래성의 변화에 대한 적합한 인정은 우리가 현재보다 나은 미래를 준비하는 책임은 버리지 않으면서 동시에 우리가 미래를 조정한다는 환상은 포기하도록 만든다.

③건축 안에서의 체현이 자기 의식적이고 긍정적인 역할을 하는 미래를 가지기 위해서는, 성차가 생의 다른 영역에서처럼 건축에서도 영향력을 가져야 함이 중요하다. 이러한 제안은 전문 영역에서의 '젠더

동률'(gender parity)에의 요청과 혼동되어서는 안 된다. 그보다는, 건축의 장이 자기 점검과 자기 성찰을 수행하는 과정 중에 실천가와 이론가는 건축의 역사가 단지 수많은 가능한 역사들 가운데 하나임을 인정해야만 한다. 또한 건축의 지배적인 담론과 실천은 폐기되거나 무시되지 않는, 그리고 결코 창조되거나 실험된 바 없는 실천과 담론에 빚지고 있음을 인정해야만 한다. 이것이 바로 체현이 건축의 역사 안에서 수행해 온 역할이다. 즉 역사에 의해 보존되지 않은 것을, 그리고 참여로부터 실제적으로 배제된 것들을 포함하는 건축적 발명의 수고, 그리고 수천 년 동안의 건축가들, 기능공들, 엔지니어들의 집단적 노력 말이다. 학문으로서의 건축은 항상 체현의 양식이며 **동시에** 체현에 빚진 것을 거부하는 양식이다. 보다 나은 표현이 어려운데, 이는 건축이 반드시 수행해야만 하는 남근중심주의에 대한 비판이라 볼 수 있다. 이러한 비판이 젠더 불균형성의 문제로 오해되면 안 된다. 비판은 분명 필요하지만 불균형성을 수정하는 것만으로는 충분치 않다. 건축은 다른 학문분과가 그러하듯이, 자신이 가진 **남근중심주의**를 포착할 필요가 있다. 즉, 자신의 '정체성'이 불안정하고 연약한 것일 수 있으며, 자신이 '타자화'시키거나 배제시킨 것에 의존하고 있음을 인정하는 의무와 그간 이를 거부해 온 빚의 구조 말이다. 이 타자성은 '여성적'인 요소, 현재에 현행화되지 않은 잠재성, 이미 와 있는 미래를 위한 임페투스이다.

④ 신체와 사회구조 사이의 관계, 생명성을 가진 건축물과 작업환경, 그리고 그들의 이상화된 상호관계는 하나로 해결될 수 있는 질문이 아니다. 신체의 다중성과 신체들의 다양한 정치적 이해와 이상들을 인식한다는 것은 생명력 있는 배열, 집단적 공존에 관한 배열에는 이상화된 해결책이 무수히 많이 있음을 암시한다. 하지만 관계성을 나타내는

오직 하나의 세트, 즉 하나의 목표와 이상이 그 어떤 합의된 유토피아적 형태를 위한 중립적 기반을 제공할 것이라는 점은 더 이상 분명치 않다. 유토피아는 분명히 동의에 대한 것이 아니라 기득권자들의 이상, 다수 집단 몇몇이 만들어 낸 정치의 이상들, 동의로부터 도출된 이상이 아니라 동의를 생산하거나 강화시킬 수 있도록 고안된 이상들의 수행에 관한 것이다. 요컨대 이상은 계속해서 재차 생산될 필요가 있다. 그 이상들의 번영과 다중화는 지속적 과정으로 항상 과거와 현재에 대한 불만족의 척도로서 '영원히 물러나는 미래'(ever-receding future)의 재현이다. 건축의 과제는 철학의 과제가 그러하듯 유토피아나 모델, 구체적 이상을 고착시키는 것이 아니다. 대신 끝없는 질문의 과정을 외치는 것이다.

■ 백소영 옮김

9장 | 과잉 건축

새로운 시대로의 전환은 **시공간, 장소와 용기**(容器)에서의 **거주** 혹은 **정체성**
의 **외피**(envelopes)에 대한 우리의 인식과 개념의 변화를 요구한다. 그것
은 장소 구성의 3요소인 **형태, 질료**와 **형상**의 관계, 그리고 사이 간격(interval
between)의 진화 또는 변형을 가정하고 수반한다.
　　　　　　　　　　　　　　　　　　 ── 이리가레, 『성차의 윤리학』

공간적 과잉

이 장에서 나는 건축 그리고 공간과 거주에 관한 개념들이 항상 과잉
(excess)을 내포하고 있는 방식에 관심을 둔다. 즉 단순한 기능성에 대
한 관심, 현재에 대한 적절성을 넘어 그것들이 다르게 기능하게 될 미래
의 영역으로 가게 만드는 여분의 차원에 대한 관심이다. 건축에서 나타
나는 과잉성, 즉 증식의 풍부함과 잠재력을 이해하기 위해, 우리는 그 과

---

* 이 글은 Cynthia C. Davidson ed., *Anymore*, Cambridge: MIT Press, 2000에 처음 수록되
　었다.

9장 | 과잉 건축　205

잉여이 사회적 요구와 공동체의 필요에 대처하는 방법뿐 아니라 사회집단에서 배제된 것을 언급하지 않고 남겨 두는 방식, 그 집단들을 함께 접합시키면서 그것의 존재를 오로지 주변화된 것으로서 외부에서만 찾는 방식을 검토해 보고자 한다. 공통점이 아무것도 없는 사람들의 공동체 내지는 집단이 존재한다. 이처럼 상실한 자들, 낯선 자들, 주변화되고 추방된 자들의 공동체라는 개념은 앨폰소 링기스(Alphonso Lingis)의 저서에서 차용한 것이며, 특히 공동의 유대·목표·언어 혹은 혈통으로 결합된 존재로서의 공동체가 아니라, 낯선 자, 죽어 가는 자, 공통점이 아무것도 없는 자, 자신과 같지 않은 자에게 자신을 여는 존재로서의 공동체에 대한 관심에서 비롯되었다. 링기스는 이방인, 즉 공통점 안으로 흡수될 수 없는 타자성으로만 가능한 공동체에 관심을 둔다.

> 공동체는 인간이 스스로를 헐벗은 자, 궁핍한 자, 추방된 자, 죽어 가는 자에게 노출함으로써 형성된다. 인간은 자기 자신과 자신의 힘을 확인함으로써가 아니라, 스스로 밀지고 소모하며 희생함으로써 공동체에 진입한다. 공동체는 인간이 자신을 타인에게, 자기 외부의 힘과 권력에, 죽음과 죽어 가는 타인에게 노출시키는 움직임으로부터 형성된다.[1]

언어와 문화, 그리고 건축을 자신들의 존재와 표현 방식으로 만드는 공동체는 공동의 관심사와 가치와 필요를 인정하고 생성하고 수립함으로써가 아니라, 그리고 (사회계약론자들이 주장하는 것처럼) 자신들을

---

1 Alphonso Lingis, *The Community of Those Who Have Nothing in Common*, Bloomington: Indiana University Press, 1994, p.12.

결합하고 강화시키는 보편적·중립적인 법과 관습을 수립함으로써가 아니라, 그들이 내쫓은 사람들, 거부한 존재들, 동화될 수 없다고 간주한 조건들, 그들이 희생시키고 비방하며 추방하려고 시도했던 조건들로 인해 존재하게 된다.[2] 이런 동화 불가능한 잔여물을 지칭하는 많은 이름이 있다. 타자, 비천한 자, 희생양, 주변화된 자, 궁핍한 자, 난민, 죽어 가는 자 등이 그것이다. 나는 이 잔여물을 '여분' 혹은 '과잉'이라 부르고자 한다. 그러나 이 '여분'은 단순히 덧붙여진 것이 아닌, 토대를 침식하는 문제적인 존재이다.

과잉은 그 자체로 오래되고 화려한 철학사를 갖는 개념으로, 최소한 아리스토텔레스 시대부터 성찰 대상이 되어 왔다. 위대한 중용의 철학자인 아리스토텔레스에 대해서는 후에 다룰 것이다. 그러나 과잉에 대한 가장 위대한 이론가들은 아마도 확실히 니체의 전통을 따르는 철학자들의 계보, 특히 프랑스 니체주의자들인 마르셀 모스, 조르주 바타유, 피에르 클로소프스키, 르네 지라르, 자크 데리다, 질 들뢰즈, 줄리아

---

2 르네 지라르는 매우 설득력 있는 말로 희생양의 구조야말로 사회집단이 위기를 맞이할 때 그 결합을 유지하는 수단을 제공한다고 시사한다. 희생양이란 약간의 차이에 의해 특징지어지는 존재로, 집단의 폭력이 가해지며 그들의 희생을 통해 집단이 그 내부의 차이를 해결하고 폭력을 자극하는 존재를 말한다. "희생물 선택을 가리키는 징후는 그 체제 내부의 차이가 아니라 체제 외부에 존재하는 차이이다. 달리 말하면 다르다는 것 그 자체가 아니라 하나의 체제로서 존재하지 못할지도 모르는 가능성이다. 이는 육체적 불구의 경우에 쉽게 볼 수 있다. 인간의 몸은 해부학적 차이들의 체계이다. 사고의 결과로 생긴 불구라 해도 우리의 마음을 어지럽히는 까닭은, 그것이 균형을 깨뜨리는 다이나믹한 인상을 주기 때문이다. 그것은 바로 그 체제를 위협하는 듯하다. 우리는 그것을 제한하려 하지만 그러지 못한다. 그것은 그 주위에 있는 차이들을 흩어 놓는다. 차이들은 끔찍해지고, 추락하고 충돌하고 뒤섞여서 결국은 와해될 위험에 처한다. 체제 외부에 존재하는 차이는 위협적이다. 그것은 그 체제의 진실과 상대성, 그 취약함과 소멸을 드러내기 때문이다"(René Girard, *The Scapegoat*, trans. Yvonne Freccero, Baltimore: Johns Hopkins University Press, 1986, p.21[『희생양』, 김진식 옮김, 민음사, 2007]).

크리스테바, 뤼스 이리가레의 전통 안에서 이해할 수 있다. 질서 정연한 체제나 체계성 그 자체 안에서 안정된 장소를 넘어서거나 발견하지 못하는 것이라는 과잉 개념, 바로 그 체계성이 체제의 법에 도전하는 이러한 과잉 개념은, 한편으로는 과잉을 배설물의 질서로 각색한 바타유와, 다른 한편으로는 이 과잉을 모성적·여성적인 것으로 주조해 낸 이리가레의 저작과 동일시될 수 있다.

바타유에게 있어 더러움, 무질서, 부패, 소모, 불결함, 무절제 그리고 무엇보다도 똥(shit)은 '좋은 취향'과 좋은 형태로 재어진 생산을 구성하는 것, 즉 적절한 것을 능가한다. 만일 적절한 것, 체제·형태·규제된 생산의 세계가 하나의 제한된 경제, 즉 교환·사용·편의의 세계를 구성한다면, 과잉·잔여물·억제되지 않은 요소의 세계, 즉 '저주의 몫', '일반 경제', 말하자면 무절제·과잉·희생이 지배하는 세계 또는 질서·배설물이 증식하는 경제가 존재한다. 그것은 "사치, 애도, 전쟁, 숭배 의식(cults), 검소한 기념물 건설, 게임, 스펙터클, 예술, 변태적 성행위 같은 비생산적 지출"[3]에서 가장 적절하게 스스로를 드러낸다. 바타유는 질서 정연하고 정돈된 유통 체계를 갖는 하나의 생산 및 소비 경제와, 과시적이고 규모 없는 지출을 하며 소비적이고 손실을 입히는 부채의 논리에 점유당한 다른 경제를 가정한다. 이러한 구분은 사회·문화·경제 관계에만 해당되는 것이 아니다. 의미심장하게도 그것은 또한 예술 유형들 사이의 구분과 특정 형태의 예술 내부의 구분, 즉 유용하고 준거가 되는 예술 혹

---

3 Georges Batailles, "The Notion of Expenditure", *Visions of Excess: Selected Writings 1927-1939*, ed. and trans. Allan Stoekl, Manchester: University of Manchester Press, 1985, p.118.

은 공예품과 과도하고 피상적이며 장식적인 형태의 예술이나 공예품 사이의 구분을 뒷받침한다.

　한편 바타유는 건축 자체는 조정되고 계산된 경제로 기능할 수 있다고 주장한다. 사실 초기 저작에서 그는 마천루와 남성 상징의 건축적 기능이 여성적 하늘을 '상처 내는'(scrapes) 것이라고 공격적으로 접근하는, 다소 진부하고 준정신분석학적인 이해를 제시한 바 있다.[4] 그가 처음 정의한 바에 따르면, 건축이란 인간을 원숭이와 기계 사이의 중도에 위치시키는 것이다. "인간은 단지 원숭이와 건축물 사이의 형태학적 발전 안의 중간 단계를 나타내는 듯하다."[5] 건축은 동물과 기계적인 것 사이의 중개자를 나타내며, 비인간(inhuman)·동물적 기원의 일부 흔적뿐 아니라 완전히 기계화된 것, 권위적인 통제의 지배를 향한 기대나 운동도 수반한다. 이러한 의미에서 건축이란 바타유가 기술했듯이 인간이나 문화 전체의 골상학이 아니라 그것의 관료적이고 옹졸한 공무원의 골상학을 대표한다. 그리고 과잉의 정신은 아마도 어떤 긍정적인 건축적 생산에서보다도 기념비적 건축의 **파괴**에서 가장 잘 나타난다.

---

4 바타유는 높고 이국적인 마천루를 바벨탑 및 아버지와 아들 사이의 오이디푸스적 투쟁과 관련시킨다. "우리는 여기에서 하늘을 오르려는 시도를 발견한다. 말하자면, 아버지를 권좌에서 끌어내리고 그의 남성성을 소유하는 것으로, 그 뒤에는 반역자의 파괴가 온다. 즉 아버지가 그 경쟁자인 아들을 거세하는 것이다. 더욱이 두 단어, 즉 '상처 낸다'는 동사와 '하늘'이라는 주어의 결합은 성급하기는 하지만 즉각적으로 에로틱한 이미지를 유발한다. 이 이미지 안에서 상처를 내는 그 건물은 바벨탑보다 더 명백한 남근이며, 하늘은 상처를 입는다. 그것은 앞서 말한 남근의 욕망의 대상으로, 근친상간적 욕망의 대상이 된, 아버지의 남성성에 강탈당한 어머니이다"(Georges Bataille, "Skyscraper", eds. Robert Lebel and Isabelle Waldberg, *Encyclopædia Acephalica: Comprising the Critical Dictionary and Related Texts edited by Georges Bataille and the Encyclopædia Da Costa*, London: Atlas Press, 1995, pp.69~72).

5 Bataille, "Architecture", *Encyclopædia Acephalica*, pp.35~36.

사실상 사회의 이상적인 본질, 권위적 명령과 금지라는 본질만이 현행적인(actual) 건축적 구성에서 스스로를 표현한다. 따라서 거대한 기념비들은 모든 불온한 요소들에 대해 존엄과 권위의 논리로 맞서면서 댐처럼 솟는다. …… 실로 기념비들은 확실히 훌륭한 사회적 행위에 영감을 주며 심지어는 종종 순수한 두려움을 야기한다. 바스티유의 함락은 이러한 상태의 상징이다. 이러한 대중 운동은 그 진정한 주인인 기념비들을 향한 대중의 적대감이 아니고서는 설명하기 어렵다.[6]

만일 분노와 파괴 ── 바스티유의 함락 ──가 양차대전 사이의 시기에 건축의 점증하는 기능성과 관료화에 대한 대중의 도발적인 응답이라면, 바타유는 소모적인 것, 동물적인 것, 지나친 것, 반복적인 것으로의 회귀가, 이미 회화에서 실험된 길(여기에서 우리는 다다Dada나 초현실주의에 대한 언급을 떠올린다)을 건축에서도 걸어가는 것이 아마도 대안적인 모델을 제시할 수 있으리라고 시사한다. "인간처럼 우아한 피조물이 관련되었을 때 이러한 상황은 정말로 이상해 보이지만, 화가들이 뒤따라간 그 길은 마치 건축적 속박을 벗어나는 다른 방법이 없는 것처럼 야만의 기괴함을 향해 열려 있다."[7]

바타유가 확인한 것처럼 건축은 그 자체의 과잉들, 그 야만적인 기괴함, 관례나 규칙, 기능이나 형태보다는 힘과 욕망, 에너지와 실험에 대한 그 자신의 충성을 추구해야 한다. 과잉의 장소를 위반으로 보는 이러한 이해에 따라, 우리는 건축의 '야만적인 기괴함', 즉 극도로 반기능적

---

6 Bataille, "Architecture", *Encyclopædia Acephalica*, p.35.
7 Ibid., p.36.

인 건축, 반권위적이고 반관료적인 건축을 어떻게 창출할 것인가를 질문해야 한다. 이러한 건축이란 들뢰즈가 명명한 '통제사회들' 안에서 기능하기를, 그 일부가 되기를 거부하는 건축이다. 그것은 바타유가 처음 제기했을 때보다 오늘날 더 강력한 도발이다. 그것은 링기스가 투쟁할 가치가 있는 유일한 종류의 정치로 인정한 '불가능성의 정치'를 야기할 수 있다. 바타유가 보기에 '여분'이거나 '과잉'인 것은 자원이나 에너지의 소비 말고는 다른 기능이나 목적, 용도를 갖지 않는 것이며, 기능성의 논리를 침식하고 위반하며 중지시키는 것이다. 장식물, 디테일, 여분의 것, 불필요한 것, 이런 것들은 어떠한 과잉 건축에서도 임시적인 요소임이 판명될 것이다(바스티유 대신 윈체스터 하우스?[8]).

공간화된 여성성

바타유가 아마도 과잉이라는 축의 배설물적인 극단에 대한 최고의 대표자라면, 또 다른 극단, 즉 그것의 평형추는 여성적인 것 또는 여성성이라고 볼 수 있다. 배설물적인 것과 과잉적인 것이 인간과 그 집단정체성의 억압되거나 무의식적인 요소들과 단순하게 동일시될 수는 없다(사실, 여성성이 아닌 항문을 그 타자로 삼는 것은 단지 어떤 특정한 개념의 순수하고 청결한 남성성이다). 그것의 가장 중요한 조건은 체제를 추월하고 넘어서는 타자성과 외부성이다. 문화적 과잉이 한편으로는 (바타유에

---

8 미국 캘리포니아의 산호세에 있는 대저택으로 1884년부터 1922년 사이에 지어졌다. 건축주인 사라 윈체스터 부인은 유령의 저주를 막을 수 있다는 믿음으로, 사망할 때까지 이 건물 내부를 계단 끝이 막다른 복도나 천장으로 이어지게 하는 등 기괴한 형태로 끊임없이 증축했다. —옮긴이

게서) 동물, 짐승, 육체적인 것, 특히 육체적인 쓰레기로 대표되는 반면, (이리가레와 다른 여성주의 이론가들의 저작에서는) 이러한 쓰레기가 인간으로 표현되어 타자화되기도 한다. 즉 여성과 여성성이 된다. 바타유 자신은 배설물, 체액, 여성성 사이의 연상들과 관계를 분명히 한다.[9] 하지만 우리가 여성성을 상처·피·손실·거세로 간주하는, 정신분석학에서 이끌어 낸 바타유의 시각을 받아들이거나 공유할 수 있을지는 분명하지 않다. 대신에 우리는 여성성의 장소를 건축적인 것이 질서와 체계성에 대한 스스로의 욕망, 스스로의 특별히 건축적인 과잉 안에 포함시킬 수 없는 것으로 간주할 수 있다. 이러한 개념에 대해서는 이리가레의 저작이 매우 시사적일 수 있다. 바타유, 링기스, 들뢰즈 등과 마찬가지로 그녀가 실제로 건축의 문제와 구체적으로 관련해서는 거의 쓰지 않았음에도 불구하고 그렇다. 건축 분야의 전문가들은 이러한 작업을 과잉, 여분, 건축적인 것을 초월하는 무언가에 대해 특정하게 건축적으로 이해하는 일을, 혼자 힘으로 수행해야 한다.

이리가레의 저작은 다른 철학자들의 경우와 마찬가지로 건축적·사회적·공동체적 기획보다는 공간·장소·주거에 대한 철학적인 개념들에 관해서 다룬다. 그럼에도 불구하고, 바타유와 마찬가지로 과도하고 헤아릴 수 없고 지도를 그릴 수 없는 영토들에 대한 그녀의 철학적 입장은 우리에게 질서·체계·공동체·지식·통제에 대한 모든 개념이, 특히 착상에서 계획, 건설, 거주에 이르기까지 건축 기획에 포함된 모든 개

---

9 "꿈에서 다이아몬드가 배설물을 나타낸다면, 그것은 대조에 의한 연상의 문제인 것만이 아니다. 무의식 속에서 보석은 배설물과 마찬가지로 상처로부터 흘러나오는 저주받은 물질이다. 그것은 열린 희생으로 운명 지어진 인간의 일부이다(사실상 그것은 성애로 흥분된 사치스러운 선물로 기능한다)"(Bataille, "The Notion of Expenditure", p.119).

념이 여성을 남성적이고 가부장적인 것으로 환원하거나 고갈시키지 않는 여성성 및 여성의 구성요소들과 긴밀히 연관될 수 있는 과잉·소비··손실 개념을 수반한다는 사실을 상기시킨다. 이리가레가 시종일관 주장하는 사실은 차이의 문제가 ── 이는 성차에서 가장 생생하게 나타난다 ── 공간과 시간 사이의 관계에 대한 재고를 요구한다는 것이다. "이러한 차이를 통해 숙고하고 이러한 차이를 생생하게 하기 위해서, 우리는 **공간**과 **시간**의 문제 전체를 재고해야 한다."[10]

이와 같은 재고는 최소한 세 가지의 주된 요소를 포함한다. ① 대립 형태로서의 공간과 시간의 재개념화(하나는 동시성의 양식이며, 다른 하나는 연속의 양식이다). ② 공간/시간 대립이 역사적·개념적으로 여성성과 남성성 간의 대립과 관련되어 온 방식들, 즉 여성성이 공간화되고, 지속의 (남성화된) 주체에 할당되어 온 내면성과 지속의 실체나 매개로 간주되어 온 방식들에 대한 재개념화.[11] ③ 각자가 타자를 소유하고 만드는 거주 양식의 재개념화, 즉 이리가레가 간격·외피·사이 통로라고 정의했지만 우리가 또한 과잉이나 잔여물, 그것들 사이에 남겨진 '여분'으

---

10 Luce Irigaray, *An Ethics of Sexual Difference*, trans. Carolyn Burke and Gillian C. Gill, Ithaca: Cornell University Press, 1993, p.7.

11 뤼스 이리가레는 다음과 같이 주장한다. "모든 우주창조설이 말하듯이, 태초에 공간과 공간의 창조가 있었다. 신들은, 하느님은 처음 공간을 창조했다. 그리고 시간이 있었으니, 그것은 대체로 공간에 복무했다. 첫날, 처음의 날들에 신들은, 하느님은, 요소들을 분리시킴으로써 세계를 만든다. 그러자 세계는 사람들로 채워지고 주민들 사이에는 리듬이 생긴다. 하느님은 시간 그 자체이시며, 공간과 장소들 속의 모든 행위에서 그 자신을 아낌없이 사용하거나 노출시킨다. 그리고 나서 철학은 하느님의 신들의 임무의 계보를 확인한다. 시간은 주체 그 자체의 내재성이 되며, 공간은 그 외재성이 된다(이 문제는 칸트가 『순수이성비판』에서 발전시켰다). 주체, 즉 시간의 문제는 순간과 영원을 초월하는 무언가와 더불어 세계 질서의 축이 된다"(Irigaray, *An Ethics of Sexual Difference*, p.7).

로도 묘사할 수 있는 것에 대한 재개념화가 그것이다. 구분할 수 없으리만치 공간적이고 시간적인 간격은 모든 공간적 현전(presence)에서 일어나는 시간적 지체와 모든 시간적 강도에서 나타나는 공간적 확장을 암시한다. 그것은 그들의 차이와 교환의 터, 하나의 실존에서 다른 실존으로의 움직임 또는 통과이다. 다른 종류의 공간으로의 기입은 차이 사이의, 그리고 차이를 횡단하는 교환의 가능성을 제공할 수 있으며, 공간 혹은 공간들은 공동체가 분할하고 공유하는 공통성보다는 하나의 적응 및 거주 양식이 될 수 있다. 이리가레는 여성적인 것이 그 자신의 내면성, 주체성, 지속성에 할당되지 못하고 남성화된 주체성과 시간에 공간을 제공함으로써 그것들에 자원을 계속 제공하는 한, 결코 그 자신의 시간이나 공간을 가지지 못한다고 주장한다. 그녀가 여성만을 위한 공간/장소 또는 시간을 추구한다는 뜻은 아니다. 정반대로, 그녀는 그것들 사이의 인습적인 대립 구조에서 억압되거나 재현되지 않는 종류의 공간과 시간에 조금 더 부합되는 공간을 개념화하고 대표하는 양식을 추구한다. 이것이 공간을 다르게 점유하고 이용하기 위한 필수 조건이다.

　만일 성차가 공간과 시간의 재정비를 요구한다면, 무엇이 다시 정비되어야 하는가? 이리가레는 여성성과 공간성의 은밀한 결합은 분명치는 않지만 식별 가능한 두 개의 효과를 낳아 왔다고 시사한다. 첫째, 여성은 불가사의한 기초, 실체, 혹은 미분화 상태의 물질, 남성성과 그것이 반영된 대상들인 주체성과 객체성 양자의 근원적 장소가 된다. 여성성은 남성이 스스로를 펼치는 공간, 또는 더 나은 말로 **매트릭스**가 된다. 둘째, 여성적인 것은 암흑과 심연, 진공과 혼돈, 근본적으로 공간적이면서도 공간의 매끄러운 지도 그리기와 재현을 혼란시키고 어지럽히는 것으로 정교해진다. 이 공간은 너무나 자기 인접적이고 자기 봉쇄적이어서 자신에 대해 거리를 두는 중립성과 조화될 수 없고 동질적이고 추상적인 공간을 생산하거나 지탱할 수 없다. 여성적인 것은 조화에 도전하는 매트릭스, 영역에 질서를 부여하며 조직하는 매트릭스들의 체계적인 기능에 도전하는 매트릭스가 된다.

이리가레는 공간을 외적이고 확장된 위치와 관계의 영역으로, 시간을 내적이고 주관적인 위치와 관계의 영역으로 간주하는 바로 그와 같은 공간-시간의 영역 구성이야말로, 이미 공간을 매끄럽고 지속적이고 동질적이며 수동적이고 중립적인 것으로, 즉 접힌 곳도 없고 복잡하지도 않으며 내적인 것도 그 자체의 강도도 없는 것으로 제한시키는 방식으로 만든다고 주장한다. 그것은 이미 형태학적으로 여성성의 수동적 속성을 재생산하는 방식으로 정해졌다. 이리가레는 여성이 남성을 위한 장소를 대표해 왔으며, 나아가 그녀가 제공하는 종류의 장소는 특정한 것이라고 주장한다. 말하자면 여성은 용기이자 덮개로서 남성 정체성의 한계를 둘러싸고 표시하는 기능을 한다. 이것은 역설적인 관계이다. 즉 여성은 남성이 그 안에서 그리고 그것을 통해서 스스로를 주체로 놓을 수 있는 장소를 제공하게 되며, 이는 그녀가 장소 없는 장소, 즉 그 자신의 장소는 없되 타인을 위한 장소로서만 기능하는 그러한 장소를 대표한다는 것을 의미한다.[12]

---

12 "만일 전통적으로 어머니로서, 여성이 남성을 위한 장소를 대표한다면, 그러한 제한은 그녀가 하나의 사물(thing)이 된다는 것을 의미한다. 한 역사적 시대로부터 다른 역사적 시대로 가면서 다소 변화할 가능성은 있겠지만 말이다. 그녀는 자신을 하나의 사물로 스케치한다. 더욱이 모성적·여성적인 것 또한 덮개이자 용기로, 남성이 그의 사물들을 제한하는 출발점으로 기능한다. 덮개와 사물들 사이의 관계는 아리스토텔레스주의와 그로부터 파생된 철학 체계들의 아포리아들 중 하나, 혹은 바로 그 아포리아를 구성한다"(Irigaray, *An Ethics of Sexual Difference*, p.10).

모성적·여성적인 것은 '자신의' 장소를 빼앗기고, '자신의' **고유한 장소로부터 분리된 장소**로 남는다. 그녀는 그녀로부터 분리될 수 없는 타자를 위한 장소이고, 끊임없이 그렇게 된다. 그것을 알거나 원하게 되면 그녀는 그녀에게 결여된 바로 그것, 즉 '적절한' 장소 때문에 위협을 받는다. 그녀는 스스로 자신을 다시 감싸 안으려고 해야 할 것이며, 최소한 두 차례 그렇게 한다. 즉 여성으로서 그리고 어머니로서이다. 이는 공간–시간의 전체 경제에 변화를 전제한다.[13]

이리가레는 건축 자체의 고대적 필수 조건으로서 공간의 시초에 왜곡된 교환이 있었다고 주장한다. 말하자면 남성이 자신이 유래한 모성적·여성적 몸으로부터 추출해 낸 과학적·기술적인 조작의 추상적 공간을 얻은 것과 교환하여, 그 자신의 정체성을 형성하기 위해 여성에게서 취한, 그리고 그녀가 계속해서 그것을 보살피고 지탱할 수 있도록 하는 용기 혹은 덮개를 여성에게 제공했다는 것이다. 여기에서 용기란 가정, 옷, 보석, 즉 그가 그녀를 위해 혹은 최소한 그녀의 이미지를 위해 만들어 낸 것들로서 그로 하여금 어떠한 의무감이나 채무감 등이 없이도 그의 공간적 전유를 계속하도록 해주는 것을 말한다. 여기에서 교환이란 그녀는 그에게 세계를 제공하고, 그는 그녀를 그의 세계에 감금하는 것을 말한다.

그는 거듭해서, 여성적인 것으로부터 공간성의 조직 혹은 구성요소를 가져온다. 교환으로 ——하지만 그것은 진정한 교환이 아니다——그는

---

13 Irigaray, *An Ethics of Sexual Difference*, p.11.

그녀에게 집을 사 주고, 심지어 그녀를 그 안에 가두며, 제한을 두고, 무의식적으로 그녀를 위치시킨다. 그는 그녀를 벽으로 둘러싸고 그 자신과 그의 사물들을 그녀의 육체로 감싼다. 이 덮개들의 본질은 같지 않다. 한편으로는 보이지 않으나 살아 있는, 그러나 거의 인식할 수 없는 제한들이며, 다른 한편으로는 눈에 보이도록 제한하거나 보호하는, 그러나 만일 문턱이 열려 있지 않다면 감옥 같거나 살인적인 것이 될 위험에 놓여 있는 제한들이다.[14]

모성적·여성적인 것은 공간과 가시성의 비가시적이고 공간 없는 토대가 된다. 말하자면 측정할 수 있고 담을 수 있고 정복할 수 있는 세계를 열어 주는 '무언의 토대'이다(실로 여성적인 것은 모성의 바로 그 공간에 둘러싸여 있고, 보통 모성의 '감금'으로 묘사되며, 따라서 이미 스스로 접히고 자기를 감싸는 공간이다). 이리가레의 개념에 따르면, 여성성에 다소간 구멍이 많은 조직의 속성을 부여하는 것, 여성성에 그 자체의 내부를 부여하지 않은 것은, 내부의 공간이 외부의 착취를 위한 토양 내지는 토대가 된다는 것을 의미한다. "우리는 항상 이 건축물을 위해 우리 자신의 안팎을 뒤집지(inside-out) 않는가?"라고 그녀는 묻는다.[15] 그것이 그곳에서 우리의 장소를 찾는 것을 어렵게 만드는 것이다. 공간 자체는 건축에 의해 덮인 바로 그 장소에 세워지며 따라서 거주에는 불가능하다는 것이다!

---

14 *Ibid.*

15 Luce Irigaray, "Où et comment habiter?", *Les Cahiers du GRIF*, Issue on Fouir, no.26, March 1983.

너의 미로에서 길을 잃어버리고, 너는 이 미궁이 내 육체로 만들어졌다는 것을 깨닫지도 못한 채 나를 찾는다. 너는 나의 안팎을 뒤집었고 너는 네가 나를 찾을 수 없는 곳에서 거꾸로 나를 찾는다. 너는 내 안에서 길을 잃었고, 나로부터 멀어졌다. 너는 나 또한 내부라는 것을 잊어버렸다. ……[16]

모성적·여성적인 것의 개념적인 뒤집기(turning inside-out)는, 마치 그것이 어떠한 내재성도 없으며 따라서 그 자신의 시간도 없는 것처럼, 그것을 대체하는 문화적 우주를 촉진하고 이 우주로 하여금 팽창할 수 있게 하며 그 자신을 공간, 공간성으로 드러내게 한다. 즉 계산될 수 있고, 측정될 수 있으며, 조정을 통해 지도를 그릴 수 있으며, 매트릭스로 만들어진 공간, 시간적 계획의 공간이 된다. 그러나 이러한 작전은 얄궂은 대가를 치러야만 한다. 말하자면 세계, 자연, 타자의 몸을 (경제적·개념적 의미 양자에서) 투기의 기반이나 재료로 삼음으로써 탐험자·과학자·건축가로서의 남성은 그를 양육하고 뒷받침한 자원들뿐 아니라, 자기 자신의 고유성의 자원들(그 자신의 육체가 제공한 제한된 자원들)도 상실했다.

바타유는 올바르게도 기념비 건축이 전체주의의 건축, 통제사회의 건축, 남근적 소비의 건축이라고 시사한다. 그의 저술들은 건축과 다른 구성물들이 보다 일반적인 성차와 교환의 경제, 지출의 경제, 즉 데리다의 용어로는 선물(gift)의 경제를 감싸는 구속의 경제로 코드화되고 영역화되는, 제한된 남근의 경제로 기능한다고 본 이리가레의 이해를 명

---

16 Irigaray, *An Ethics of Sexual Difference*, p.27.

확하게 예견한다. 아리스토텔레스 물리학이 수립한 논리에 따르면 장소는 용기로, 존재의 덮개로 환원된다. 즉 하나의 존재는 다른 존재의 저장소, 타인을 위한 건물이나 집이 된다(어떤 의미에서, 존재는 **태아화** fetalized되고 장소는 **모성화**된다).[17] 장소를 항상 이미 **건축적인** 개념으로 만드는 것은 바로 이러한 논리로서, 그것은 용기(容器)·한계·위치·토대로 상상된다. 그러나 이러한 기원은, 그리고 그것에 대한 철학적·건축적 담론의 역사적 충실성은 장소·공간·측정에 대한 서양의 개념들을 표시한다. 그것은 그 존재가 중립적 공간의 배경이 되어 대상·정체성·물질에 의해 시작된, 주어진 형상과 질료의 제거 불가능한 흔적들로써 드러낸다. 이리가레는 서양 문화에 내재하는 모성적·여성적인 것의 특징과 속성들——수동적이다, 중립적이다, 유동적이다, 무형적이다, 결핍되어 있다, 비어 있다 혹은 공허하다, 즉 채움과 구속과 측정을 요구하는 저장소다 등——은 정확히 공간에도 부여된 특징과 속성이라고 주장한다. 이는 여성이 모든 방식에서 공간과 닮았기 때문이라기보다는, 모성적·여성적인 것을 다루는 방식이 공간이 개념화되고 구속되는 방식의 조건이자 모형이기 때문이라는 것이다.

여성적 희열(jouissance)의 특정한 재현은 용기가 없이 흐르는 물에 상응한다. 이 이중적인 여성의 **위치 지어짐**은 남성이 추구하는 것이다. 그

---

17 이리가레는 아리스토텔레스의 『자연학』 4권에 대한 주석에서, 장소는 그것에 몸담은 객체를 위한 모성인 구속이라고 논한다. "그것은 태아가 장소 안에 있는 것처럼 보인다. 그리고 여성 안에 있는 남성의 남근처럼 보인다. 여성은 집 안에 있지만, 이는 살아 있는 몸의 터로서 같은 유형의 장소가 아니다. 다른 한편, 그녀 안에서, 장소는 장소 안에 있다. 기관으로서만이 아니라 그릇이나 용기로서 그러하다. 그것은 이중으로, 즉 어머니이자 여성으로서의 장소이다"(*Ibid.*, p.52).

녀는 장소를 점유하지 않는 장소가 되도록 만들어진다. 그녀를 통해서, 장소는 여성이 아닌 남성의 용도를 위해 구성된다. 그녀의 희열은 그녀가 그녀 자신을 구속할 때, 그녀의 존재인 그 장소의 어떤 흐름이라도 '닮을' 운명이다.[18]

기괴한 건축

과잉 혹은 여분이라는 개념은 과다함——그 과다함 때문에 배제되거나 억제된 것——의 문제를 경제적·미학적 개념은 물론 정치적 개념으로 제기될 수 있게 한다. 주권을 가진, 깨끗하고 적절하고 기능적이며 자기 동일적인 주체가 그 자신으로부터 방출한 이러한 과잉은 체제·질서·교환·생산을 구성하기도 하고 침식하기도 하는 모든 것의 조건을 제공한다. 추방된 자들을 공동체로부터, 용기를 그 안에 담긴 것으로부터, 내부를 외부로부터 분리하는 얇은 막을 조건 짓고 범람시키는 것은 부적절한 것이 적절한 것 안에, 제한된 것이 일반 경제 안에, 남성적인 것이 여성적 몸 안에, 건축이 공간의 몸 자체에 심어져 있다는 사실이다.

그렇다면 무엇이 공간을 이렇듯 조작 가능한 대상/중립적 매체로 제한하고, 공간을 모성적·여성적인 것 그리고/혹은 배설물적인 것의 지움과 제휴시키는 방식에 대한 구제책을 제공할 수 있을까? 비공동체, 즉 공동체에 속하지 않는 사람들의 공동체를 구성하는 사람들의 역할에 대한 이리가레나 바타유의 성찰로부터 끌어올 수 있는 모종의 건축적 함의가 존재하는가? 과잉의 건축을 생산하고자 활발하게 노력하는 것이

---

18 Irigaray, *An Ethics of Sexual Difference*.

가능한가? 과잉의 건축 안에서는 '여분'이 버려지지 않고 중심이 되며, 그 안에서는 지출이 추구되고, 그 안에서는 불안정성·유동성·공간의 몸으로의 회귀를 지지하고 순응하며, 그 안에서는 기괴하고 여분적인 기능의 소비가 생산만큼이나 강력한 힘으로 기능한다. 이것은 건축의 여성성이라는 문제와 동일한가, 혹은 그것과 관련되는가?

이제 나는 무모한, 심지어 과도한 사변일 수도 있는 몇 가지 광범위한 시사점을 제시하고자 한다.

① 만일 공간과 아리스토텔레스적 장소가 모성적·여성적인 것의 은밀한 중립화와 연출된 수동성으로부터 나왔다면, 이 인정하기 어려운 부채에 대한 해결책은 여성들의 공간(혹은 퀴어 공간, 혹은 종속되거나 배제된 정체성들의 공간)을 창출하는 것이 아니다. 이런 것들은 동일한 것의 바다 안에서 단지 사회적 섬들을 창출할 뿐이다. 그보다는 공간을 다른 용어로 (과학적·예술적·건축적·문화적으로) 탐색해야 한다. 공간이 어떤 공간적 복합성에 토대를 둔 것으로 보일 때, 즉 필연적으로 배가되고 스스로 감싸는 공간이 일상적 실존의 부드럽고 평평한 공간을 위한 토대를 제공하는 것으로 보일 때, 공간은 우선적으로 그 점유 양식에 따라, 그 안에서 무엇이 일어나는가에 따라, 그곳에 있는 대상들의 유동성과 성장에 따라 정의된다. 수동적 저장소 혹은 둥지로서의 이와 같은 공간 개념은 여러 번 배가될 것을 요구하거나——그리하여 둥지는 공간적 위치로부터 추방되지 않고 스스로를 더욱 가둔다——더 자극적으로 또는 더 난해하게 표현하면, 공간 자체는 복수성, 이질성, 행동과 힘의 견지에서 재고될 필요가 있다. 공간은 단지 에테르(ether), 즉 중력 같은 다른 힘들이 그 효과들을 창출하는 매개물이 아니다. 그것은 그 안에 위치하는 대상과 행동들에 의해 새겨지고 새긴다.

② 공간 개념에서의 변형들은 근본적으로 시간 개념의 변형들과 연결되어 있다. 그것들은 단일하게 통일된 틀——시공간적 장——로 간주되고, 또 그것들은 이항대립이라는 견지에서 각기 다른 것이 결여한 것을 제공한다고 이해되지만, 그것들은 여전히 능동적이고 수동적인 대립항으로 서로 짜여 있다(어떤 담론, 특히 자연과학에서 시간은 능동적 공간의 수동적 대립항이 되는 반면, 다른 담론, 특히 인문학에서 역사의 형식으로서의 시간은 수동적인 지리적·사회적 공간들을 움직이고 변형시키는 능동적 힘이다). 그리고 그것들은 무의식중에 남성적인 것과 여성적인 것 사이의 구조적 관계를 재생산한다. 공간과 시간은 그 자체의 능동적·수동적 양식들을, 그 강도와 확장의 양식들을 갖는다. 그것들은 보충물이나 대립물로서가 아닌, 각각 그 자신의 복수적 양식들을 갖는 특수한 것들로 간주되어야 한다.

③ 건축의 담론과 실천은 어머니의 몸이 처음으로 제공한 피난처와 외피에 대한 충동과의 (선사적 혹은 고고학적인) 관련성을 망각해서는 안 된다. 거주라는 바로 그 개념은 최초의 거주, 그 자체로 다른 공간 안에 포함된 공간과 견고하게 결합되어 있으며, 그 재료들인 목재·금속·콘크리트·유리 등은 태반(胎盤, placental)의, 그리고 몸의 막들의 잔여물 또는 여파이다. 보다 원시적인 재료로 회귀하거나 이 원시적인 모성적 관계들을 공공연히 언명하는 대신, 주거가 피난처를 제공하는 태반적 우주와 사회적 공간 사이의 평행선을 수립하면서(이 평행선은 정치철학에서 매우 애호되는 것으로, 태반과 자연적 공간을 접수하는 문화적·사회적 공간으로 불가피하게 인도된다), 건축가는 이 모성적 기원 안에서 무언가 다른 가치를 가진 것을 발견할 수 있다. 거대한 지출, 순수한 선물의 경제, 지나친 관대함의 경제가 그것이다. 비록 그것이 상환될 수 없다 해

도, 건축가들은 아마도 디자인과 건축에서 다른 곳을 생산할 수 있을 것이다.

④ 선물이라는 개념은 근본적으로 기괴한 것과 과도한 것('너무 많이' 주어진 것)에 연결되며, 이는 기능주의, 미니멀리즘, 그리고 수많은 현대 건축에 나타나는 단순성과 경제성을 향한 충동에 도전한다. 나는 장식을 위한 장식이라는 견해, 혹은 단지 장식적인 건축이라는 견해, 혹은 오늘날이나 지난날의 건축적 관행 안에 있는 어떤 특정한 요소를 여성 혹은 여성주 고유의 관행으로 보려는 것은 아니다. 나는 단지 건축의 선물은 언제나 기능과 실용성, 단순한 집이나 피난처를 초과한 것에 있음을 논하고자 한다. 그것은 또한 항상 생계 이상의 사회성의 찬양, 문화적 과잉의 축소가 아닌 고양에 관한 것이다(사실상 기능성이라는 개념 자체가 필요를 능가하는 성찰이라는 문화적 사치의 또 다른 산물이다).

⑤ 이리가레의 표현을 이용하면, '여성이 살아갈 수 있는' 건축을 생산하는 것은 가정적이면서 **동시에** 공공적인 건축을 덮개로 생산하는 것으로, 이는 한 공간과 위치에서 다른 것으로의 이동을 허락하며 사물과 기능을 각각의 올바른 장소에 국한시키지 않는다. 건물은 완료된 사물이 아니라 공간적 과정으로 기능하며, 불명확한 미래의 어떠한 용도에도 개방되어 있을 것이며, 고체의 용기가 아닌 흐름의 촉진물로 기능한다. 이리가레가 『검경』(Speculum)에서 기술한 것처럼 '윤곽이 없는 용량'(volume without contour)으로 말이다.

⑥ 마지막으로, 과잉 건축은 현재의 요구를 만족시키는 것이 아니라 미래의 열망들을 생산하는 것을, 단지 실용적인 소비를 만족시키는 것이 아니라 모든 현재의 의도와 목적들을 변형시키는 미래의 완성의 성취를 목표로 삼아야 한다. 건축은 단지 공간의 식민화나 영토화가 아

니다. 바타유가 직관했듯이 보통 이러한 방식으로 기능해 오기는 했지만 말이다. 그것은 또한, 최선의 상태에서는, 현재가 더 이상 스스로를 알아볼 수 없는 미래를 기대하고 환영하는 것이기도 하다. 이러한 의미에서 건축은 미래의 삶의 실험들, 즉 배제되고 주변화되며 외부로 간주되거나 장소가 없는 사람들도 자신들을 발견하게 되는 실험들을 위해 필요한 조건의 일부를 제공할 수 있다.

■ 고유경 옮김

10장 | 사물

철학은 인간의 상태를 넘어가려는 노력이어야 한다.
— 베르그송, 『창조적인 정신: 형이상학 입문』

사물들(Things)

사물은 다양한 이름으로 명명된다. '사물'이라는 용어는 사실 철학사에서 유명한 일련의 개념들, 예컨대 객체·질료·실체·세계·현실·외양·누메논[1] 등의 개념들 중 최근의 모습에 지나지 않는다. 데카르트에서 칸트에 이르는 계몽주의 시기에 사물은 우리 자신과 우리 한계를 대조적으로 측정하는 대상, 즉 우리의 존재가 아닌 것의 거울이 되었다. 칸트주의 이후, 사물을 희귀하고 이례적으로 읽는 일이 철학에서 나타나고 있기는 하지만, 사물은 일차적으로 비활성 물질성을 연상시킨다. 더구나

---

* 이 에세이는 Cynthia C. Davidson ed., *Anything*, Cambridge: MIT Press에 수록될 예정이다.

1 이성에 의하여 사유되는 예지적 대상이나 절대적 실재. 또는 물자체. — 옮긴이

최근 냉전 시기 이래로, 주체로부터의 소외로 인해, 사물은 움직이는 물질성 또는 잠재적으로 악의적인 물질성으로 생각되어 왔다. 즉 우리가 모르는 사이에(일반적으로 원자력이나 핵 연구로) 자연에 개입한 결과이거나 결과일지도 모르는 생물학적 물질성, 혹은 오점, 원형질, 인간이 위험에 빠뜨린 사방으로 방출된 존재들의 복수일지도 모른다고 생각해 왔다. 그럼에도 불구하고 이러한 다양한 치환을 거쳐, 설사 신체가 기술적으로 대체되고, 그 신체가 가시적인 형식으로 재출현하고 있다고 해도, 사물은 우리가 극복할 수 있는 내재성과 동일시되고 있다.[2] 이러한 역사의 개요를 서술하고 사물에 관한 위대한 사상가들에게 경의를 표하는 대신에, 특히 사물의 소유권을 해결하는 데에, 그리고 그 관계들을 규제하는 법률을 판독하는 데에 자신의 지적인 노동을 쏟았던 과학자들에게 경의를 표하는 대신에(사물이 지식과 과학의 소유물이 되고 있다), 나는 완전히 다른 계보를 찾고 있다. 사물이 주체, 자기(self), 체현 혹은 의식의 타자 내지 이분법적 쌍으로 이해되지는 않지만, 그것의 조건으로, 그리고 주체의 존재와 지속을 위한 자원으로 이해되는 계보를 찾고 있다. 사물들과 그것들을 관장하는 법률을 이해하기 위해 데카르트로, 혹은 그의 영웅인 뉴턴으로 되돌아가지 않고, 그 대신에 우리는 다윈에서 시작해야 한다. 사물에 대한 그의 생각, 다시 말해 사물을 자연 선택에 따른 적극적인 세계의 활력으로 보는 그의 생각에서 시작해야 한다. 다윈은 사물을 장애, 문제, 의미를 제공해 주는 것으로 생각하며, 그러한 것

---

2 예를 들어 한나 페니클 피트킨이 흥미롭게 제목을 붙인 다음의 책을 참조하라. Hanna Fenichel Pitkin, *The Attack of the Blob: Hannah Arendt's Concept of the Social*, Chicago: University of Chicago Press, 1998.

으로 인해 생명체 자체가 진화하고 발전하고 진보와 변화를 겪으며 한때 생명체가 처했던 것과는 다르게 된다고 생각한다. 사물은 무생물, 절반 생물(half-living) 혹은 생명이 없는 것을 살아 있는 것, 삶의 잠재력이자 삶을 위한 잠재력이 되도록 만드는 자극제이다.

사물 그 자체는, 칸트가 말하는 것처럼, 누메논적으로 외양 뒤편에 놓여서 그 자체로는 결코 나타나지 않아 우리가 알 수도 감지할 수도 없는 그런 것이 아니다. 다윈에 따르자면, 사물은 오히려 우리가 발견하기도 하고 만들기도 하는 실재적인 것(the real)이다. 사물은 역사를 가지고 있다. 그것은 단순히 우리가 우리 자신의 활동성을 측정하는 것에 저항하는 수동적인 관성이 아니다. 그것은 그 자체의 '생명'을 가지고 있고 그 자체의 특성들을 가지고 있어서, 우리는 그것을 단순히 바깥에서부터 이해하고 관리하고 중립화하는 것보다는 오히려 효용성 있게 하기 위해서 우리의 활동성 안으로 포함시켜야 한다. 사물들이 우리에게 적응하기보다는 우리가 훨씬 더 그것들에 맞출 필요가 있다. 생명은 물질이 성장하는 집이요, 물질의 긴급한 상태에 생명의 요구를 맞추는 것이다. 생명을 생산하는 것이 바로 물질이요, 사물이다. 생명에 그 생물학적 조직과 성향을 제공하고 유지시켜 주는 것이 바로 물질이요, 사물이다. 또한 그 자체를 극복하기 위해, 발달하기 위해, 보다 풍요롭게 되기 위해 생명을 필요로 하는 것이 바로 물질이요, 사물이다. 우리는 사물들을 만들기 위해, 사물들을 만드는 과정에서, 사물들에 우리의 흔적을 남기기 위해 우리의 자원으로 사물을 이 세계에서 발견한다. 사물은 주체와 테크놀로지, 모두를 위한 자원이다.

다윈에서 시작된 이러한 활성사물(the active thing)에 대한 생각은 교차적인, 심지어 잡종적인 철학사, 즉 자기 의식적으로 진화하는 성향이 그 정점에 이르는 역사의 시작을 알린다. 이는 곧 다윈으로부터 니체를 거쳐, 찰스 샌더스 퍼스(Charles Sanders Peirce)의 작품, 윌리엄 제임스(William James), 앙리 베르그송의 작품들에 두서없이 지그재그로 이어지는, 그리고 어쩌면 다양한 쇠락의 계보를 거치면서 한편으로는 리처드 로티(Richard Rorty)로, 다른 한편으로는 질 들뢰즈로 갈라지는 입장들에 이르게 되는 철학적 실용주의의 시작이다. 이들은 모두, 물론 방식에 있어서는 그들 모두 상이하지만, 활동·실천·움직임의 문제를 존재론의 중심에 던지는 실용주의적인 철학자들이다. 이 이질적인 사상가들이 공통적으로 공유하고 있는 것은 **사물을 문제로**, 도발로, 선동으로, 혹은 수수께끼로 이해하는 것뿐이다.[3] 이미 구성된 물질인 사물은 발명을 만들어 내고, 수단과 목적의 평가를 내리고, 그럼으로써 실천을 가능하게 한다. 사물은 우리에게 질문들을 던진다. 예컨대 우리의 요구와 욕망에 관한 질문들과 무엇보다도 활동의 문제들을 우리에게 던진다. 사물은 우리로 하여금 활동을 하도록 자극하는 것이면서 그 자체로는 우리 활동의 결과이다. 그러나 더 의미심장하게는 사물은 근본적인 도발로서 ——과거의 잠재성과 현재의 직접성에서 무시될 수 없는 것으로서 ——기능하는 한편, **약속**으로서도 기능한다. 즉 미래와 과거에 목적,

---

3 윌리엄 제임스가 사물이나 대상을 논의하며 언급했듯이, 그 대상은 우리의 지각반응과 운동행동에 직접적으로 혹은 간접적으로 영향을 미치는 것이다. 그 대상은 인지와 행동의 지속가능성이며, 반응을 위한 가상장치이다. "대상을 인지하는 데 있어 완벽한 명료함에 이르기위해서는, 그 대상이 이끌어 내는 실제적인 종류의 상상 가능한 영향, 즉 대상으로부터 우리가 기대할 수 있는 감각은 무엇인지 그리고 우리가 준비해야 할 반응들은 무엇인지를 고려해야 한다. 이러한 영향에 대한 구상은, 그것이 즉각적이든 아니든, 그 대상에 대한 구상 그 자체로 긍정적인 의의를 가진다"(William James, "What Pragmatism Means", *Pragmatism and Four Essays from The Meaning of Truth*, Cleveland: Meridian Books, 1970, p.43).

효과, 또는 다른 사물을 생산하는 약속 말이다. 사물은 생활과 인간의 선(先)조건, 즉 그들의 생존 수단이고 생명의 결과 혹은 산물이고 생명의 실제적인 요구들이다. 사물은 공간과 시간의 교차 지점이다. 특수성 혹은 단수성을 구성하는, 시간적으로 좁혀지고 공간적으로 위치를 정하는 지점이다.

공간과 시간

사물은 시간에서뿐만 아니라 공간 안에서도 태어난다. 그것은 특정한 지속 기간과 구체적인 경계들, 즉 시간적 연속의 폭넓은 윤곽선 혹은 흐름과 공간적 지도 안에 구체적인 경계들을 새겨 놓고 있다. 그것은 실체로부터 나오고 실체로서 나타난다. 그것은 이전의 실체나 사물의 존재 안으로 오고 있는 것으로서 새로운 시간에, 그것의 생산과정 아래에서 새로운 공간과 응집력 있는 전체를 생산하는 것이다. 사물과 사물이 각인하면서 생산하는 공간은 동일한 순간에 시작된다. 즉 그것의 순간적인 관점들을 드러내기 위해 움직임이 중단되고 동결되거나 해부되는 순간, 사물과 이를 에워싸고 있는 공간이 개념적으로 혹은 지각적으로 구분되는 순간에 말이다. 움직임이 성찰되거나 분석되어야 하는 그 순간은 움직임으로 객체와 그 상태가 뚜렷이 구별되고, 위치가 정해지고, 지도를 그릴 수 있으며, 원칙적으로 반복할 수 있게 만들어 내는데, 그 객체와 상태는 측량과 견제의 대상이 된다. 움직임의 착수, 그것의 가분성, 정적으로 보일 수 있는 역량이 사물과 공간의 공동조건들이다. 사물은 공간에 위치 지어지거나 위치 파악이 가능한데, 그 이유는 오직 시간이 함축되어 있기 때문이고, 오로지 사물이 움직임, 즉 사물의 틀을 지어 주

고 맥락화해 주며 사물로써 그리고 사물로서 융합하는 원자 및 분자진
동을 극적으로 늦추기 때문이다.

사물은 둘을 하나로 변형, 융합한 것이다. 즉 이전의 사물에다 이전
의 사물을 다른 사물로 생산하는 과정에 투여된 에너지를 합하여 하나
의 통합체 혹은 하나로 융합하는 것이다. 사물 만들기, 즉 하나의 사물(a
thing)로서 사물(the thing)을 생산하는 과정에서 사물 만들기는 바로 그
사물(the thing)이 하나의 사물(a thing)이라고 착각하게 하고, 그것을 부
인해야 하는 측정 불가능한 과정이다. 제임스와 베르그송의 경우 모두
어떤 의미에서는 세상이 우리와 무관하게 존재한다고 하더라도 ──인
간이 사라질 때조차도 남아 있는 실재적인 것이 있다고 하더라도 ──그
러한 사물들(things)은 현실 안에 존재하지 않는다. 사물은 실재적인 것
에서 새긴 어떤 특정한 것이고, (인공적이거나 임의적으로) 실재적인 것
을 단위들(entities)로 분할한 것이며, 이는 사실 실재적인 것 내에서 열
린 시스템으로서만 존재하는, 경계 지어지고 완비된 시스템들이다. 제
임스는 사물에 대한 고전적인 실용주의 서술들 중 하나를 제공한다.

여하간 우리는 하나의 **사물**을 무어라고 불러야 하는가? 그것은 아주
임의적인 것처럼 보인다. 왜냐하면 우리는 모든 것을 우리 인간 목적
에 맞게 조각해 내기 때문이다. 바로 우리가 별자리에서 조각해 내듯
이 말이다. …… 당신[제임스의 살아 있는 청중]한테 영원히 실재적인 것
은 당신이라는 개인적인 인물이다. 그러나 다시, 어느 해부학자에게는
그러한 인물은 유기체들이고, 진짜 사물은 장기들이다. 생물조직학자
들은 장기들이 아니라 이를 구성하고 있는 세포들이 진짜 사물들이라
고 말한다. 이제 화학자들의 말을 들어 보면, 세포가 아니라 그것들의

분자가 그렇다는 것이다. ······ 그러면 우리는 감지할 수 있는 실재성(reality)이 사물들이 되는 흐름에 우리 마음대로 브레이크를 건다.[4]

사물은 단순히 우리가 세계에서 발견하는 것이라기보다는 오히려 세계를 만드는 것이다. 즉 우리가 우리의 요구와 목적에 맞추어 그것을 운영하고 통제할 수 있는 방법이다(제임스가 위에서 암시했듯이, 비록 마음대로 혹은 의식적으로가 아니라 해도, 우리는 세계를 객체의 견지에서 지각할 수는 없다. 우리는 의지의 문제 때문에 그렇게 하지 못한다). 사물은 우리가 세상의 특정 지역 위에 부과한 윤곽이다. 그래서 이러한 지역들이 이해할 수 있게 되고 우리의 목적과 기획들을 촉진한다. 물론 그것들을 제한하고 국지화하기는 해도 말이다. 사물들은 세계를 다루는 우리의 방식인데, 그 세계에 대한 지배력을 우리가 가지고 있다기보다는 오히려 우리가 그 안의 그물에 잡혀 있다. 사물은 풍요롭고 무한한 다양성 속에 있는 세계 ── 제임스가 표현하듯이 하나의 흐름이고, 라캉의 용어로 말하자면 하나의 연속성이고, 베르그송의 사유로 표현하자면 해석하는 진동의 파장인 세계 ── 와 우리가 필요로 하고 존재하면 좋겠다고 생각하는 세계, 즉 열려 있고, 의도와 목적에 순응하고, 유동적이며 유연하고, 조종 가능하고 수동적인 그런 세계 사이의 타협이다. 사물은 정신과 물질 사이의 타협이고, 하나가 다른 하나로 가로질러 들어가는 지점이다. 그것은 우리의 세계와 우리 자신 둘 다를 구성하는 과도한 센세이션, 진동, 움직임, 강렬함을 다루는 우리의 방식이다. 실질적인 긴박한 상황

---

4 William James, "Pragmatism and Humanism", *Pragmatism and Four Essays from The Meaning of Truth*, p.165.

이고, 정말로 어쩌면 세계 속에서 우리 활동의 필수적인 조건이 아니라, 우리 활동의 하나의 양식에 지나지 않을지도 모른다. 제임스의 주장에 따르면, 우리는 세계를 객체로 볼 선택권을 가지고 있다. 그러나 우리는 그렇게 보지 않는다. 바로 칸트가 시간과 공간은 선험적인 직관이라는 인상을 주었듯이 말이다. 우리는 그것을 선택하는 것이 아니라, 그것을 불러내어 활용해야 한다. 그래서 우리는 객체를 다른 객체와 구분하고 다른 배경과도 구분한 채, 그 객체들을——한계 지어져 있다면——조건, 우리가 세계에서 활동하는 필연적인 조건들이라고 간주해야만 한다. 공간, 시간, 그리고 사물들은 개념적으로 연결되어 있다. 공간과 시간은 사물의 틀을 짜고 맥락화하기 위해 알아야 하는 것이다. 공간과 시간은 사물의 배경으로 봉사한다.

> 우주적 공간과 우주적 시간은 칸트가 말한 그 직관과는 거리가 멀었던 바, 과학이 보여 줄 수 있는 어떤 것처럼 분명히 인공적인 구성물이다. 인류의 대다수가 이러한 개념을 사용하지는 않지만, 그런 복수의 시간과 공간 안에서 상호침투적으로 그리고 서로 뒤섞여 살고 있다.
> 다시 영원한 '사물들'로 되돌아가 보자. '동일한' 사물과 그것의 다양한 '출현'과 '변형'들, 사물들의 상이한 '종류', 사물이 '주어'로 남을 때 결국 '술부'로 이용되는 그 '종류'로 분류되는 사물들——이 용어들의 목록은 우리 경험의 즉각적인 흐름과 감각적인 다양성이 얽히고설킨 뭉치를 정말 단순하게 하는 것이다![5]

---

5 William James, "Pragmatism and Common Sense", *Pragmatism and Four Essays from The Meaning of Truth*, pp.118~119.

베르그송은 제임스의 입장을 보다 정교하게 만든다. 왁자지껄 복잡한 상태로 있는 것으로서의 세계는 지성의 객체일 리 없다. 왜냐하면 활동과 실천을 가능하게 하는 것이 지성의 기능이기 때문이다. 활동의 가능성은 객체들과 그 관계들이 가능한 한 단순하게, 경직되게, 통일되게, 또한 가능한 한 단단하게 남아 있기를 요구한다. 그렇게 함으로써 객체들의 윤곽이나 아웃라인, 즉 그 표면이 미결정적 활동을 아주 쉽게 촉진하도록 말이다. 그러나 우리는 이런 다양성을 사물들과 상태의 질서로 축소할 수밖에 없다. 우리가 사물에 의지하여, 사물과 더불어 활동해야 한다면, 그리고 우리가 사물들에 의지하여 살아가야 하고, 사물을 우리 목적을 위하여 사용해야 한다면 말이다. 비록 우리가 무의식적이든 직관적이든, 과정과 움직임을 다룰 때 가장 편안해 하기는 하지만, 우리의 지적능력과 인지능력은 견고한 것, 상태, 사물들을 다룰 때 가장 훌륭하게 기능한다.

현실은 유동적이다. 거기에는 이미 만들어진 **사물들**은 존재하지 않는다. 오직 만들어지고 있는 과정에 있는 사물들만 존재한다. 고정된 채로 남아 있는 **상태**가 아니다. 대신 변화의 과정에 있는 상태만 있을 뿐이다. 정지상태는 겉으로만 그렇게 보이고 오히려 상대적이다. …… **따라서 모든 현실은 경향이다. 우리가 방향의 초기 변화를 경향이라고 하는 데에 동의한다면 말이다.**

견고한 작동기반을 찾고 있는 우리의 정신은, 삶의 일상적인 과정에서 정신의 원칙적인 기능으로서 **상태**와 **사물들**을 상상해야만 한다. 때때로 우리의 정신은 실재적인 것에서 분리되지 않은 유동성에 대해 얼핏 보기엔 즉흥적인 듯한 견해를 취하고 있다. 따라서 우리의 정신은 **감각**과 관념을 얻게 된다. 그러한 방식으로 정신은 변화와 경향의 방향을 표시하는 고정점들을 대체시켜 넣는다. 이러한 대치는 일반상식에, 언어에, 실질적인 생활에 필수 불가결하다. 그리고 심지어 …… 실증적인 과학에도 필요하다. **우리의 지성은, 그것이 자신의 자연적인 성향을 따를 때, 한편에서는 견고한 지각(perception)에 의해, 다른 한편에서는 확고한 표상(conception)에 의해 진행된다.**[6]

우리는 큰 덩어리, 즉 크고 작은 조각들로 이루어진 큰 덩어리를 진동·파동·격렬함으로부터 안정시켜서 이에 의지하여, 그 안에서 활동할 수 있다. 그렇게 함으로써 유동적인 것과 다양한 것을 일시적으로 통일적이고 단수적인 것으로 번역하면서, 혹은 우리에겐 객체인 사물들을 통해서 실재적인 것의 틀을 짤 수 있다. 우리는 세계에 객체들을 적극적으로 생산한다. 그리고 이 과정에서 우리는 세계를 우리의 활동에 어울리게 만든다. 그러나 또한 우리 자신을 그것들의 반응에 취약하게 만든다. 이러한 적극적인 만들기는 우리의 세상 참여의 일부이고, 세계 내에서 우리의 지각 및 원동력과 관련한 제반 관계들의 방향성을 지시해 주는 힘이다. 우리의 지각은 세계를 조성하고 이를 사물들로 나눈다. 이러한 사물들 자체는 분리 가능하고 계산에 맞게 처리할 수 있으며, 더 나아가 세분화도 가능하다. 그것들은 일종의 삭감 결과이다. 지각, 지성, 인식, 그리고 활동이 객체를 줄이고 정제한다. 우리의 미래 활동에 중요하거나 흥미로운 잠재적인 것을 강조하고 분리해 내면서 말이다. 베르그

---

6 Henri Bergson, *The Creative Mind: An Introduction to Metaphysics*, trans. Mabelle L. Andison, New York: Citadel Press, 1992, p.223.

송에게 있어 객체는 바로 세계 자르기이다. 그것은 나로 하여금 나의 필요와 관심이 그것과 어떻게 접하게 되는지를 보게 해주었다. "나의 신체를 에워싸고 있는 객체들은 그에 의지하여 가능한 활동을 반추한다."[7]

하나의 사물과 그것의 환경 사이를 가르는 것은 절대적으로 확고하고 명확할 수가 없다. 이것에서 저것으로 단계가 바뀌지만 감지하지 못하는 통로가 있다. 물질계의 모든 객체를 연결하는 폐쇄적인 견고성, 그것들의 상호작용과 반응들의 영속성은 바로 우리가 그들의 속성이라고 하는 정확한 한계를 사실 가지고 있지 않음을 충분히 입증해 준다. 말하자면, 우리의 지각이 그것들의 핵심 형태의 윤곽을 그린다. 우리의 지각은 그에 의지하여 가능한 우리의 활동이 끝나는 지점에서 끝난다. 결과적으로는 그것들이 우리의 필요에 대한 관심을 더 이상 갖지 않는 지점에서 우리의 지각은 끝난다. 그러한 것은 사실 지각하는 정신의 일차적이고 가장 분명한 작동이다. 그것은 확장된 것의 연속성, 즉 실질적인 삶에서 우리가 필요로 하고 요구하는 것의 암시를 단순히 따르면서 확장된 것의 연속성에 경계선들을 표시한다.[8]

세계의 이러한 '자르기', 세계의 상호침투적인 특질들의 과다함을 잘라 내기, "만연하고 있는 이런 구체적인 공간연장성, 다른 것이 아닌 **에너지나 긴장이**" 우리의 활동에 맞는 객체로 "**변화, 섭동, 변형**"[9]하는 것

7 Bergson, *Matter and Memory*, p.21.
8 *Ibid.*, pp.209~210.
9 *Ibid.*, pp.201.

을 잘라 내는 것이 근본적으로 **구성적인** 과정이다. 우리가 객체의 세상을 그 객체들을 가지고 살고 완전히 동화함으로써 우리가 기획하는 활동성으로 만드는 것이다. 우리가 세상에서 살기 위해 객체를 만드는 것이다. 혹은 니체의 의미로 달리 말하자면, 우리는 세상을 예술적으로 살아야만 한다. **호모 사피엔스**로서가 아니라 **호모 파베르**(homo faber)로서 말이다.

그러면, 활동에서부터 시작해 보자. 그리고 지성이 구성을 목표로 삼고 있는 것은 우선 내려놓자. 이러한 제조활동은 오로지 비활성 물질에서만 실행된다. 설사 유기적인 재료를 사용한다고 하더라도, 그것에 생명을 불어넣은 삶에 대해 아랑곳하지 않으면서 그것을 비활성 물질인 양 다룬다. 비활성 물질 자체로는 제조활동은 오직 견고한 것만을 다룬다. 나머지는 바로 물체의 유동성으로 인해 빠져나간다. 따라서 지성의 경향이 제조하는 것이라면, 우리는 실재적인 것 안에서 유동적인 것이 무엇이든지 간에 그것은 부분적으로 사라질 것이고, 삶 속에서 생명이라는 것이 무엇이든지 간에 그것은 전적으로 사라질 것이라는 점을 발견하리라 예상하게 된다. **우리의 지성은, 그것이 자연의 손을 떠나듯이, 그것의 최고의 객체를 위하여 비유기적인 고형(solid)을 가지고 있다.**[10]

우리는 세상을 고체, 즉 사물의 견지에서 볼 수밖에 없다. 그러나 우리는 세상의 유동적인 미개발된 어떤 것의 이면에서, 즉 인지와 계산의

---

10 Henri Bergson, *Creative Evolution*, trans. Arthur Mitchell, New York: Random House, 1944, p.153 [『창조적 진화』, 황수영 옮김, 아카넷, 2005].

문턱 바로 아래에서, 그리고 우리가 실질적으로 관여하는 중요한 것 바깥에서 일어나는 움직임과 진동과 변형을 내버려 둔다. 베르그송이 암시한 것처럼, 우리는 사물들의 견고성 아래에 있는 매우 풍부한 이 진동들에 접근할 수 있는 다른 길을 가지고 있다.[11] 베르그송은 이 비지성적인 혹은 지성 이외의 자극을 본능과 직관이라고 기술한다. 또한 그것들은 더 이상 실재적인 것을 이루고 있는 과정들과 과다한 진동들을 인지할 수 없는 반면에, 사물들 사이의 분리보다는 오히려 상호연관을 분별할 수 있고 실재적인 것의 생산과 구분에 있어서 또 다른 시각이나 관심을 개발시킬 수 있다. 직관은 세상에 대해 비실용적이고 비효율적이며 유용하지 못한 관계이고, 우리의 요구가 과다한 세상, 물질성의 자기 표현 혹은 내재성이 과다한 세상에서 살아가도록, 우리 자신을 사물들로서 쓰러뜨려 세상 안으로 되돌아가도록 하는 우리가 소유한 능력이다. 니체의 표현대로 하자면 우리의 '예술적인 면', 베르그송의 용어로 표현하자면 우리의 창조성은 바로 일상의 필요 혹은 사용가치를 피하는 흐름 내지 유동성으로부터 새로운 사물들을 생산하기 위해 사물들의 세계

---

11 실제로, 베르그송은 그의 저서 『창조적 진화』에서 윌리엄 제임스의 실용주의를 논하며, 제임스의 진실에 대한 개념은 지식의 광범위성보다 지식의 한계성을 인정하는 것 자체를 가리킨다고 했다. "제임스가 진실에 대해 내린 정의는, 따라서 현실(실체)에 대해 그가 갖고 있는 개념과 동떨어질 수 없는 부분이다. 만약 실재성이 우리의 논리가 가정하는 그런 경제적이고 체계적인 세계가 아니라면, 또한 지성의 틀 구조에 의해 유지되고 있는 것이 아니라면, 지적인 진실은 우리로 하여금 그것을 간파할 수 있게 한다기보다 그 영향으로 실재성을 유용하게 만드는 인간의 발명품이라 할 수 있다. 또한 실재성이 단일하고 완전한 것이 아닌, 다변적이고 유동적이며 교차적인 흐름들로 구성된 것이라면, 이러한 흐름들 중 하나와 조우해서 발생한 진실 ─이해하기 전에 느껴지는 진실─ 이 단지 생각했던 것보다 훨씬 더 잘 실재성을 붙잡아 비축할 수 있다"(Henri Bergson, "On the Pragmatism of William James", *The Creatvie Mind*, p.259).

를 지속적으로 실험하는 것 이외에 다른 어떤 것으로도 이루어져 있지
않다.

테크놀로지와 실험적인 것

인간의 발명품으로서 테크놀로지는 분명히 '사물들이 곧 세계'라는 도
발적인 생각의 결과로서 생산된, 혹은 이 결과에 의해 생산된 '사물들'
의 영역들 중의 하나이다. 사물들은 삶의 활동성에 의해 생산된 것을 생
산하고 또 바로 그 생산된 것 자체인 한편, 그 자체는 객체이며 삶의 기
획일 뿐만 아니라 테크놀로지의 기획이기도 하다. 테크놀로지는 또한
메타생산이다. 즉 사물들을 생산하는 사물들의 생산, 2차적 생산이다.
테크놀로지는 어떤 의미에서는 삶과 물질, 삶과 사물들이 조우한 불가
피한 결과, 즉 비생명체(그리고 생명체)를 **인공보철적으로**(prosthetically)
활용하는 생명체가 가진 능력의 필연적인 결과이다. 테크놀로지는 인간
이 존재한 이래 계속 존재해 왔다. 이미 발견된 객체를 사용할 수 있는
최고의 능력은 인간과 테크놀로지를 모두 미리 형상화해 볼 수 있다. 인
간이 그 자체로 나타나는 순간부터 인간은 인공품과 테크놀로지, 시적
인 것(poesis)과 테크네(techne), 이 두 가지와 함께 나란히 나타난다. 이
는 인간의 진화론적인 적응도의 양식이고, 인간이 비교적 신체적으로
취약한 점을 보완하는 측면이다. 베르그송에 따르면, 스스로 사물에 방
향을 맞추고, 그럼으로써 사물들을 만들도록 하는 것은 (동물들에게는)
본능에 가깝고, (더 진화된 영장류와 인간에게는) 지성에 가깝다. 그리고
이는 지성이 본능의 복잡한 작용이자 본능에서 벗어나는 차이점으로 기
능함으로써, 본능과 지성을 구분하지만, 발달상의 연속성 안에서는 본

능을 지성과 연결시키는, 삶이 지향하는 도구들의 상태와 본성이다.[12]

동물들은 만들어 낸다. 그들은 그들 자신의 신체 부분뿐만 아니라 또한 외부의 객체를 포함하는 도구들을 소유하고 있다. 베르그송의 제안에 따르면, 인간들은 테크놀로지를 생산하고, 특히 그들 자신의 신체로부터 분리되고 자신들의 신체와는 사뭇 다른 도구들, 신체가 적응하기 위해 배워야 하는 도구들, 사물들의 사물성과 신체 자체 둘 다를 변형시키는 도구들을 생산해 내고 있다.

발명은 그것이 제조된 도구로 물화되었을 때야 비로소 완성된다. 동물

---

12 베르그송의 제안에 따르면, 본능은 가까이에서 쓸 수 있는, 일종의 구비된 테크놀로지를 찾기 마련인데, 이는 신체와 기관에서, 또한 사용하도록 본능적으로 지정된 이미 갖추어진 대상들에서, 그리고 많은 곤충들이 그렇듯이 매우 계층화된 사회적 동물 중 본능적 능력을 가진 특정 분포 개체에서 이러한 테크놀로지를 찾는다고 한다. 반면, 지성이 기술을 발명하고 만들어 내지만 그것 역시 예기치 않았던 혁신적 사용을 통해 자연의 대상을 테크놀로지적인 산물로 변환시킨 것이다. "온전한 본능은 조직화된 도구를 사용하고 심지어 구성하는 능력이다. 반면 온전한 지성은 조직화되지 않은 도구를 만들고 사용하는 능력이다. 이두 가지 행동형태의 장단점은 명확하다. 본능은 바로 가까이에 있는 적절한 도구를 찾는다. 이 도구는 스스로 만들고 회복하며, 모든 자연의 산물이 그러하듯 믿기 어려울 정도의 단순한 기능과 무한한 복잡성을 내포하고 있으며 또한 필요할 때는 별 어려움 없이 바로 기능을 발휘한다. 대신 그것은 대부분 불변의 일정한 구조를 유지하고, 그것의 변형은 다른 종의 변형을 가져오기에. …… 반면에 지능적으로 만들어진 도구는 완전하지 않은 도구이다. 그것은 노력을 필요로 한다. 대체로 다루기도 어렵다. 그러나 그것은 조직화되지 않은 물질로 만들어져 있기에 그것은 어떤 모습이나 목적으로든 변할 수 있고, 어떠한 새로운 어려움으로부터도 살아남은 존재를 자유롭게 하며, 무한대의 힘으로 전환될 수 있다. 비록 자연적 도구에 비해 즉각적인 만족은 적지만, 긴급성이 적을 때는 그 이점이 자연 도구에 비해더 크다. 무엇보다 지능적 도구는 그것을 만든 존재의 특성에 반응한다. 그가 새로운 기능을 수행하도록 요구하면 그것은 본연의 유기체에서 인공적인 기관으로 확장하여 더 풍부한 조직을 그에게 선사하는 것이다. 어떤 요구든 충족시키기 위해 새로운 욕구를 창조한다. 동물들이 무의식적으로 움직이는 행동처럼, 본능은 폐쇄적이지만, 지성은 무한대의 영역으로 더 멀리멀리 나아가고 더욱더 자유로워질 수 있도록 개방적이다"(Bergson, *Creative Evolution*, pp.140~141).

의 지성은 아이디어를 추구하듯이 그것의 실제 성취를 지향한다. ……
인간 지성과 관련하여, 지금까지 그다지 주목하지 않았던 문제들이 있
다. 즉 기계적인 발명은 최초의 것으로부터 그 본질적인 특성이 유지되
어 왔다는 점, 오늘날(to-day)에조차 우리의 사회적인 삶은 인공적인
도구의 생산과 사용을 중심으로 이루어지는 경향이 있다는 점, 진보의
과정 여기저기 흩뿌려져 있는 발명들 또한 그 길의 방향을 더듬어 추적
해 왔다는 점들이 그렇다. …… 간단히 말해서, **지성의 본래적인 특성인
것처럼 보이는 것에 대해 고려해 보자면, 지성은 인공적인 대상들, 특히 연장
을 만들기 위한 연장을 만들어 내는 능력이요, 생산을 무한정 변화시키는 능
력이다.**[13]

테크놀로지는 사물들을 만드는 사물들, 즉 2차적 사물들의 발명을
포함한다. 테크놀로지는 인간과 자연적인 것 사이를 중재하는 것이 아
니다. 그렇게 보기 때문에 테크놀로지는 자연적인 것이나 인간 바깥에
있는 어떤 방식으로 이해된다(오늘날 정확하게 말하자면 잘못 전해진 지
점이다). 그 대신에 테크놀로지를 인간과 자연적인 것 둘 다를 무한정 확
장하는 것으로, 또한 그것들이 중첩되는 지점으로, 하나가 다른 하나 안
으로 융합되는 지점으로, 자연이 문화로 기우는 경향이자, 문화를 자연
의 소재에 부착시키는 것으로 보아야 했다. 오히려 테크놀로지적인 것
은 다른 사물들을 통제하고 규제하는 사물의 문화적인 구성이다. 즉 자
연적인 사물의 상관물이다. 실용주의는 테크놀로지적인 것이 인간 행위
의 조건이고 항상 그래 왔다는 인식을 가지고 있다. 즉 사물들 그 자체로

---

13 Bergson, *Creative Evolution*, pp.138~139. 강조는 원저자.

서, 사물의 문화적 상관물로서, 우리에게 필수 불가결한 것이고, 그것 자체가 세계의 상관물인 생명 혹은 인간이다.

　베르그송이 인정하고 있듯이, 우리의 신체가 우리에게 주는 도구성에 비해 테크놀로지는 상대적으로 서투르고 방해가 되기도 하지만, 테크놀로지의 발명은 이전부터 있었던 기능에 뒤지지 않는다. 비록 테크놀로지가 어떤 의미에서는 우리에 의해, 우리의 목적을 위해 만들어지기는 해도, 그것이 또한 우리를 변형시킨다. 그것은 더 나은 행위보다는 오히려 행위의 폭넓은 가능성들, 보다 더 많은 행위를 점차 용이하게 한다. 테크놀로지는 행위를 위한 거대한 보조기구이다. 왜냐하면 그것이 지성을 자극하고, 지성을 요구하고, 지성을 발생시키기 때문이다. 그러면 그다음에는 지성이 우리 행위의 가능성들, 세상에 대한 우리의 도구적이고 실질적인 관계를 배가시킨다. "지성의 본질적인 기능이 …… 어떤 환경에서든지 어려움에 처해 있는 상황에서 벗어나는 길을 보여 주는 것이고, 던져진 질문에 대한 가장 적절한 대답을 찾는 것이다. 따라서 주어진 상황과 그것을 활용하는 수단 사이의 관계와 본질적으로 관련이 있다."[14] 예사롭지 않은 인용구절에서 베르그송이 주장하는 바에 따르면, 지성이 물질을 사물들로 바꾸고, 이 사물들은 그것들을 보철, 인공기관으로 옮기면서 놀랍게도 거꾸로, 동시적으로 자연을 인간화하거나 **질서화한다**. 지성은 또한 그 자체가 일종의 보철로서 비유기적인 물질 자체에 덧붙는다. 이는 지성의 합리적인 혹은 개념적인 보완으로서, 의식적인 표현으로서 기능하기 위함이다. 물질과 삶은, 지성이 세계를 만드는 질서화를 통해서 성찰된다. 사물들은 그것들을 토대로 삶의 행위의

---

14 *Ibid.*, pp.150~151.

척도가 된다. 사물들은 '준비되어 있는 비축'이 되고 삶 자체는 사물들을 통해서 확장된다.

지성의 기본 힘은 물질을 행위의 도구로 변화시키는 경향이 있다. 즉 단어의 어원적 의미로 볼 때, **기관**(organ)으로 옮기는 것이다. 삶은, 유기체들을 생산하는 것으로 만족하지 않고, 부속물인 그 유기체들에 비유기적인 물질 자체를, 즉 생명체 산업에 의해 거대한 기관으로 바뀐 비유기적인 물질 자체를 기꺼이 주고자 한다. 그와 같은 것이 삶이 지성에게 부과하는 첫 과제이다. 이것이 바로 지성이 항상 마치 비활성 물질에 대한 관조에 의해 매료되는 것처럼 움직이는 이유이다. 이것이 원칙적으로, 실제로는 방향성을 제시하기 위해, 비유기적인 자연의 방식을 수용하면서, 바깥에서 바라보는 삶이다.[15]

거대한 기관으로 변형된 비유기적인 물질, 즉 인공보철은 아마도 건축 자체에 대한 최초의 혹은 기초적인 정의일 것이다. 어떤 의미에서는 건축이 최초의 인공보철이고, 세계를 사물들로 용해시키기 위해 최초로 지성을 도구적으로 사용한 경우이다. 설사 어떤 원시적인 기술을 사용했다고 하더라도 말이다. 이는 또한 생활의 필요를 충족시키기 위한 것이었다. 비유기적인 것이 삶에서 가능한 행위를 비추어 보는 거울이고, 생명체의 생존과 진화를 위해 필요한 방호기관이자 건축물이다. 세계 안에서 만들기, 활동하기, 기능하기, 사물들을 만드는 것처럼 자신을 만드는 이 모든 과정들은 지성의 상관물인 사물들에 의존하고 사물

---

15 Bergson, *Creative Evolution*, p.161.

들을 지성의 상관물로 생산한다. 그리고 그 사물들을 뽑아내고 단순화 시킨 실재적인 것의 배후에 남겨 둔다.

건축과 만들기

만들기/성찰하기의 과정 안에 남겨진 것은 그것이 물질 상태에 있는 것 전부, 사물 바깥에, 그리고 테크놀로지 바깥에 있는 것 전부, 즉 실재적인 것의 흐름,[16] 지속, 진동, 축소와 팽창, 실재적인 것의 다양성 이 모든 것이 사물이나 지성적인 범주들에 의해 포함되지 않는 것 전부이다. 포함되지 않는 것, 즉 물질의 외부, 사물들의 외부, 실용적으로 사용할 수 없는 것의 외부는 지성의 대상과 테크놀로지의 대상과는 다른 행위들의 대상이다. 비록 이러한 외부/바깥은 누메논적이지 않지만, 경험 가능한 모든 것의 바깥이 아니라 현상적이고 경험 가능한 모든 것 안에 포함된 것이다. 간단히 말해, 그것은 계산할 수 있는 것, 틀 지어진 것, 혹은 포함된 것 너머에 있는 것이다. 그것은 건축이 필요로 하지만, 포함할 수 없는 바깥이다. 베르그송은 이 바깥을 다양한 방식으로 이해한다. 즉 그것의 전체성 속에 있는 실재적인 것이자 이동성이요, 움직임·흐름·지속·잠재적인 것·인간을 물질적인 것 안에 물질적인 것으로 위치시키는 연속성으로 이해했다. 지금 문제가 되고 있는 것은 만들어진 사물이 아니라 사물 만들기와 사물들이 무엇으로부터 만들어지는가이다. 즉 만들기 자체가 문제이다. 이것은 엄밀한 직관의 과정을 통해 실재적인 것의 흐름을 향해 나아가는 것이다. 이것은 사물 그 자체를 향해서가 아니라 사

---

16 *Ibid.*, p.250.

물이 그 속에서 만들어지고 틀을 잡아 가는, 풍부하게 퍼져 있는 네트워크를 향해 나아가는 것이다.

실재적인 것의 이러한 풍부한 흐름은 "되기의 연속성, 그것이 실재 자체이다".[17] 즉 질료의 가장 미세한 주변 관계들의 통합과 단일화이다. 그래서 그것들은 오로지 접촉하고 상호침투함으로써만 존재한다. 물질적 관계들이 서로서로에게 흐르고 상호투자하는 것은 상징화되었음에 틀림없고, 실질적인 행위를 가능하게 하기 위하여 상태, 사물, 통계수치로 환원된 것임에 틀림없다. 이것은 우리가 범하는 오류, 배우지 못한 결함은 아니지만, 세상에서 지속적으로 살아남는 조건이다. 우리는 이런 풍부한 다양성 내에서 그것의 뼈대를 고르고, 그것을 도표로 나타내거나 단순화하는 능력 없이는 기능할 수 없었다. 그러나 이러한 축소와 분할은 오직 대가를 치뤄야만 가능하다. 이는 우리의 과학적·재현적·언어적 시스템이 사물들 사이를 인식하는 데에 실패하거나 무능하다는 것이다. 많은 상호연결망들이 사물들 내에서 통일되거나 포함될 수 없다. 사물들은 견고하고, 그 구성에 있어서 더욱더 세분화되어 있다. 왜냐하면 물리학 자체가 더욱더 미세한 기초 입자들을 정교하게 서술하고 있기 때문이다.

우리의 지성은 우리 감각의 확장이다. 우리가 생각하기 이전에 우리는 살아야만 한다. 그리고 삶은 우리가 물질을 사용하도록 요구한다. 자연적인 도구인 우리의 기관, 혹은 도구들, 정확히 부르자면, 인공적인 기관인 도구로 우리는 물질을 사용한다. 철학과 과학이 존재하기 이미 오

---

17 Bergson, *Matter and Memory*, p.139.

래전부터 지성의 역할은 도구를 제작하는 것이었고 신체를 에워싸고 있는 우리 신체의 활동을 안내하는 것이었다. 과학은 지성의 이러한 작업을 더더욱 추진해 오고 있다. 그러나 그 방향을 바꾸지는 않았다. 무엇보다도 그것이 겨냥하는 목표는 우리를 물질의 주인으로 만드는 것이다.[18]

지성이 이 세계에서 우리가 우리의 목적을 위해서 필요로 하는 것을 지배하고 있기는 하지만, 지성은 근본적으로 이 세계 안에, 객체 안에, 그리고 우리 안에 실재하는 유동적이고, 수치화할 수 없고, 계산 바깥에 있는 것을 근본적으로 이해할 수 없다.[19] 지성의 한계는 곧 기술적인 것(technical)과 테크놀로지적인 것(technological)의 한계이다. 지성은 절개하고 나누고 원자화하는 기능을 한다. 예컨대 오늘날의 이분법과 디지털화는 간단히 말해 지성의 성향, 즉 또렷하고, 명백하며, 대립적

---

18 Bergson, *The Creative Mind*, p.43.

19 베르그송은 다음과 같이 쓰고 있다. "우리는 그것이 무엇이든 간에 어떤 분자로도 결코 물질의 단일한 속성을 설명할 수 없을 것이다. …… 이것은 정확히 화학적 작용의 대상이다. 그것은 **물질**보다 **몸체**를 연구하므로 우리는 그것이 왜 원자 앞에서 멈추는지를 안다. 그럼에도 그것은 여전히 물질의 일반적인 속성을 갖고 있다. 물리학자의 눈에 비친 원자의 물질성은 점점 더 분해된다. 예컨대 우리에게는 이 원자가 액체나 기체가 아닌 고체로 나타나야 할 이유도 없고, 원자 상호 간의 행위를 다른 방법보다는 오히려 충돌로 그려야 할 이유 역시 없다. 우리는 왜 고체의 원자를 생각하고 충돌을 생각하는가? 그것은 고체가 우리 대부분이 가지고 있는 몸체에 상응하는 것으로서 외부세계와의 관계에 있어 가장 우리의 관심을 끄는 것이기 때문이고, 접촉이 우리의 몸체가 다른 몸체에 작용하기 위한 우리의 배치에서 유일한 수단처럼 보이기 때문이다. 그러나 우리는 매우 단순한 실험을 통해 인접한 두 몸체들 사이에서조차 진정한 접촉은 결코 일어나지 않으며, 고체성이 물질의 상태를 명확하게 정의하는 것과도 거리가 멀다는 것을 알 수 있다. 고체성과 충돌은 그들의 외관을 실생활의 습관과 필수품에서 차용해 온 것에 지나지 않는다"(Bergson, *Matter and Memory*, p.199).

이거나 이원적 자극들에 기우는 지성의 성향을 보여 주는 현재적인 버전들이다. 지성의 이러한 자극은 (어쩌면 일어날 수도 있는, 혹은 가능한) 행위에 가해진 자극에 의해 경계 지어진다. 테크놀로지적인 것은, 특히 현재의 디지털 테크놀로지를 포함하여 그 안에 제반 관계들을 고형체와 독립체로, 객체 혹은 사물들로, 1과 0으로 나누는 지적 충동과 세계를 실질적으로 받아들일 수 있게 옮기는 살아 있는 충동을 수반한다. 디지털화는 아날로그 혹은 연속적이며 현재적인 것을 요소, 패키지 혹은 단위, 즉 2진의 코드로 재현된 것으로 분해하고, 그런 다음에는 더하기를 통해 그것들을 다시 재조합함으로써, 즉 분석하고 나서 종합함으로써, 유동성과 흐름을 번역하고 다시 복사하고 주위에 경계를 긋는다. 그러나 이 개조 과정은 그 과정 중에 뭔가를 상실한다. 비록 자신을 완벽하게 재생산한다고 해도 말이다. 오로지 점점 더 작은 격자눈금의 도움을 통해서만 재현된 그래프의 곡선과 자연스러움, 혹은 오로지 스코어의 불연속적인 별개의 요소들을 통해서만 재현된 음악적 퍼포먼스는 실재적인 것의 충만감 감소를 재현하고 있다. 아날로그적 연속성은 깨지고 디지털화로 단순화되었다.[20] 디지털화 과정, 즉 분석 혹은 분해를 위해 과학적으로 추진하는 과정에서 상실한 것은 정확히 연속성이다. 다시 말해 실재적인 것을 복잡성과 얽히고설키어 휘감기게 함으로써 함께 연결시키는 힘을 상실한 것이다.

---

20 아날로그와 디지털 사이의 구분에 관해서는 Anthony Wilden, "Analog and Digital Communication: On Negation, Signification, and Meaning", *System and Structure: Esssays in Communication and Exchange*, London: Tavistock, 1972를 보라.

우리의 눈이 거장의 작품에서 모자이크 효과를 보지 않을 수 없도록 만들어져 있다고 가정해 보자. 혹은 우리의 지성이 모자이크 작품을 제외하고 캔버스 위의 형태의 출현을 설명하지 않을 수 없도록 만들어져 있다고 가정해 보자. 그러면 우리는 작은 정사각형의 컬렉션에 대해 간단하게 말할 수 있어야 한다. …… 어떠한 경우에도 우리는 실제 과정에 이르지 못할 것이다. 왜냐하면 함께 수반된 사각형이 없기 때문이다. 그것은 그림이다. 즉 캔버스에 투사된 간단한 행위이다. 그것은 우리의 직관이 이해하는 단순한 사실에 의해 우리의 눈앞에서 수천 개의 작은 정사각형으로 **분해**되고, 그 작은 정사각형들은 **다시** 만들어진 것으로서 놀라운 배치를 보여 준다.[21]

이것은 예측할 수 있는 디지털화의 이미지이다. 즉 화소 같은 단위로 분해함으로써 전체를 다시 만들기, 하나가 다른 하나의 재현으로 이용되는 것이다. 그래픽의 곡선, 지속적으로 짧은 줄 긋기, 팔의 단순한 움직임은 분명히 어느 누가 선택하는 수만큼 다양한 멈춤이나 브레이크로 분해될 수 있다. "곡선의 아주 작은 요소는 바로 직선 가까이에 있다. 그리고 그것이 더 작으면 작을수록 더 가까이에 있다. 임계점에서 그것은 곡선의 일부로 혹은 직선의 일부로, 당신이 원하는 대로 부를 수 있을 것이다. 각각의 지점들에서 한 곡선은 그 접선과 일치하기 때문이다."[22] 그러나 그래픽이 선적인 요소 혹은 격자눈금으로 다시 만들어질 때, 부분들이 다 합쳐질 때 ──단순성과 통일성, 즉 분해 불가능성이 사라지고

---

21 Bergson, *Creative Evolution*, p.90.
22 *Ibid.*, p.32.

엄청난 복잡성으로 대치될 때, 곡선이나 움직임의 뭔가가 상실된다. 다시 말해, 움직임의 지속은 측정 가능하고 재구성 가능한 공간, 즉 대상으로 혹은 움직임으로 그것을 재구성하는 가운데 사라진다.

사물과 신체는 상호상관물이다. 둘 다 인공적이거나 관습적이고, 실용적인 개념들, 자르기, 불연속성들이다. 이것이 단위, 연속성, 세상을 구성하는 상호연결성의 과잉에서 나오는 결집력을 창조해 낸다. 그들은 거울처럼 서로 비춘다. 전자, 즉 사물의 안전성은 안전성 및 지속적인 실존 혹은 후자, 즉 신체의 생존능력을 보증하는 것이다. 사물은 신체를 위해 '만들어져' 있고, 신체의 요구에 따라 변형 가능한 것으로 만들어졌다. 그리고 신체는 사물의 모델을 구상하고 다른 신체에 의해 알 수도 있고 조작도 가능하다. 이 연결고리는 서로 알고 확인하고 있다. 사물은 신체의 생명이고, 신체는 예상치 않게 사물에 발생하는 것이다. 테크놀로지는 신체와 사물 사이의 지속적인 협상을 보장하고 계속해서 개선하는 것이다. 전자, 즉 신체가 후자, 즉 사물에 깊이 관여하는 것이다.

테크놀로지는 사물의 대체가 아니라 훨씬 더 확고해진 기능이다. 사물은 테크놀로지를 널리 보급한다. 테크놀로지가 곧 사물의 확장이다. 또한 사물은 인간을 물질적인 것으로 확장시킨다. 우리 앞의 과제는 단순히 사물들을 만들거나, 혹은 관계들을 사물들로 분석하는 것이 아니다. 오히려 우리의 과제는 훨씬 더 섬세하게 틀을 짜고 미시적으로 이해하여, 사물의 강제성·실용성·통일성으로부터 물질을 자유롭게 하는 것일 테고, 테크놀로지를 앎과 관조에 맞추기보다는 오히려 경험과 지속의 풍부한 불확정성에 맞추는 것이다. 오히려 우리의 과제는 사물과 테크놀로지를 지성을 통해서 단순히 이해하기보다는, 아마도 우리는 직관을 통해서 사물들에 대한 지식을 발전시킬 수도 있겠지만, 이것이 사물들에 대한 유일무이한 특별함, 그것들의 구성적인 상호연결, 사물들이 존재하는 시간에 대해 베르그송이 말한 내적이고 친밀한 이해를 귀납적으로 이끌어 내는 것이다.[23]

여기서 이슈는 테크놀로지, 건축 혹은 사물의 실용적인 것을 제거하거나 필요시에조차도 그것을 비판하는 것이 아니다. 오히려 베르그송에 따르자면, 그것의 한계와 잔여물을 이해하는 것이 중요하다. 직관, 지성, 사물, 그리고 그것들이 낳은 테크놀로지는 실질적인 행위의 노선을 따라 진행한다. 이는 매일매일의 일상생활에서 확실히 1순위로 취급될 필요가 있다. 그러나 이들이 남겨 두는 뭔가가 있다. 예컨대 개발되지 않은, 비실용적인, 사용 불가능한, 비인간적인 혹은 인간 이외의(extra-human) 연속성이 그것인데, 이는 직관의 대상이요, 수단이나 목적 없이 경험적으로 조우하는 것의 대상이다.[24]

앞에서 언급한 문제들 중 하나가 바로 이것이다. 디지털화와 이진

---

23 Bergson, *Creative Evolution*, p.32.

24 일반적으로 직관은 모호한 감정이나 감각으로 여겨지지만, 베르그송은 이것을 상징화와 재현을 거부하거나 또는 이에 우선하는, 상당히 명확한 양태로 보고 있다. "여기서 직관은, 누군가가 전례 없이 아주 독특하고 말로 표현할 수 없는 무엇과 일치하기 위해서 한 대상의 내면으로 들어가 교감하는 것을 말한다"(Bergson, *The Creative Mind*, p.190). 지식의 심리학적 해석이나 주관화에 지나지 않는 단순한 교감이나 동일시가 아니라, 베르그송은 직관을 절대적인 것을 이해하는 것에 연결시키고자 한다. 지성이 제공하는 것은 관련 지식으로서, 멀리서부터 온 사물의 지식이고 따라서 상징, 상상 및 측정에 의해 매개된 시각으로부터 온 지식이라고 할 수 있다. 반면 직관은 절대적인 분석을 제공할 수 있는데, 이 절대적인 분석이란 내면적이고 단순한 것을 모두 의미한다. 이러한 절대성은 영구한 혹은 불변하는 본질의 관점에서 이해되는 것이 아니라 오히려 외부에서부터 복합적인 힘과 요소들의 복잡한 상호작용에 의해 이해된다. 또한 그 복합적인 힘과 요소들은 내부에서부터 단순한 개체로 분해된다. "내부에서 보면 절대적인 것은 단순한 것이다. 그러나 외부에서 보면 그 밖의 어떤 것과 연계되어 있다고 말할 수 있다. 그것을 표현하는 신호와 관련해서는 그 어떤 것도 변화를 대신할 수 없는 금 조각이 되는 것이다"(*Ibid.*).

법의 조건이 무엇인가? 우리가 다른 종류의 테크놀로지를 생산할 수 있는가? 테크놀로지는 본래 실재적인 것의 단순화와 축소인가? 우리 안의 무엇이 테크놀로지의 발전으로 확장되고 있고 인공보철로 옮겨지고 있는가? 다른 벡터들이 대신 확장될 수 있는가? 과정의, 직관의 테크놀로지는 사물들과 실천보다 오히려 무엇과 비슷해 보일까?

■ 김연수 옮김

바깥을 엿보기, 바깥에서 엿보기

우리는 아웃사이더이다. 그로스는 이 책의 머리말에서 자신은 "건축 분야의 아웃사이더, 문외한"이라고 고백하지만, 이 책을 번역한 우리도 그러하다. 엘리자베스 그로스(Elizabeth Grosz)의 『건축, 그 바깥에서』(*Architecture from the Outside: Essays on Virtual and Real Space*)와 만난 것은, 우리가 '공간'이라는 주제에 관심을 가지고 앙리 르페브르(Henri Lefèbvre), 이푸 투안(Yi-Fu Tuan), 데이비드 하비(David Harvey) 등을 읽으며 배회하던 중이었다. 우리는 공간 이론의 입문자, 건축학의 아웃사이더로서 아주 낯설고 어리둥절한 눈으로 이 책을 읽었다. 함께 이 책을 읽는 일은 쉽지 않았지만 흥미로웠고, 낯설었지만 풍부한 사유를 자극하는 아주 멋진 경험이었다. 이제야 우리는 이 책이 말하고자 하는 바를 짐작하면서 조금 더 나아갈 수 있을 것 같다.

우리가 공간에 관심을 갖게 된 이유는 우리 번역자의 수만큼이나 다양하다. 트랜스내셔널리티(transnationality), 도시 주변부, 사이버공간, 움벨트(Umwelt), 유토피아, 젠더의 공간적 체현 등 우리 각자의 구체적 관심사는 넓게 펼쳐져 있다. 그러나 우리는 모두 근대적 시간 중심의 표상 체계, 즉 선분적 시간 개념, 진보주의적 역사관, 현전에 매인 로

고스중심주의에서 벗어나 경험과 세계를 이해하는 '다른' 표상 체계에 도달하고 싶었다. 아마도 유사한 이유에서, 최근 몇십 년 동안 인문학과 문화연구 영역에서 공간에 대한 관심이 폭발적으로 증가하고 있을 것이다. 예를 들어 지구화 시대, 지구 공간이 평평한 균질화로 내달리고 있는지, 혹은 여전히 울퉁불퉁한 지역의 장소적 특수성들이 굽이치고 있는지 논쟁 중이다. 국경이라는 단위 경계가, 다국적 자본에게는 지워지고 노동하는 사람에게는 다시 굳세게 세워지는 모순도 드러난다. 사이버공간은 모든 경계가 무의미해지는 공간인 것처럼 상상되지만, 그 공간 안에도 여전히 경계의 폭력이 작동할 수 있다고 경고되기도 한다. 이런 맥락에서, 우리는 공간의 가시적/비가시적 구획과 경계, 그 경계를 넘나드는 '체험하는 신체'(lived body)들, 실천의 구체적 장소성, 무엇인가가 벌어지는 곳, 습관과 제스처가 자리 잡는 터, 축적된 기억과 어우러져 지각과 인지를 구성하는 장소 등에 관심을 갖는다. 그로스의 이 책은 우리의 구체적인 관심 주제들을 직접적으로 다루고 있지는 않지만, 포괄적이고 상상력이 풍부한 문제의식을 제공해 주었고, 우리의 시각과 관점을 확장해 주었다.

그로스의 『건축, 그 바깥에서』는 건축에 대한 글 모음인 만큼 바깥을 사유하는 글 모음이다. 여기서 바깥은 공간적 밖/외부/외면을 의미하는 것이 아니다. 그것은 건축이라는 학제와 실천의 외부에서 건축을 읽고 분석하고 숙고하는 것을 의미한다. 그리고 그것이 곧 사유이다. 그로스에게 "사유는 우리가 가지고 있는 개념들을 외부와 직면하게 하는 힘, 활동"이다. 사유는 바깥을 엿봄으로써 차이를 발견하고 만들어 내는 역동적인 힘이자, 긍정적인 욕망이다.

그로스는 공간을 그 안에 무엇인가가 담기는 용기 같은 것으로 표상하는 기존의 사유 틀을 비판적으로 숙고한다. 장소를 필요와 욕망에 따라 기획하고 공간 안에 꿈꾸는 세계를 구현하려는 의지는 건축가의 것이자 도시계획자의 것이다. 그러나 공간은 건축가나 도시계획자의 것이 아니라, 다양한 신체들이 살아가는 터이자 실천에 의해 뒤틀리고 변형되는 살아 있는 실체이다. 건축가나 도시 계획자의 의지와 다르게, 공간은 혼종적 다양성을 품으며 살아 움직인다. 시간, 변화, 발생과 같이 전통적으로 공간과는 다른 축을 이룬다고 여겨져 오던 관념들을 건축에 결합함으로써, 그로스는 공간과 건축을 더 유동적이고 역동적으로 사유할 수 있을 철학적 사고 실험을 감행한다.

그로스는 공간을 시간화하고 시간을 공간화하면서, 기존의 철학과 건축을 지배하는 이분법을 극복하고자 한다. 그녀는 안과 밖, 정신과 몸, 시간과 공간, 문화와 자연, 생물과 무생물, 잠재/가상과 실재/현실, 과거와 미래, 초월과 내재 그리고 이 모든 것과 연관된 두 개의 젠더라는 전통적 표상 체계를 흩뜨린다. 그로스는 베르그송, 들뢰즈 등의 철학 개념을 차용하여 공간과 건축을 사유함으로써, 이 두 개로 대립되어 배타적으로 나뉜 항들이 서로 연속되어 있음을 보여 준다. 공간과 시간에 대한 이분법적인 사유 개념들을 흩뜨리는 그로스의 사유는, 들뢰즈가 받아들인 베르그송의 '잠재적인 것과 현행적인 것', '가능한 것과 실재적인 것'이라는 개념 쌍을 통해서 진행된다. 이 책의 7장 「미래의 공간」은 이 개념 쌍을 그로스가 어떻게 이해하고 있으며, 건축을 바깥으로부터 사유하기 위해 그것을 어떻게 활용하고 있는지 보여 준다. 과거로부터 현재를 지나 미래로 흘러가는 시간이라는 선분적으로 실체화된 시간관(그로스에 의하면, "역사성의 시간")과 달리, 과거와 미래는 지나갔거나 아직 오지 않은 것이 아니라 잠재적으로 있거나 현행적으로 있는 것이다. 과거·현재·미래의 복합성과 동시성에 대한 사유는 8장 「체현된 유토피아」에서 읽을 수 있다. 유토피아는 불가능한 공간으로서만 가능한 역설적 공간이다. 그러나 그것은 없는, 허구의 가능성이 아니라 이미 있는, 이미 도래해 있는, 과거로부터 사유된 공간이다. 그것은 그 자체로 공간의 바깥이며, 바깥으로부터 사유된 공간이다.

'the virtuality'와 'the reality'를 우리는 베르그송, 들뢰즈를 번역한 선례를 좇아 각각 '잠재적인 것'과 '실재적인 것'으로 번역하였지만, 'Virtual Reality'(VR)의 경우, '잠재실재'가 아닌 '가상현실'로 옮겼다. 물론 이 개념이 지닌 위험, 즉 가상이 마치 '현실 아닌 허상'을 의미하는 듯한 표상을 불러일으키는 점에 유의했지만, '가상현실'이라는 개념이 이미 일상적 용어로 자리 잡은 마당에 '잠재실재'라는 번역어가 혼란을 야기할 수도 있다고 판단했기 때문이다. 그로스가 말하는 '가상현실'은 '현실이 아닌 허상'을 의미하는 것이 아니라, 그녀의 개념적 맥락에서 '잠재적인' 실재로서, 사이버공간이라는 특수한 맥락에서의 현실로 이해되어야 한다.

우리는 흔히 공간을 기획할 때, 유토피아적 전망을 갖는다. 저기 저 불순한 모든 것들을 제거하고, 깔끔하게 구획된 질서 정연한 도시를 구성하자는 식이다. 그러나 막상 우리가 살고 있는 공간은 그 기획이 포괄하지 못하는 '잉여와 과잉'으로 인해 만들어지는 '되기'의 결과물이다. 도시는 의도하지 않았던 과잉들로 인해 불순하고 혼종적이며 다양하고 변화무쌍한 생명체가 된다. 가난한 사람들, 집 없는 사람들, 공간의 구획 밖에 구획 사이에 존재하는 것들, 여성들과 소수자들, 건축 담론의 밖을 구성했던 이 잉여와 과잉의 체험하는 몸들이 공간을 다양하게 만들고, 공간과 건축의 변형과 과정, 즉 '되기'로서의 공간과 건축을 구성한다.

도시의 유토피아적 기획은 사이버공간으로 이식되기도 한다. 육체의 한계를 극복하고, 공간적 거리를 뛰고, 참여자의 정체성마저 자유롭게 구성할 수 있는 유토피아. 그로스는 이러한 전망은 사이버공간이 잠재성의 공간이며, 사이버공간으로의 접속은 늘 다시금 몸을 매개로 한다는 사실을 도외시한 그릇된 환상임을 지적한다.

그로스의 글은 건축으로부터 출발했지만, 건축에 머물지 않는다. 그녀는 지속적으로 바깥을 말한다. 우리는 때로 이 글들을 읽으면서, 풍부한 지적 배경과 섬세한 사유의 결에 비해 확실한 답이나 전망을 제시하지 않는 결론에 실망하기도 했다. 분석은 꼼꼼하고 화려하지만 그 분석을 구체적인 현장에 적용할 수는 없다는 실망감, 매번 "그래서?"라는 의문으로 끝나는 독서에 대한 답답함. 그러나 우리는 이 글들을 다시 읽으면서, 이것이 건축에 적용되기 위한 사유나 분석이 아니라, 건축을 바깥에서 사유하기 위한 시도였음을 기억한다. 그것은 묻기 위한 것이지 하나의 답을 주기 위한 것이 아니며, 그것은 사유를 굴려 가기 위한 것이지 사유를 멈추기 위한 것이 아니기 때문이다. 바깥을 엿보고, 바깥에서 엿보는 사유 경험으로써, 이 책은 충분한 즐거움을 준다.

처음 이 책을 함께 읽기 시작했을 때, 우리가 부딪힌 가장 큰 장애는 그로스가 가져오는 다양한 학제적 참조 문헌들이었다. 잘 알지 못하는, 이해하기 어려운 철학자들의 논의와 개념뿐만 아니라, 생물학·진화론·물리학의 개념들, 심리학과 정신분석학의 인용문, 젠더 이론의 문제제기들, 다양한 레퍼런스들이 등장한다. 그러나 이 책이 어려운 문헌들을 불필요하게 인용하고 있거나, 이론이나 개념을 과시적으로 펼치고 있는 것은 아니다. 번역을 마치는 마당까지 염려하는 바가 없는 것은 아니지만, 우리는 이 문헌들, 원전들 자체보다 그로스가 그것을 통해 전달하고

자 했던 사유를 충실히 이해하려고 노력했다.

　　우리는 이 번역 작업에 대해 작지만 자부심을 가지고 있다. 그것은 바쁘고 쫓기는 환경에서도 새로운 주제를 공부하는 즐거움, 학제적으로 토론하며 모색하는 기쁨을 잃지 않고 함께 작업할 수 있었다는 것, 그리고 처음도 아니고 고유한 것도 아니지만 그로스의 생동감 있는 문제의식을 건축이라는 흥미로운 지점에서 소개할 수 있다는 것이다.

　　우리는 문학과 어학, 역사학과 철학, 기독교 윤리, 그리고 예술과 과학/기술을 전공으로 하는, 그러나 그 전공의 경계를 넘어서는 학제적 관심을 가지고 있는 아홉 명의 탈경계 인문학자들이다. 우리는 지난간 2년 느슨하지만 즐겁게 공간 세미나를 진행해 왔고, 약 1년 동안 그로스를 읽고 토론하고 나누어 번역했고 교차해서 읽으면서 수정했다. 그러면서 각자의 전공을 살려 세미나와 번역에 기여했다. 각 장의 번역에는 각 번역자의 언어가 묻어 있다. 용어는 가급적 통일하려고 노력했지만, 번역에 묻어 있는 개성의 흔적은 남을 것이다. 우리는 이 번역서가 오류를 포함할 수 있음을 두려워하지 않기로 했다. 우리가 그로스에게서 배운 것을 확장하면, 하나의 텍스트도 고정된 것이 아니라 읽기와 다시 읽기를 통해 지속적인 '되기'가 될 수 있다고 말할 수 있다. 우리는 그 과정에서 발견되는 오류를 인정하고 수정할 것이다.

　　공간 세미나와 번역 작업을 지원해 준 이화여자대학교 탈경계인문학연구단과 책 출간을 결정해 준 그린비출판사에 감사드린다.

옮긴이들을 대표하여
김애령

참고문헌

Aristotle, *Politics*, trans. H. Rackham, Cambridge: Harvard University Press, 1972.

Bacon, Francis, *The New Atlantis*, Harmondsworth: Penguin, 1974.

Bataille, Georges, *On Nietzsche*, trans. Bruce Boone, New York: Paragon House, 1992 [*Sur Nietzsche*, 1945].

_____, *The Accursed Share*, 3 vols. trans. Robert Hurley, New York: Zone Books, 1991 [*La Part maudite*, 1946].

_____, *Visions of Excess: Selected Writings 1927-1939*, ed. and trans. Allan Stoekl, Manchester: University of Manchester University Press, 1985.

Batchen, Geoffrey, "Spectres of Cyberspace", *Afterimage*, vol.23, no.3, November-December 1995, pp.4~17.

Benedikt, Michael, *Cyberspace: First Steps*, Cambridge: MIT Press, 1991.

Bergson, Henri, *Creative Evolution*, trans. Arthur Mitchell, New York: Random House, 1944 [*L'Evolution créatrice*, 1907 / 『창조적 진화』, 황수영 옮김, 아카넷, 2005].

_____, *Duration and Simultaneity*, trans. Leon Jacobson, Manchester: Clinamen Books, 1999 [*Durée et Simultanéité*, 1922].

_____, *Matter and Memory*, trans. Nancy Margaret Paul and William Scott Palmer, New York: Zone Books, 1988 [*Matière et mémoire*, Paris: Presses universitaires de France, 1985 / 『물질과 기억』, 박종원 옮김, 아카넷, 2005].

_____, *The Creative Mind: An Introduction to Metaphysics*, trans. Mabelle L. Andison, New York: Citadel Press, 1992 [*La Pensée et le mouvant*, Essais et conférences, 1907].

Berkel, Ben van and Caroline Bos, *Delinguent Visionaries*, Rotterdam: 010 Publications, 1993.

Bingham, Stephen, "The Key to Cybercity: Stephen Bingham", interview by Brian Boigon and David Clarkson, *M5V*, no.2, Winter 1991-1992, pp.6~12.

Boigon, Brian ed., *Culture Lab*, New York: Princeton Architectural Press, 1993.

Boundas, Constantin V., "Bergson-Deleuze: An Ontology of the Virtual", ed. Paul Patton, *Deleuze: A Critical Reader*, Oxford: Blackwell, 1996.

_____, *The Deleuze Reader*, New York: Columbia University, 1993.

Boundas, Constantin V. and Dorothea Olkowski eds., *Gilles Deleuze and the Theatre of Philosophy*, New York: Routledge, 1994.

Braidotti, Rosi, "Toward a New Nomadism: Feminist Deleuzian Tracks; or, Metaphysics and Metabolism", eds. Constantin V. Boundas and Dorothea Olkowski, *Gilles Deleuze and the Theatre of Philosophy*, New York: Routledge, 1994.

Butler, Rex and Paul Patton eds., "Dossier on Gilles Deleuze", *Agenda: Contemporary Art Magazine*, no.33, September 1993, pp.16~36.

Caillois, Roger, "Mimicry and Legendary Psychasthenia", *October: The First Decade 1976-1986*, no.31, 1984, pp.17~32.

Casey, Edward S., *Getting Back into Place: Toward a Renewed Understanding of the Place-World*, Bloomington: Indiana University Press, 1993.

Colombat, André Pierre, "A Thousand Trails, to Work with Deleuze", *SubStance*, vol.20, no.3, 1991, pp.10~23.

Colomina, Beatriz ed., *Sexuality and Space*, New York: Princeton Architectural Press, 1992 [『섹슈얼리티와 공간』, 강미선 외 옮김, 동녘, 2005].

Davidson, Cynthia C. ed., *Anywhere*, New York: Rizzoli International Publications, 1992.

Deleuze, Gilles, "Ariadne's Mystery", *ANY*, no.5, 1994, pp.8~9.

_____, *Bergsonism*, trans. Hugh Tomlison and Barbara Habberjam, New York: Zone Books, 1988 [*Le bergsonism*, 1960 / 『베르그송주의』, 김재인 옮

김, 문학과지성사, 1996].

———, *Cinema 2: The Time-Image*, trans. Hugh Tomlinson and Robert Galeta, Minneapolis: University of Minnesota Press, 1989 [*Cinéma 2. L'Image-temps*, Paris: Les Éditions de Minuit, 1985 / 『시네마 2(시간-이미지)』, 이정하 옮김, 시각과언어, 2005].

———, *Difference and Repetition*, trans. Paul Patton, New York: Columbia University Press, 1994 [*Différence et répétition*, Paris: Presses universitaires de France, 1968 / 『차이와 반복』, 김상환 옮김, 민음사, 2004].

———, *Foucault*, trans. Seán Hand, Minneapolis: University of Minnesota Press, 1988 [1986 / 『푸코』, 허경 옮김, 동문선, 2003].

———, "He Stuttered", eds. Constantin V. Boundas and Dorothea Olkowski, *Gilles Deleuze and the Theatre of Philosophy*, New York: Columbia University Press, 1983.

———, *Nietzsche and Philosophy*, trans. Hugh Tomlinson, New York: Columbia University Press, 1983 [*Nietzsche et la Philosophie*, Paris: Presses universitaires de France, 1967 / 『니체 철학의 주사위』, 심범순 외 옮김, 인간사랑, 1993].

———, "The Exhausted", *Parallax*, no.3, September 1996, pp.113~135.

———, *The Fold: Leibniz and the Baroque*, trans. Tom Conley, Minneapolis: University of Minnesota Press, 1993 [*Le pli, Leibniz et le baroque*, Editions de Minuit, 1988 / 『주름, 라이프니츠와 바로크』, 이찬웅 옮김, 문학과지성사, 2004].

Deleuze, Gilles and Claire Parnet, *Dialogues*, trans. Hugh Tomlinson and Barbara Habberjam, New York: Columbia University Press, 1987 [1977].

Deleuze, Gilles and Félix Guattari, *Anti-Oedipus: Capitalism and Schizophrenia*, trans. Robert Hurley, Mark Seem and Helen R. Lane, Minneapolis: University of Minnesota Press, 1983 [*Capitalisme et schizophrénie. L'anti-Oedipe*, 1972].

———, *A Thousand Plateaus: Capitalism and Schizophrenia*, trans. Brian Massumi, Minneapolis: University of Minnesota Press, 1983 [*Mille plateaux*, Paris: Éditions de minuit, 1980 / 『천 개의 고원』, 김재인 옮김, 새물결, 2001].

Derrida, Jacques, "Différance", *Margins of Philosophy*, trans. Alan Bass, Chicago: University of Chicago Press, 1982 [*Marges de la philosophie,* 1972].

_____, "Faxitexture", ed. Cynthia C. Davidson, *Anywhere*, New York: Rizzoli International Publications, 1992.

Eisenman, Peter, "Folding in Time: The Singularity of Rebstock", *Columbia Documents of Architecture and Theory: D*, vol.2, 1993, pp.99~112.

Foucault, Michel, *Discipline and Punish: The Birth of the Prison*, trans. Alan Sheridan, London: Allen Lane, 1977 [*Surveiller et punir. Naissance de la prison*, 1975].

_____, "The Discourse on Language", *The Archaeology of Knowledge*, New York: Harper Colophon, 1972 [『지식의 고고학』, 이정우 옮김, 민음사, 1992].

_____, *The History of Sexuality*, vol.1, trans. Robert Hurley, London: Allen Lane, 1979 [*Histoire de la sexualité*, 1976].

_____, *The Order of Things: An Archaeology of the Human Sciences*, trans, Alan Sheridan, London: Tavistock, 1970 [*Les Mots et les choses: une archéologie des sciences humaines*, 1966].

Freud, Sigmund, "The Ego and the Id", ed. James Strachey, *The Standard Edition of the Complete Psychological Works of Sigmund Freud*, vol.19, Oxford: Hogarth Press, 1953 ["Das Ich und Das Es", 1923].

Gilbert, Nigel and Rosaria Conte eds., *Artificial Societies: The Computer Simulation of Social Life*, London: University College London Press, 1995.

Girard, René, *The Scapegoat*, trans. Yvonne Freccero, Baltimore: Johns Hopkins University Press, 1986 [*Le Bouc émissaire*, 1982 / 『희생양』, 김진식 옮김, 민음사, 2007].

Grisham, Therese, "Linguistics as an Indiscipline: Deleuze and Guattari's Pragmatics", *SubStance*, vol.20, no.3, 1991, pp.36~54.

Grosz, Elizabeth, "A Thousand Tiny Sexes: Feminism and Rhizomatics", eds. Constantin V. Boundas and Dorothea Olkowski, *Gilles Deleuze and the*

Theater of Philosophy, New York: Routledge, 1994.

_____, "Cyberspace, Virtuality and the Real: Some Architectural Reflections", ed. Cynthia C. Davidson, *Anybody*, Cambridge: MIT Press, 1997.

_____, *Space, Time and Perversion: Essays on the Politics of Bodies*, New York: Routledge, 1995.

_____, *Volatile Bodies: Toward a Corporeal Feminism*, Bloomington: Indiana University Press, 1994[『뫼비우스 띠로서 몸』, 임옥희 옮김, 여성문화이론연구소, 2001].

_____, "Women, Chora, Dwelling", *ANY*, no.4, January-February 1994, pp.22~27.

Guattari, Félix, "Space and Corporeity", *Columbia Documents of Architecture and Theory: D*, vol.2, 1993, pp.139~148.

Hardt, Michael, *Gilles Deleuze: An Apprenticeship in Philosophy*, Minneapolis: University of Minnesota Press, 1993.

Heim, Michael, "The Metaphysics of Virtual Reality", eds. Sandra K. Helsel and Judith P. Roth, *Virtual Reality: Theory, Practice and Promise*, London: Meckler, 1991[『가상현실과 사이버스페이스』, 노용덕 옮김, 세종대학교 출판부, 1994].

Helsel, Sandra K. and Judith P. Roth eds. *Virtual Reality: Theory, Practice and Promise*, London: Meckler, 1991.

Hollier, Denis, "Mimesis and Castration 1937", *October*, no.31, 1984, pp.3~15.

Ingraham, Catherine, "Moving Targets", *Columbia Documents of Architecture and Theory: D*, vol.2, 1993, pp.112~122.

Irigaray, Luce, *An Ethics of Sexual Difference*, trans. Carolyn Burke and Gillian C. Gill, Ithaca: Cornell University Press, 1993[*Etica de la diferencia sexual*, 1984].

_____, "Où et comment habiter?", *Les cahiers du GRIF*, issue on Fouir, no.26, March 1983.

_____, *Speculum of the Other Woman*, trans. Gillian C. Gill, Ithaca: Cornell University Press, 1985[*Speculum de l'autre femme*, 1974].

_____, *This Sex Which is Not One*, trans. Catherine Porter and Carolyn Burke, Ithaca: Cornell University Press, 1985 [*Ce sexe qui n'en est pas un*, 1977].

_____, "Volume without Contours", ed. Margaret Whitford, *The Irigaray Reader*, Oxford: Basil Blackwell, 1991.

James, William, *A Pluralistic Universe: Hibbert Lectures at Manchester College on the Present Situation of Philosophy*, Lincoln: University of Nebraska Press, 1996.

_____, *Pragmatism and Four Essays from The Meaning of Truth*, Cleverland: Meridian Books, 1970.

Lacan, Jacques, *Écrits: A Selection*, trans. Alan Sheridan, London: Tavistock, 1977 [1966].

_____, "Some Reflections on the Ego", *International Journal of Psycho-analysis*, no.34, 1953, pp.11~17.

Leble, Robert and Isabelle Waldberg eds., *Encyclopædia Acephalica: Comprising the Critical Dictionary and Related Texts edited by Georges Bataille and the Encyclopædia Da Costa*, London: Atlas Press, 1995.

Le Dœuff, Michèle, "Daydream in Utopia", *The Philosophical Imaginary*, trans. Colin Gordon, Stanford: Stanford University Press, 1989 ["La rêverie dans Utopia", *Recherches sur l'imaginaire philosophique*, 1980].

_____, "The Polysemy of Atopian Discourse", *The Philosophical Imaginary*, trans. Colin Gordon, Stanford: Stanford University Press, 1989 ["Polysémie du discours atopique", *Recherches sur l'imaginaire philosophique*, 1980].

Lingis, Alphonso, *The Community of Those Who Have Nothing in Common*, Bloomington: Indiana University Press, 1994.

Massumi, Brian, *A User's Guide to Capitalism and Schizophrenia: Deviations from Deleuze and Guattari*, Cambridge, Mass.: MIT Press, 1992 [『천 개의 고원 사용자 가이드』, 조현일 옮김, 접힘/펼침(en:fold), 2005].

_____, "Everywhere You Want to Be: Introduction to Fear", *The Politics of Everyday Fear*, Minneapolis: University of Minnesota Press, 1993.

Mitchell, William J., *City of Bits: Space, Place, and the Infobahn*, Cambridge: MIT Press, 1995.

More, Thomas, *Utopia*, Cambridge: Cambridge University Press, 1975.

Morris, Meaghan, "Great Moments in Social Climbing: King Kong and the Human Fly", ed. Beatriz Colomina, *Sexuality and Space*, New York: Princeton Architectural Press, 1992.

Nixon, Mark, "De Recombinant Architectura", *21.C*, January 1996, pp.46~64.

Novak, Marcos, "Liquid Architectures in Cyberspace", ed. Michael Benedikt, *Cyberspace: First Steps*, Cambridge: MIT Press, 1991.

Pitkin, Hanna Fenichel, *The Attack of the Blob: Hannah Arendt's Concept of the Social*, Chicago: University of Chicago Press, 1998.

Plato, *The Laws*, trans. A. E. Taylor, ed. Edith Hamilton and Huntington Cairns, *The Collected Dialogues of Plato: Including the Letters*, New York: Pantheon Books, 1966.

_____, *The Republic*, trans. G. M. Gude, Indianapolis: Hackett Publishing, 1974.

_____, *Timaeus and Critias*, trans. Desmond Lee, Harmondsworth: Penguin, 1983.

Rajchman, John, "Anywhere and Nowhere", ed. Cynthia C. Davidson, *Anywhere*, New York: Rizzoli International Publications, 1992.

_____, *Constructions*, Cambridge: MIT Press, 1998.

_____, "Lightness: A Concept in Architecture", *ANY*, no.5, 1994, pp.5~6.

_____, "The Earth is Called Light", *ANY*, no.5, 1994, pp.12~13.

Rheingold, Howard, *Virtual Reality*, New York: Summit Books, 1991.

Rorty, Richard, *Consequences of Pragmatism*, Brighton, Eng.: Harvester Press, 1982.

Ross, Andrew, *Strange Weather: Culture, Science and Technology in the Age of Limits*, London: Verso, 1991.

Schilder, Paul, *The Image and Appearance of the Human Body: Studies in the Constructive Energies of the Psyche*, New York: International Universities

Press, 1978.

Simondon, Gilbert, trans. Mark Cohen and Sanford Kwinter, "The Genesis of the Individual", eds. Jonathan Crary and Sanford Kwinter, *Incorporations*, New York: Zone Books, 1992.

Thomsen, Christian W., *Visionary Architecture: From Babylon to Virtual Reality*, Munich: Prestel-Verlag, 1994.

Virilio, Paul, "The Law of Proximity", *Columbia Documents of Architecture and Theory: D*, vol.2, 1993, pp.123~138.

Watson, Sophie and Katherine Gibson eds., *Postmodern Cities and Spaces*, Oxford: Blackwell, 1995.

Whitford, Margaret, *Luce Irigaray: Philosophy in the Feminine*, London: Routledge, 1991.

Wilden, Anthony, "Analog and Digital Communication: On Negation, Signification, and Meaning", *System and Structure: Essays in Communication and Exchange*, London: Tavistock, 1972.

찾아보기

옮긴이 약력

강소영 이화여자대학교 국문과를 졸업했으며, 추상적이며 형식적 단위를 생성하는 인간의 능력에 초점을 맞추어 공부했고 이와 관련된 논문으로 박사학위를 받았다. 저서로는 『구어와 문어 자료의 실제적 연구방법론』이 있고 그 밖에 여성, 이주민, 피식민지 지식인 등 주류에 편입하지 못한 사람들을 다룬 다수의 논문을 발표해 왔다. 현재 이화여자대학교 이화인문과학원 HK연구교수로 있다.

고유경 이화여자대학교 사학과와 대학원을 거쳐 독일 튀빙겐대학교에서 독일 노동자 문화사 연구로 박사학위를 받았다. 이화여자대학교 한국문화연구원 HK연구교수를 거쳐 현재 원광대학교 역사교육과 교수로 재직 중이다. 역사와 기억, 환경사, 세대사에 관심을 가지고 공부하고 있다.

김경미 이화여자대학교 이화인문과학원 HK연구교수. 이화여자대학교 국문과에서 한국고전문학을 전공하고, 같은 대학 탈경계인문학연구단에서 젠더, 동아시아 관점에서 근대 문학/문화를 공부하고 있다. 『소설의 매혹』, 『19세기 소설사의 새로운 모색』, 『조선의 여성들』(공저) 등의 책을 썼고, 『19세기 서울의 사랑』(공역), 『17세기 여성생활사 자료집』(공역) 등을 번역하였다.

김애령 이화여자대학교에서 철학 공부를 시작했고, 베를린자유대학교에서 은유와 서사이론에 관한 해석학 연구로 박사학위를 받았다. 소수자의 언어, 다의적 표현, 이해와 해석의 문제 등에 관심을 가지고 공부하고 있다. 저서로는 『예술: 세계 이해를 향한 도전』, 『주체와 타자 사이: 여성, 타자의 은유』 등이 있다. 현재 이화여자대학교 이화인문과학원 HK연구교수로 재직 중이다.

김연수 이화여자대학교와 대학원에서 독문학을 전공하고, 독일 쾰른에서 우베 욘존의 역사소설 연구로 박사학위를 받았다. 상호문화성, 오리엔탈리즘, 번역의 문제 등에 관심을 가지고 연구하고 있다. 역서로는 엘프리데 엘리네크의 『내쫓긴 아이들』, 하인리히 뵐의 『카타리나 블룸의 잃어버린 명예』, 슈테판 츠바이크의 『체스 이야기 · 낯선 여인의 편지』 등이 있다. 현재 이화여자대학교 이화인문과학원 HK연구교수로 재직 중이다.

김재영　　서울대학교 물리학과에서 이학박사학위를 취득했다. 독일 막스플랑크 과학
사연구소 연구원, 서울대 강의교수, 이화여자대학교 이화인문과학원 HK연구교수 등을
거쳐 현재 KAIST 부설 한국과학영재학교에 재직하고 있다. 공저로 『뉴턴과 아인슈타
인』, 『불확실한 세상』 등이 있고, 공역으로 『에너지, 힘, 물질』, 『새로운 뇌과학』, 『인간의
인간적 활용』 등이 있다. 주요 논문으로 「몸과 기계의 경계: 사이버네틱스, 인공생명, 온
생명」 등이 있다.

백소영　　이화여자대학교와 대학원에서 기독교학을 전공하고 미국 보스턴대학교에
서 기독교 사회윤리학을 전공했다. 현재 이화여자대학교 이화인문과학원 HK연구교수
로 재직 중이며, 한국 무(無)교회 운동에 대한 박사학위 논문 이래 계속된 학문적 관심은
한국 개신교 운동과 정신을 [탈]근대/젠더 담론에서 재고하는 작업이다. 『우리의 사랑이
의롭기 위하여』, 『엄마되기, 아프거나 미치거나』, 『잉여의 시선에서 본 공공성의 인문학』
(공저) 등의 저서를 출간하였다.

이경란　　이화여자대학교 영문과를 졸업하고, 같은 대학원에서 미국 여성문학에 대
한 연구로 영문학 박사학위를 취득했다. 현재 이화여자대학교 이화인문과학원 HK연구
교수로 재직 중이며 소수자문학, 포스트식민문학, 젠더연구 등에 관심이 있다. 저서로는
『젠더와 문학』, 『미국 이민소설의 초국가적 역동성』(공저), 최근 논문으로는 「'문화번역'
과 포스트식민 이주서사: 자메이카 킨케이드의 『루시』」 등이 있다.

전혜숙　　이화여자대학교 영문과를 졸업했으며, 동 대학원 미술사학과에서 현대미술
사를 전공했다. 공저로 『한국현대미술 1970~80』, 『한국현대미술 1980~90』, 『현대미술
의 동향 1, 2』 등이 있으며, 역서로는 『몬드리안의 방』, 『20세기 추상미술의 역사』, 『위대
한 실험, 러시아 미술 1863~1922』, 『개념 미술』 등이 있고, 그 밖에 개념 미술과 포스트모
더니즘 미술, 뉴미디어아트와 바이오아트에 관한 다수의 논문을 발표해 왔다. 현재 이화
여자대학교 이화인문과학원 HK교수로 있다.